国家社科基金
GUOJIA SHEKE JIJIN HOUQI ZIZHU XIANGMU
后期资助项目

二战后期
美国马特霍恩计划研究

On the Operation Matterhorn
in the Late World War II

胡越英 著

中华书局
ZHONGHUA BOOK COMPANY

图书在版编目（CIP）数据

二战后期美国马特霍恩计划研究/胡越英著. —北京:中华书局,2017.1
ISBN 978-7-101-12348-7

Ⅰ.二… Ⅱ.胡… Ⅲ.第二次世界大战–历史–研究–美国
Ⅳ.①E712②K712.53

中国版本图书馆 CIP 数据核字(2016)第 299202 号

书　　名　二战后期美国马特霍恩计划研究
著　　者　胡越英
责任编辑　张荣国
出版发行　中华书局
　　　　　（北京市丰台区太平桥西里 38 号　100073）
　　　　　http://www.zhbc.com.cn
　　　　　E–mail:zhbc@zhbc.com.cn
印　　刷　北京天来印务有限公司
版　　次　2017 年 1 月北京第 1 版
　　　　　2017 年 1 月北京第 1 次印刷
规　　格　开本/710×1000 毫米　1/16
　　　　　印张 17¾　插页 2　字数 300 千字
印　　数　1-2000 册
国际书号　ISBN 978-7-101-12348-7
定　　价　58.00 元

国家社科基金后期资助项目出版说明

　　后期资助项目是国家社科基金设立的一类重要项目,旨在鼓励广大社科研究者潜心治学,支持基础研究多出优秀成果。它是经过严格评审,从接近完成的科研成果中遴选立项的。为扩大后期资助项目的影响,更好地推动学术发展,促进成果转化,全国哲学社会科学规划办公室按照"统一设计、统一标识、统一版式、形成系列"的总体要求,组织出版国家社科基金后期资助项目成果。

全国哲学社会科学规划办公室

目　　录

图表目录

序

　　本书是胡越英副研究员在其博士论文基础上修订而成的一部学术专著。

　　中国现代史上的四川处于一个特殊的地位。作为抗日战争的大后方，四川各级档案馆存有大量完整的抗战档案资料，这些资料在近现代史研究中有着不可替代的价值。四川诸多历史研究者出于资料方面的考虑，做了不少"抗战时期四川……"的研究，本书作者是其中之一。

　　从 2000 年攻读硕士学位时起，作者就对二战时期四川航空史怀有浓厚兴趣，一直关注、搜索这方面的历史资料。四川省档案馆存有不少抗战时期机场建设的档案，在至少三十多次的机场"特种工程"档案中，胡越英关注到其中一次工程量颇大的机场建设，这就是 1943—1944 年为美国马特霍恩计划（Operation Matterhorn）修建机场的川西"B-29 特种工程"，并以此作为硕士论文的选题。

　　在攻读博士学位阶段，作者试图在硕士论文的基础上做深入研究。作为导师，我认为这项研究必需解决这样一些问题：川西"B-29 特种工程"所支持的马特霍恩计划究竟是怎么回事？缘何实施？该计划在美国的总战略中占据何种地位？要解决这些问题已非四川资料所能解决，若无美国方面的档案资料支撑，即便有些英文论著可供参考，也无法深入该选题的研究。

　　兴趣和意志真是学术研究中意想不到的巨大动力，对马特霍恩计划这段历史浓厚的兴趣支撑着作者心无旁骛地走上一条艰难的探索道路。在老师、同学和很多档案工作人员的热情热心支持下，作者收集到不少研究著作、历史当事人回忆录，和大量对本研究必不可少的档案资料——美国国家档案馆（National Archives of the United States）和罗斯福总统图书馆博物馆（Franklin D. Roosevelt Presidential Library and Museum）的相关档案。资料情况的好转使之将研究重心从地方史上的"B-29 特种工程"，逐渐转移到了以马计划为对象的中美关系史上来，这个博士论文选题也才最终确定下来。

在解决关于马计划的一些基本问题的过程中,作者发现马计划研究中存在一个难以解释的根本"矛盾":从传统军事意义上讲,马计划很"失败",而且不少的历史当事人以及后来的研究者都有此看法,但当时的美国总统罗斯福对该计划却具有近乎异常的兴趣。

为什么会出现这种"怪象"呢? 作者在硕士阶段曾认同此前国内外研究中的基本认识:马计划是一个政治意义大于军事意义的行动,是"罗斯福出于政治上拉拢中国"而不计军事效果的举措。但这种说法并不足以解释该事件中诸多令美国学者亦感"怪异"的现象。尤其是马计划在人力、物力等方面仅次于曼哈顿计划的优先权,以及 B-29 作为原子弹弹载机这一系列的史实让人不得不重新审视这段历史。

在分析马计划优先性的种种表现时,论文试图根据马计划与曼哈顿计划之间密切的关系及相关史实,寻找马计划之所以获得顶级优先权的原因。作者大胆地提出了自己的见解,认为马计划可能是原子弹计划的某个重要环节。通过对该时期美国相关历史的多角度观察和论证,作者对这个阶段各项历史事件的相互关系作出如下的基本判断:

1. 代价高昂的马特霍恩计划,应是二战时期美国另一耗资巨大的"B-29 工程"(B-29 Project)不可或缺的"战地试飞行动";

2. "B-29 工程"是美国远程战略轰炸、全球战略思想得以实施的必要载体和工具;

3. 耗资 30 亿美元的 B-29 工程同时也为原子弹计划提供投放武器,并因此获得在资金、人力、物力等方面的最高优先权。

二战中美国研制原子弹的曼哈顿计划耗资 20 多亿美元,但为研制远程重型轰炸机的"B-29 工程"至少投入 30 亿美元,"B-29 工程"的重要性和历史意义可见一斑,B-29 重型轰炸机因此成为世界进入核时代的划时代科技成果。马计划作为"B-29 工程"的"战地试飞行动",获得仅次于曼哈顿计划的优先权就不足为怪了,作者关于马计划和曼哈顿计划(间接的)从属关系的设想也就成了顺理成章的结论。

抗战期间与马计划相关的中美关系、美国对华政策等研究中,不少内容离散为不太关照的"点"。如"史迪威事件"、"驼峰航运"、"飞虎队"、"陈(纳德)史(迪威)之争"、"美军观察组"等等。各研究之间叙述虽有交叉,但由于只以某一事件为研究对象,要涉及各事件之间的内在联系似乎就超出了研究范围。《中美关系史》等专题性的通史研究中,对上述诸多事件都有所涉及,不过并没有关注到其间的内在联系。当然,正是这一系列丰富的"点研究"使得本书的"面研究"成为可能。

作者试图将地方史与国际关系史贯穿起来对马计划进行专门研究,多方关注马计划在中国战场甚至美国太平洋战略中的特殊地位,揭示其获得仅次于曼哈顿计划的优先权之奥秘。而这正是研究得以深入的前提:如果马计划确实在中国战场具有最高优先权,那么马计划对二战时期发生在中国战场的一系列历史事件必将起着重要乃至主导的作用。所以,书中还论及"阿诺德重庆之行"、"华莱士使华"、"史迪威事件"、"陈纳德胜利前夕被撤"、"10亿美元贷款案"、"中美机场款交涉案"等与马计划密切相关的历史事件。

如果作者对马计划的基本认识成立,本书或可为抗战史研究提供一种不同的视角:在研究该段历史事件时,马计划可作为串起这一历史时期诸多"离散事件"的红线。

不仅如此,我们还能通过该书豁然开朗地看到美国早期全球战略和核战略在中国的实施情况和对中国各方的影响。全球战略、核战略,这两种至今为美国所倚重的国家战略,虽然不被当时的中国所认识,但必然会对中国、国共两党、中美关系、现代国际关系等产生特定的影响——这一认识也就为二战史、抗战史研究提供了一条不同的路径。

譬如关于世界核战略发展的研究中,大多以1945年8月第一颗原子弹投放后为研究的时间起点,似乎核战略的影响只是在原子弹信息公开以后才形成。[①] 然而,核武器作为影响现代世界格局划分的重要影响因素,在1945年7月第一颗原子弹爆炸之前,就有一个不短的隐性发展过程。B-29远程轰炸机作为最早的原子弹投放工具,前期的研制、决策、发展、实验过

---

① 不论是在国内还是国外,关于美国核战略、冷战的研究时段多是从杜鲁门时期,也就是原子弹在日本投放后开始的。国内如萨本望的《美国核战略的演变及走向》(见《和平与发展》1998年第3期)便将美国的核战略分为三个阶段:1945—1960的初创阶段、1961—1988的成熟时期,以及1989到现在的大调整转折时期。国外的冷战研究中虽有 Andre Fontaine 的 *History Of The Cold War-From October Reverlution To The Korean War* (Random House Inc,1970)将时段前推到俄国十月革命,但大多数研究的起始时段都如 Martin Walker 的 *The Cold War* (Wlsker & Watson Ltd.,1993)那样,将1945年原子弹爆炸作为冷战和核时代研究的起点。

程,便是美国核战略和世界进入核时代的必然环节。

对于马计划期间美国对华政策主流和诸多事件的变换走向,作者始终将美军联合计划参谋部 JSP(Joint Staff Planners)所制定的《全球形势报告(1943—1944)》(*Global Estimate Of The Situation*, 1943-44),作为一个最根本的"风标",而不为某个前线美国官员的个人言论所困。

如果用数学语言来描述这一事件,建立一个"函数"模型的话,也许美国(在华)总战略就是战时美中关系、马特霍恩计划等等"函数"的自变量;史迪威事件、陈纳德被撤、美军观察组以及所谓的"华北登陆计划"便是其中随自变量改变的因变量;美国的国家利益以及蒋介石国民党、延安中共、苏联等几方面的利益诉求算是其中的"常量"或"系数"。正是因为心中存在这样一个宏观"模型",作者才能在几个变量同时变化的时候,发现、把握各个"变量"、"常量"间的关系,和整个"函数"的变换规律。

在叙述过程中,由于与马计划相关的事件较为繁杂,表述极易出现头绪混乱、条理不清的情况。为避免逻辑上的混乱,著作试图以一个核心问题("非常失败"的马计划为何获得仅次于曼哈顿计划的优先权),以及作者认为最有可能的原因(马计划是"B-29 工程"的战地试飞行动,"B-29 工程"又为曼哈顿计划提供弹载机)来贯穿全文,在繁杂的史料中理出相对清晰的逻辑条理。

沿着这样一个潜在的主线行文,作者有可能为引出心中的"答案",而将一些"有利的证据"强加于某些可能不相干的史实上;也可能忽略一些自认为"不相干"的史实,从而干预本应"客观"的历史叙述。然而,历史研究本质上就是一种"阐释",即便"纯粹"的叙事也无法回避叙事者个人的见解。想要完全抹去历史"构建"的痕迹,必然与哲学阐释学产生尖锐冲突,而哲学阐释学是当代世界公认的至理之一。

历史的客观性(真实性)和主观性(艺术性)其实是两个并不矛盾的层面:客观性是历史本身,主观性则是关于历史的描述(即所谓史学)。故"客观性"是史家始终追寻的目标,主观性则是史学解释体系的指向。以具有主观特征的方法追求无限的"客观目标",这就像函数的自变量趋向无穷值时,整个函数仍然能够得到一个确定的"极限"定值那样——尽管"客观性"是史学函数不断趋向的、不确定的、"无穷大",但史家还是能在这种趋势中,描述出一个确定的历史面貌,形成一种历史的"知识"。

行文时，是置身于当时的历史场景"客观"、"公正"地叙事，还是带着问题进行叙述？就本质而言，两种方式是并不冲突的"归纳"与"演绎"关系。任何"客观"、"公正"的历史叙事实质上也是当代人按自己主观认定的"客观"、"公正"在解释，并从中发现史料的意义。

甚至可以说，一个史家如果越是强调自己叙事"客观"，他实际上就越"主观"。历史叙事只要依据史实，进行合乎逻辑的分析，就可能留下具有学术价值的历史知识。而任何不合事件内在逻辑的叙述方法，无论如何"注意按照事件本身的发生时间"，"按照其本来面目来清理"，其"客观性"实际上不存在，也缺乏意义。

此书主要叙述关于马计划的历史过程，尤其关照它与其他历史事件的关系和所产生的影响。在努力"还原"历史的叙述中，伴随着一系列问题的提出和对答案的追寻，我们无法因此而否认其"客观性"。所要注意的是其论证是否严密有据，是否达到"逻辑与历史的统一"。

史学终非可以精确推演的数学模型，其中论述正确与否也有待日后研究的深入和完善，但本书的论证过程仍是颇具智慧，亦很见功夫的。当中诸多观点都为本论域的研究提供了新的视角。

经过十年的积累和近五年的打磨，这篇博士论文有幸得到国家社科基金项目的后期资助，这是对此项研究最好的鼓励和认可。希望作者继续保持洞见历史奥秘的浓厚兴趣和锐意进取的精神，力争在这一领域创造出更多、更有创见性的学术成果。

陈廷湘

2015 年秋

引　言

　　1944 年 6 月至 1945 年 3 月，美国利用当时最先进的 B-29 重型轰炸机从印度的加尔各答基地出发，以中国成都附近为前进机场（advanced air base），对日本南部九州和在华日本占领地鞍山、台湾等军事要地实施远程战略轰炸，此即二战后期美国在华实施的"马特霍恩计划"。

　　马特霍恩计划在筹划之时，因经济成本高昂、政治代价巨大，且预计效果"不佳"，曾受到美国一些军方人士甚至部分国家高层决策者的反对，但以总统罗斯福为首的最高决策层在参谋长联席会议（Joint Chiefs of Staff）上力排众议执意实施。

　　为实施马计划，除了印度机场的修建外，华盛顿还需要中国政府的配合。首先是在川西修建四个重型轰炸机机场和几个战斗机机场，为在华美军提供相应的饮食起居服务。另一不那么引人注目但又至关重要的配合是，为美方提供气象、敌方情报服务，这些情报的来源往往是多方面的。和此前就已进入中国收集中国气象等军事情报的美国"海军中国组"（Naval Group，China）一样，实施马计划的陆军二十航空队所需气象情报就有至少三种信息来源："中国气象局"、"航空委员联合组织"、"中航公司"。还有一个重要来源就是派驻中国西北的"美军观察组"（The U. S. Army Observe Group）。

　　美军派遣整整一个"观察组"到西北、华北地区，必将与中共交往，"观察组"驻扎延安，重庆方面的敏感和不满可以想见。但美国总统罗斯福为此仍与蒋介石多次直接电文交涉，冒着影响中美关系的巨大政治风险，坚持向"非法武装政府"——中共中央政府所在地延安派驻美军观察组。

　　美军"联络"中共，进入其控制地区的具体军事目标，在于建立气象观测站，获得马特霍恩计划实施部队——二十航空队所需要的轰炸目标——日本本土的气象预测信息。

　　对马计划来说，军事观察组在延安的另一重要功能就是支持其重要的后勤工作——B-29回程机组人员的搜救,恰当、及时地处理 B-29 轰炸机坠落的残骸。有时,"空—地搜救组织"的首要任务并非人员搜救,而是摧毁 B-29 残骸,其原因在于 B-29 作为当时世界航程最远的远程轰炸机,具有重要战略意义,及时摧毁 B-29 残骸,其实质是要严密防止日本以及未来潜在的"敌人"苏联获得任何有关 B-29 的技术情报,以保持美国在远程重型轰炸机这种全球战略武器上的领先性。

美军观察组的使命虽然在对日作战结束后已经改变,但最初组建观察组充分而必要的原因在于它对马计划的直接支持:延安美军观察组在对日战争期间,不仅为马计划和后来美军在马里亚纳群岛上的对日轰炸,甚至原子弹的最后投掷提供了至关重要的军事气象情报;并使搜救网络覆盖了包括 B-29 在内的所有在华飞机可能到达的地方。

延安美军观察组和海军中国组同样来自美国,也同样要与中共接触,但重庆对两个观察组有着完全不同的态度。由于梅乐斯带领的海军中国组是一个非正式的边缘化组织,在美国并不受重视,在军中也时常受到排挤。然而在中国,由于是通过"中美合作所"这个有"合法政府"参与的合作组织而与中共"间接"、"合法"地接触,海军中国组得到了重庆的重视与合作,曾名噪一时。

延安美军观察组要与中共发生"大范围正面深度交往",却仅以服务 B-29 轰炸行动这种具体的军事理由而派出,因此,尽管它与国民党方面有最高级别的交涉也不足以消解重庆的极度不安。蒋介石唯恐美军与延安接触造成对中共边区"非法政府"事实上的承认。

马计划实施后,中国战场上的国共双方,以及驻华美军各派都有着形态各异的强烈反应。

国民党利用美方实施马计划的机会与对方讨价还价,寻求进一步的军事、经济支持,并艰难地维持着备受延安威胁的中央权威。因为在马计划的实施过程中,也和气象情报的获取那样,美军的救援系统不仅覆盖了战机在国统区所有可能到达的海域、陆地、国民政府力量相对薄弱的西部少数民族地区,还包括中共所在的西北、华北地区。

中共方面由于马计划的情报组织美军观察组驻扎延安,也不免受到很大影响。尽管和重庆一样对观察组的真实用意不甚明了,但中共确如蒋介石所担心的那样,随着美军观察组驻进延安,获得了一种被华盛顿"承认"的快意。延安似乎感到美方不惜派出华莱士副总统促成延安美军观察组的成行,意在"架起中共与美国政府联系的桥梁",甚至开始在美、苏两大国际力量之间做细心的掂量。然而,华盛顿这种迟到的"承认"与"合作"随着一次次同美军"极为可行"的合作行动的流产,中共对美国满心的期待最终都变成了失望和被再度强化的自主发展意识。

就在国共双方小心计算美军带来的"机遇"与"风险"的时候,在华美军的两种军事力量代表——美陆军中缅印战区司令史迪威,以及美国参战之前就来到中国,因"飞虎队"而闻名的陆军第十四航空队首脑陈纳德,他们之间也在进行着"陆战取胜论"与"空战决定论"的较量,这两种战术同时还与华盛顿总战略之间形成了多方博弈。

史迪威坚信,美国"在亚洲大陆最终必将和日本佬作战"。华盛顿的陆军参谋长马歇尔对此一针见血地指出,史迪威的这种观点"同华盛顿无须在亚洲大陆对日军发动大规模战役的情况下打败日本的战略是完全对立的"。马计划实施后,马歇尔一再提醒,"史迪威的任务就是保卫这些新的轰炸机基地",而这些"新的轰炸机机场"均为马计划修建。所以在马计划实施期间,史迪威的任务就是配合华盛顿直接指挥的二十航空队执行马特霍恩计划。

陈纳德虽与史迪威积怨颇深,但两人同样固执地认为,要取得对日战争的胜利,中国大陆免不了有一场美中合作的对日大决战。与史迪威不同的是,陈纳德认为这场大战将主要依靠空中力量,而不是靠史迪威主张的改革中国陆军部队来实现。极度自信的陈纳德声称,只要拥有一定数量的战斗机,他就可以打败日本。1944 年 1 月 26 日,他在写给罗斯福的信中,曾专门针对马特霍恩计划宣扬他"空袭理论"的可行性,并抱怨:"自从放弃缅甸计划后,中国战场似乎就只剩马特霍恩计划了。"此话表明,陈纳德所认定的战争结束方式与华盛顿相去甚远,更显示出马计划在中国战场的重要性。

马特霍恩计划在中国战区对各方影响既广且深,其直接原因在于华盛顿赋予了马计划"在人力、物力方面仅次于曼哈顿计划(was given top priority in both men and materials,second only to the secret Manhattan Project)"的绝对优先地位。然马计划拥有的这种优先性与其预期和实际效果都极不相称,颇为不合美国人的经济学逻辑:投入巨大的政治、经济"成本",却没有一个好的"收益"。以罗斯福为首的美国高层为何对马计划情有独钟？如果马计划确实没有良好"收益"，美国还会"不计成本"地实施吗？

马特霍恩计划与曼哈顿计划（美国第一颗原子弹制造计划）之间的密切关系，或可解释马特霍恩计划为何"不合逻辑"地拥有最高优先权的原因：马特霍恩计划是美国在二战期间投入费用比曼哈顿计划（约 20 多亿美元）还多，高达 30 亿美元的"B-29 工程"的重要环节，而"B-29 工程"不仅与美国全球战略密切相关，而且涉及为世界第一颗原子弹提供运投武器的特殊使命。

二战后期，美国抢在战争结束之前将原子弹用于实战，目的不仅在取得当时常规战争的胜利，更在于战后核控制权的掌握。这一动机促使美国在加紧原子弹研制的同时，亦将原子弹的投放武器 B-29 远程轰炸机绑上了飞驰的战车。为尽快研制出成熟的原子弹投弹机 B-29，美国本土上演了一场紧张的"堪萨斯战役"（the battle of Kansas），其激烈程度并不稍逊于前线。

随着战争进程的加速推进，刚下线的 B-29 尚未试飞就投入了战场，参与执行从中国到日本本土袭击的马特霍恩计划。马特霍恩计划因此不再只是常规战术意义上的军事行动，而几乎成了一次大规模的战地试飞行动，其紧迫性和曼哈顿计划一样需分秒必争，其作战"效果"自然也不能再用传统战争的标准来衡量。马计划作为原子弹投放计划的重要组成部分，在美国志在必得的核战略中获得顶级优先权也就不足为怪了。

战争时期，将诸如 B-29 等不完全成熟的武器投入实战进行试验，在一些军事战略家们看来是极合逻辑的"常理"，无需大惊小怪。① 本书之所以仍对此加以深究，并非是想努力"还原"到当时那种对未来尚且无知的"历史环境"中去，或自立一个并不存在的"命题"，以便自问自答，而是因为这种

---

① 二战期间普遍存在将技术并不成熟、可靠性不高的武器投入战场，在实战中边制造、边使用、边改造的"三边工程"的情况（此点承西南交通大学马志韬先生指教）。美国海军 F4U 战斗机，1942 年就已经投入使用，并被判定为"不适合在航母上使用"，只能进入海军陆战队航空兵服役（同时卖给英国皇家海军使用），但仍旧一边广泛参战一边改进，直至 1944 年达到海军标准才获准在航母上使用，并服役至朝鲜战争时期。美国北美飞机制造公司应英国所求于 1940 年，仅花 120 天就推出的 P-51 战斗机，因发动机性能不佳，一度被主要用做俯冲轰炸机，但经改进换装英制默林发动机以后性能大幅提高，从欧洲战场到亚洲战场都有其活跃身影，被誉为"歼击机之王"。类似地，德国虎式、黑豹坦克都在技术很不成熟时就大量投入战场，以至于因为发动机和行走装置可靠性问题而造成大量非战斗损耗。在空间距离巨大的太平洋战场，即使较为成熟的机型如 B-17、B-24 等，因为机械故障和导航问题而损失的比例也相当高（尤其是导航，当时因为无线电导航技术条件所限，长程轰炸机因为导航失误而失事、失踪的情况非常普遍），由此而来的损失也在各国政府的意料之中。确实，这种可以预见的高损耗在政府最高决策层中不以为奇，但对其他当事人、观史者、史家而言却有些不寻常，以致影响了对这些事件的基本认识。

"常理"的非常规性,往往在追求"真实"的归纳思维中被"历史地"忽略了。

　　回顾历史过程的同时,观察马特霍恩计划这一具有实验性质的特殊历史事件对同时期其他事件的影响显然是必要的,同时,马计划对中国战场上国共两党的影响也值得我们关注。

第一章 马特霍恩计划的形成

第一节 美国方面的政策缘起

1944 年 6 月至次年 3 月,美国陆军航空队第二十航空队(Twentieth Air Force)20 轰炸司令部(XX Bomber Command)58 轰炸联队(58th Bombardment Wing)①的 B-29 轰炸机群从印度出发,以四川盆地西部机场群为前进基地,在其作战范围内对日本本土南部和华南、华北等日据地区进行战略轰炸,此即马特霍恩计划。美国为什么要在中缅印战区实施马特霍恩计划?该计划是如何形成的?事件又是发生在什么样的历史背景下呢?

马计划的历史背景及相关研究

日本自 1941 年以偷袭的方式发动太平洋战争后,虽在一年内占领了亚太广大区域,但貌似强大的表象掩盖不了其致命弱点。由于小岛国资源有限,正如日本政府和"大本营"②在发动太平洋战争时所预测的那样,日本无法对美国本土发动进攻,所以发动太平洋战争只是为了打击美国在太平洋地区的兵力,切断美、澳之间的联系,清除美国在西太平洋的反攻基地;粉碎英、美、荷在远东的根据地,确保日本的生存和安全,同时采取积极措施促使国民政府屈服;与德、意两国合作,首先制服英国,然后消

---

① 二战时期美国陆军航空部队情况大致如下:陆军作为当时两大军种之一(1947 年之前美国仅有陆军和海军两大军种,尚无独立空军)共有陆军航空部队(United States Army Air Forces,缩写为 USAAF)、陆军地面部队、陆军后勤部队三大部队。在陆军航空队中,编制又从第一航空队编排到第十五航空队,及至 B-29 航空队,陆军航空司令阿诺德并没有接着第十五航空队继续编排,而是根据该航空队特殊的垂直指挥体系和 B-29 这种特定的飞行武器而直接编设为第二十航空队。二十航空队之下又设立轰炸司令部(Bomber Command)、轰炸联队(Bombardment Wing)、轰炸大队(Bomb Group)和轰炸中队(bomber squadron)。

② "大本营"是甲午战争到太平洋战争期间日本帝国陆海军的最高统帅机关,是直属于天皇的最高司令部。天皇敕命能以大本营命令(大本营陆军部命令或大本营海军部命令)的形式发布,被同盟国称为"帝国总司令部"(Imperial General Headquarters)。侵华战争爆发后设置的大本营一直存在到太平洋战争结束。

解美国作战意志,把战争拖下去,最后迫使美国承认日本在远东地区的既得利益。①

然而,美国一系列战略计划的实施使得日本逐渐失算。中途岛之战,日本失去战略主动性;瓜达尔卡纳尔岛的战斗则使日本在太平洋战争中停止了战略进攻,转而采取战略防御。美军乘机进行战略协调和准备,1943年5月12日美国联合作战计划委员会提出"1943年至1944年太平洋及远东地区行动"的战略部署:

1. 实施在中国和从中国出发实施的空中战略(Conduct of air operations in and from China);

2. 夺取缅甸;

3. 将日本人从阿留申赶出去;

4. 占领马绍尔和卡罗琳群岛;

5. 占领所罗门群岛、俾斯麦群岛以及日本占领的新几内亚。②

美军由此展开从北、中、南和西南太平洋等方向对日发动逐岛和越岛的争夺战。③"1943年11月,在吉尔伯特中的梅金和塔瓦尔岛有代价颇大成效卓著的猛攻,这就是以'飞机场向日本进迫'的攻日计划的拱心石。"④而运用此原则(在步兵猛攻之前,用海空力量完全软化岛上的强固据点)的前提就是陆军和海军的海空力量密切配合。为配合1944年太平洋上对马绍尔群岛、马里亚纳群岛等重要据点的战略进攻,美国参谋长联席会议决定在中缅印战场安插一只重型轰炸机部队袭击日本本土,这就

---

① 〔日〕日本历史学研究会编:《太平洋战争史》(第三卷),商务印书馆1962年版,第182页。

② Joint War Plans Commitiee, *Operations In The Pacific and Far East In 1943－44*, May 12,1943,Franklin D. Roosevelt Presidential Library and Digital Archives,Safe Files,Box 2,Current Strategic Studies Book 1,Index.

③ 〔英〕John Costello:《太平洋战争》(*The Pacific War*, Raw, Wade Publishers. New York 1981)中译本上册,东方出版社1985年版,第122－136页;黄玉章等:《第二次世界大战》,世界知识出版社1984年版,第385－386页。

④ 〔美〕华莱士著,美国新闻处编译:《美国作战三年》,1944年版,第31－32页。

是因执行马特霍恩计划略显神秘的美国陆军第二十航空队。[①]

国内关于马特霍恩计划的研究中,南京大学任东来先生有两篇论文从侧面有所涉及。台湾学者吴相湘的专著《第二次中日战争史》也谈到四川为实施马计划修建机场的情形,和马计划实施的一些情况。国外以美国为主的西方国家对于马计划本身的研究较多也较早,从 20 世纪 50 年代到现在几乎没有断过。已有研究的基本观点虽存在囿于旧有资料状况的问题,[②]但基本史实构建越来越清晰,为本著作的深入探讨奠下深厚基础。

马特霍恩计划最初如何形成? 国内研究有多种比较简略的提法。如台湾学者黄仁宇在其著作中谈到,1943 年 11 月 22—26 日"开罗会议决定了美空军 B-29 从中国基地出发轰炸日本"。[③] 吴相湘则表述为,马特霍恩计划是"于 1943 年秋,在华盛顿拟定";[④]另一位对四川抗战史颇有研究的台湾学者周开庆则又称"这个计划是这年(1943 年,引者注)8 月美国陆军航空总部建议的"。[⑤] 南京大学任东来先生关于二战期间美国在华军事机构的研究中涉及到马特霍恩计划,认为该计划是"在 1943 年 8 月底美英首脑魁北克会议上,美国陆军航空部队司令亨利·阿诺德将军(H. H. Arnold)提出"的。[⑥]

[①]　不管是公众还是学界,多将二十航空队与陈纳德的"飞虎队"、志愿队或十四航空队混淆。如四川大邑县双河镇的大雪塘境内,因有美机坠落而置一铜制纪念碑,上书"飞虎雄风"(《四川日报》2004 年 7 月 14 日,第 5 版)。但经鉴定,此处坠落的并非飞虎队或十四航空队的战斗机,而是二十航空队的 B-29 轰炸机。另有美国学者卡萝尔·J·卡特(Carolle J. Carter)更是将二十航空队轰炸日本的功劳,直接记到陈纳德领导的第十四航空队"账"下(《延安使命》,世界知识出版社 2004 年版,第 2 页)。人们对二十航空队在华历史的了解程度可见一斑。

[②]　相关的美国研究多成书于 1959 年(与马计划密切相关的曼哈顿计划档案该年解密)之前。如对中国史学界影响深远的 *Strategic Planning for Coalition Warfare*(1941—1942)(Office of the chief of military history department of army,1953),*Stilwell's Command Problems*(Office of the chief of military history department of army,1956),以及直接论马计划的《二战中的美国陆军航空队》丛书第五卷《太平洋:从"马特霍恩"到长崎》(*The Army Air Forces in World War II*,Volume 5,*The Pacific:Matterhorn to Nagasaki*,University of Chicago Press,1951)等著作的成书时间都在 1959 年之前。后来的国内外研究基本上承袭了这些著作对马计划的定性分析。

[③]　黄仁宇:《从大历史的角度读蒋介石日记》,(台北)时报文化出版企业股份有限公司 1999 年版,第 352 页。

[④]　吴相湘:《第二次中日战争史》(下),(台北)综合月刊社 1973 年版,第 887 页。

[⑤]　周开庆:《四川与对日抗战》,(台北)商务印书馆 1971 年版,第 263 页。

[⑥]　任东来:《1941—1949 年美国在中国的军事机构及其沿革》,《民国档案》2003 年第 1 期,第 74 页。

　　上述并非以马计划为主要对象的研究,一般仅涉及马计划的大致决策时间,其表述不尽相同,甚至互有冲突。比如"开罗会议决定了 B-29 马特霍恩计划"的提法就容易引起歧义。因为从档案资料看,在开罗会议前的 11 月 12 日,蒋介石就已收到了美国总统罗斯福的电报,请求中方协助在成都地区修建五个长程轰炸机机场:

　　　　对于日本本土重要之目标,吾人现将发动猛烈的轰炸之攻势,似较预定为早。为完成此项目的,须在成都区域,有五个长型之轰炸机场,以供新式强力飞机之用,并需少许房屋之设备。凡此赖阁下密切之协助,期于 1944 年 3 月底之前完成其准备。

　　　　我方将提供技术工程之监督,但又赖阁下提供必要之劳动力与材料,而不致影响空中补给。

　　　　倘如是工程按时完成,本人将利用租借法案提供所需款项。

　　　　余深信吾人此次突然之奇袭将能予日本以致命之打击,此实为我二国人民所同心期盼者也。[①]

　　可见,罗斯福至少在开罗会议之前就已对此事考虑得比较成熟并决定实施,在开罗会议上只是重提。说开罗会议上正式"批准"(approved)[②]B-29 行动计划,并作为一种可选计划(而非计划的起点)是比较恰当的。

　　关于此次行动的代号同样各说不一,显示出此前研究对马特霍恩计划历史缘起的模糊。有的将"从成都出发对日本的轰炸"称为"火攻闪击战",[③]也有的将此次行动代号称为"黄昏计划"。台湾学者梁敬錞在论述开罗会议后中国战略地位的变化时提到:"马林那岛夺取之后,即可在彼建筑B-29 机场,直接轰毁日本,较诸经过成都炸日本之黄昏计划(Twilight

　　① 罗斯福 1943 年 11 月 12 日致蒋介石电,见秦孝仪主编:《中华民国重要史料初编——对日抗战时期》第三编《战时外交》(一),(台北)中央文物供应社 1981 年版,第 285 页;郭荣赵编译:《蒋委员长与罗斯福总统战时通讯》,(台北)中国研究中心 1978 年版,第 196 页。

　　② H. H. Arnold,*Global Mission*,Harper & Row Publishers,New York,1949,p. 478.

　　③ 这种说法见于[日]前田哲男:《重庆大轰炸》,成都科技大学出版社 1990 年版,第 338 页。这种说法可能是混淆了拟在 1947 年对日本本土的大规模攻击与 B-29 计划这两个不同的作战方案。"火攻闪击战"是指 1945 年 3 月,盟军在夜间低空和白天中空以大量燃烧弹袭击日本的行动,参见齐世荣主编:《世界史·现代史编》(上),高等教育出版社 1999 年版,第 380 页。

Plan)，尤为利便。"①"黄昏计划"确为 B-29 行动一度用过的代号，但据美国马里兰大学(University of Maryland)莫瑞斯·曼特罗夫(Maurice Matloff)博士的论述，"黄昏计划"实际上是 B-29 计划在早期以桂林为出发点时的代号，并非以成都为出发点且最终得以实施的 B-29 计划，"黄昏计划"只能说是 B-29 计划某个阶段的代号。而且自从有了从成都出发的马特霍恩计划后，为区别起见，其余在华的 B-29 行动代号由晓光计划更名"公鸭计划"(DRAKE)。②

关于马计划的缘起还有一种叙述：1943 年 11 月，总统批准的 B-29 型飞机从成都基地起航去轰炸日本的"马特霍恩作战计划"，③又或称之为"高峰作战计划"。④

以上关于马计划代号的各种提法其实都有一定根据，只是各种说法的来源不能相互照应，以至于让人无法看出马计划形成过程的宏观脉络。

在未见到马计划决策档案的情况下，如果将美国陆军航空部队司令阿诺德、美国第一颗原子弹计划总指挥莱利斯·格罗夫斯(Leslie R. Groves)等历史当事人的回忆录，与莫瑞斯·曼特罗夫与罗曼纳斯、桑德兰(Romanus and Sunderland)等研究进行比照，也许可以较为明晰地找出美国决策的形成过程和此次行动代号的变更及准确名称，当然也就解释了四川抗战史上 B-29"特种工程"的历史缘起，及其超出地方史中"贡献论"⑤范围的历史背景和意义。

马特霍恩计划作为二战中美国的重要战略计划，⑥其形成并非是由某

①　梁敬錞：《开罗会议》，(台北)商务印书馆 1974 年版，第 214－215 页。梁敬錞将 Twilight Plan 译为黄昏计划，但以 twilight 的字面意义，和该计划初期模糊不清的状况，还有 B-29 清晨出发实施昼间精确轰炸的特点，译为"黎明"、"晓光"计划似更恰当。故本书将此一阶段的马计划称为"晓光计划"。

②　Edited By W. F. Craven and James Lea Cate，*The Army Air Forces in World War II*，Volume 5，*The Pacific；Matterhorn to Nagasaki*，University of Chicago Press，1951，p. 22，PHYPERLINK，http://www. airforcehistory. hq. af. mil/Publications/fulltext/aaf_wwii－v5. pdf，2010 年 10 月 5 日。

③　[美]迈克尔·沙勒：《美国十字军在中国》，商务印书馆 1982 年版，第 144 页。

④　即马特霍恩计划，为 Operation Matterhorn 的意译。[美]赫伯特·菲斯：《中国的纠葛》，北京大学出版社 1989 年版，第 134 页。

⑤　《四川通史》等地方史述及"特种工程"时一般遵从"四川人民对抗战有着巨大贡献"的言路。

⑥　其重要程度将在第四章第一节"在华美军对马计划的反应"中作专门论述。

机构或某一个人在某一时间作出的具体而固定不变的决定。要想在美国总统、国会、国务院、海军部、陆军部等各部门错综复杂且不断变化的动态关系中理出一个头绪，多角度描述也许是可行的办法。

经过对上述论述的回顾我们发现，对于马计划形成过程的观察，选取陆军航空部队首脑阿诺德的视角是相对直观准确的。因为阿诺德是马计划从始至终的设计者、顶层决策者，同时也直接指挥了游走在世界各个战区、执行马计划的 B-29 航空队，即马计划的执行者。故从他的角度来看马计划，既能看到宏观战略思路又能了解其具体的实施过程。

由于马计划的运行涉及到其他非决策层的相关组织，如海军的情报组织，故本书会从海军部的角度叙述马计划，它们之间的关系体现在关于马计划的情报收集当中。而从美国总统的最高的战略眼光来看马计划，其意义就体现在第四章第三节"马计划的优先权及其在现代国际战略中的地位"中。还有其他不同视角中的马计划虽谓之为"地位"、"影响"，但事实上必须先了解这些"结果"才能把握马计划的形成过程。所以，尽管马计划的形成过程具有多面性，①但在本书的开初，仅仅选取对于那个历史场景来说最为显性的一面来描述计划的形成。

据美军联合计划参谋部 JSP② 的部署，1943－1944 年美国在太平洋和远东地区的总体战略一是保持对日本全方位的军事压力，二是维持中国的抗战。③ 联合作战计划委员会 JWPC(Joint War Plans Committee)在此总战略框架下制定了具体行动计划，④其中第一项便是"执行从中国出发的空中行动"，这一行动则须仰赖远程轰炸机。

---

① 本书对史料的取舍的确像"倒放电影"(见罗志田《民国史研究的"倒放电影"倾向》,《社会科学研究》1999 年第 4 期)。这种手法虽说容易让人"无意中会'剪辑'掉一些看上去与结局关系不大的'枝节'"(罗志田《"天朝"怎样开始"崩溃"——鸦片战争的现代诠释》,《近代史研究》1999 年第 3 期)，但"正放"、"倒放"本质上应是归纳和演绎的差别，只要保持"逻辑与历史的一致"还是可以使用，所以本书还是谨慎地采用了"倒放电影"的方法。

② 美国联合参谋部是参谋长联席会议的办事机构，主要职能是处理参谋长联席会议的日常工作，尤其是参与战略计划的拟定和协调各军种统一行动。联合参谋部下还设有人力与人事部、参联会保障部、国防情报局、作战部、后勤部、战略计划与政策部、指挥控制与通信系统部、作战计划与协调部、联合运输委员会，以及后来的派驻联合国、北约组织的军事代表、国防大学等机构。

③ The Joint Staff Planners, *Global Estimate of the Situation 1943 － 44*, May 5, 1943, Franklin D. Roosevelt Library Digital Archives, Safe Files, Box 2 ,Current Strategic Studies Book 1 Index.

④ 即前面提到的:1. 执行从中国出发的空中行动;2. 占领缅甸;3. 把日本人从阿留申赶出去;4. 收复马绍尔岛和卡罗琳岛;5. 收复所罗门群岛、俾斯麦群岛以及新几内亚。

而当时最新的远程战略轰炸武器（long-range strategic weapon）B-29重型轰炸机，如曼特罗夫在《联合作战战略计划》（*Strategic Planning for Coalition Warfare*）中所言，波音公司 1939 年就开始设计，到 1944 年 3 月才正式生产下线。B-29 作为重要的远程战略武器，美国原来打算首先用于欧洲战场进行远程轰炸，因生产不及，在欧洲战场上仅使用了载重、航程都不及 B-29 的 B-17、B-24 等轰炸机。1943 年夏，B-29 还没有正式生产下线时，陆军航空部队 AAF（Army Air Force）估计，到 1944 年 B-29 虽达到一定生产量，但 B-17、B-24 已能满足欧洲战场的需要，无需 B-29。AAF 便根据联合作战计划委员会的战略，决定 B-29 正式下线后将专门用于亚洲战场，以发起对日本本土的进攻。在当年 8 月的魁北克“四分仪”会议（Quadrant）上，AAF 向美英参谋长联席会议 CCS（Combined Chiefs of Staff）提交了最初的 B-29 行动计划，将这个远程轰炸计划进一步明朗化。

中美两国早期相关轰炸构想

从较具体的时空范围看，马计划可以说是美国利用中国基地实施对日轰炸以维持中国抗战这一区域战术目标、战略轰炸新思想，以及蒋介石信奉“航空救国”思想相互作用的结果。但从长远的历史环境看，马特霍恩计划的最终形成也许还有其更深的根源，其缘起不仅可以追溯到 1943 年初的卡萨布兰卡会议后，甚至可以、也应该上溯至珍珠港事件之前，美国空中战略轰炸思想的逐渐形成和长程 VLR（Very Long Range）轰炸战术的日趋成熟。

1941 年 6 月 21 日成立的美国陆军航空军承认，如陆军部史汀生部长（Secretary Stimson）主张的那样，二战“将主要是一场空中的战争”，其最高目标和任务是进行战略轰炸。与陆军空中力量的传统学说不同，它认为航空部队与地面部队协同的任务不是分别为每个师、军或集团军提供具体、局部的保护，而应将其保护伞扩展到整个战区上空。航空队的任务按其轻重缓急，首先是摧毁敌空军，夺取制空权；其次是大范围地孤立战斗地域；最后才是对地面战场上的直接支援。[①]

在这种与传统航空兵学说相抵触的新思想指导下，罗斯福给予陆军航

---

① 关于二战时期美国航空兵理论的转变参阅［美］肯特·格林菲尔德：《第二次世界大战中的美国战略》，解放军出版社 1985 年版。

空兵很大的发展空间及相应地位。到 1941 年 12 月 23 日第一次美英参谋长联席会议时,尚受陆军部管辖的航空兵首领阿诺德便与史汀生部长、马歇尔将军、海军上将斯塔克和金,同英国三位海、陆、空人员相对应平起平坐,共商两国的全球战略。在阿诺德的记忆中,首次美英参谋长联席会议关于中国战区的决议,不仅是维持中国的对日作战状态,且其在中国为美方修建轰炸机、运输机基地的建议得到总统的认可,按此建议,需要更多的运输机从空中对中国输入供给,"这也许就是驼峰航运的开始"。[①]阿诺德还被授权将其手下的轰炸大队由 24 个增加到 1943 年 12 月的 224 个,且可优先使用国家资源建立一支战略航空部队。

在美国逐渐重视航空部队及其新主张的同时,蒋介石政府在冯如、孙中山等"航空救国"思想的影响下,于 1940 年第一次提出利用美国的远程轰炸机实施对日本本土轰炸的想法。这个想法与时为蒋政府航空顾问的陈纳德一拍即合,陈纳德于是拟定了一份最早的对日本轰炸计划,并由宋子文于 1940 年 11 月 30 日向美国财政部摩根索财长提交。1940 年 12 月 9 日,宋子文自华盛顿向蒋介石汇报了与美交涉情况:

> ……美国产量目前有限,如欲即得五百架飞机,事实上恐不易成功,倘若钧座愿即行轰炸东京、大阪,彼可代向总统请示,以英国所订制成最大、最新式之七十二吨轰炸机,俗称空中炮台者,先给我若干架。该类飞机可长距离飞行,由美飞岷尼拉转飞我国内地,略为准备后,即可大施轰炸日本重要城市……以财长观察,此事四分之三总统可赞成,此计划如能实现,则其他当无问题,惟最要者为我飞机场之设备,如布置不妥,反为误事,此点子文最焦急者也。[②]

此提议尽管得到美国总统、财政部、国务院同意,但要实施起来并不容易。首先是基地的安全,陈纳德说至少需 200 架战斗机保护,还有后勤补给得考虑。而最具体的问题是此时 B-17 轰炸机生产量有限,陆军部反对此时把数量尚且不多的重型轰炸机转到中国,认为"重型轰炸机如没有驱逐机掩

---

① H. H. Arnold, *Global Mission*, Harper & Row Publishers, New York, 1949, p. 279.
② 秦孝仪主编:《中华民国重要史料初编——对日抗战时期》第三编《战时外交》(一),(台北)中央文物供应社 1981 年版,第 423 页。

护不便使用"，①当前的空中支援应只限于战斗机。这样，第一次对日战略轰炸计划商议的结果是成立美国志愿航空队 AVG(American Volunteer Group)，该志愿队拥有由国民政府从美购买的 100 架 P-40 战斗机，这些装备齐全的战机为更全面的战略轰炸规划开辟了初期的道路。

第二次提起对日轰炸计划的，是罗斯福的特别行政助理居里(Lauchlin Currie)。此时，由于"租借法案"已将对华军事援助的主动权从此前的美财长摩根索手中完全转移到白宫。总统特别行政助理的特殊地位使居里在 1941 年 2 月 26 日与蒋介石的会谈中建议中国：

> ……美国对德的警戒胜于对日，故今全力助英国，英国需要轰炸机，故尽量以轰炸机输英，而中国今日所需者为驱逐机与远距离之重轰炸机。今中国要求之轻轰炸机，若能提出若干，该请驱逐机数百架及空中堡垒半打，或可容易获得……中国如能驾空中堡垒飞至日本上空投掷烧夷弹及塞珞璐纸，其影响必大……②

蒋介石对此建议似不以为其首倡，因为他曾与罗斯福有言在先："此空中堡垒本约定于二月底抵华，其停放之机场于三月底前可以完工。"而且认为美方卖给中国一定的驱逐机和空中堡垒，可"于日本向英美挑衅作战之前，先予日本海军以致命之打击，倘能击沉日舰数艘，即可阻日军之南下"，"乃可遏止太平洋战争，至少可以迟延美日冲突"。③

5 月初，居里向陆军空军联合委员会提交了一项新的建议(后称 JB355 号文件)。这份比第一次对日战略轰炸计划更为具体的计划在上次计划未

---

① 1941 年 1 月 1 日《航空委员会副主任毛邦初自华盛顿呈蒋委员长报告为向美购机事与毛财长商洽经过情形电》，秦孝仪主编：《中华民国重要史料初编——对日抗战时期》第三编《战时外交》(一)，(台北)中央文物供应社 1981 年版，第 435 页。

② 1941 年 2 月 26 日《蒋委员长在重庆接见居里先生告以关岛设防之重要性及希望美国对以飞机数百架与空中堡垒十二架供给中国事特加注意谈话记录》，秦孝仪主编：《中华民国重要史料初编——对日抗战时期》第三编《战时外交》(一)，(台北)中央文物供应社 1981 年版，第 590 页。

③ 1941 年 2 月 26 日《蒋委员长在重庆接见居里先生告以关岛设防之重要性及希望美国对以飞机数百架与空中堡垒十二架供给中国事特加注意谈话记录》，以及 1941 年 2 月 27 日《蒋委员长至重庆致居里先生关于美国空军援华事项中有关购机及供给飞行堡垒二事之备忘录》，秦孝仪主编：《中华民国重要史料初编——对日抗战时期》第三编《战时外交》(一)，(台北)中央文物供应社 1981 年版，第 590—591 页。

能解决的基地安全、后勤保障方面论证了在中国实施对日战略轰炸的可行性。此时已经进驻中国的美国志愿航空队能够在美国不卷入或危及太平洋舰队的情况下，较为有效地保卫新加坡、菲律宾以及中国的生命线滇缅公路，从而解决了上一次计划就存在的新的战略轰炸部队的后勤保卫问题。居里强调了该计划的价值：

1. 对于让我们的空战人员获得实战经验具有重大价值；

2. 不停地用燃烧弹轰炸日本，表明美国反对日本进一步扩张，使东京的军国主义者感到恐惧，达到战略威胁的效果；

3. 某种程度上是对中国国民党人进行鼓舞的心理战略。①

两个月后的 7 月 12 日，JB355 计划得到陆军空军联合委员会的批准。接下来的几个月里居里、陈纳德便忙于计划的筹备工作。但随着日本对滇缅公路的进一步威胁，以及 12 月 7 日珍珠港事件的爆发，原本紧张的 B-17 轰炸机更无法及时调拨到位，此提议自然未能付诸行动。1942 年 10 月，陈纳德还恳求居里调拨更多的战斗机，让他能够立即"开始袭击日本工业"。

此后不久，华盛顿针对珍珠港事件策划实施了一次具有象征意义的对日本本土袭击，这就是 1942 年 4 月 18 日杜利特尔（James H. Doolittle）率领下的对东京的袭击。作为第一次特殊轰炸任务〔First Special Bombing Mission (China)〕，②从大黄蜂号航空母舰上起飞的 B-25 轰炸机在轰炸前虽不需中国的基地支持，但轰炸任务完成后仍旧需要中方的支持，中国为此付出相当大的代价。

这一行动和前两次计划中的行动不一样，没有重庆国民政府、陈纳德参与其中，而是华盛顿单方面的"临时"决策，当华盛顿将行动目的和具体方案③

---

① 居里 1941 年 5 月 28 日致弗兰克·诺克斯函，转引自〔美〕迈克尔·沙勒：《美国十字军在中国》，商务印书馆 1982 年版，第 81 页。

② 1942 年 4 月 16 日代理陆军航空司令给总统的备忘录（Acting Chiff Of Staff, *Memorandum For The President*, Franklin D. Roosevelt Presidential Library and Digital Archives, Safe Files, Box 2, China Index）。

③ 按计划，B-25 回程路线为自东京入海，从本州南部顶端进入中国，在湖南省中东部湘江沿岸的株洲着陆、加油，等待天亮以及适合的天气，然后飞往重庆或等候新的命令。参见美国空军太平洋航空队网站 http://www.pacaf.af.mil/shared/media/document/AFD-070418-097.doc，2008 年 11 月 1 日，以及"杜利特尔攻击"网站 http://www.doolittleraider.com/inter views.htm，2008 年 11 月 1 日。

告知蒋介石时曾为其所强烈反对。蒋介石担心由浙江衢州降落得不到中国地面部队的保护,具有重要军事价值的衢州机场完全可能在敌人的反击中丧失。蒋介石提出,除衢州外美机可在浙江丽水(Lishui),江西玉山(Yushan)、吉安(Kian),湖南衡阳(Henyang),广西桂林(Kweilin)等其他地方降落。①

美国首次对日本本土轰炸的成功,一方面鼓舞了盟国的战斗士气,另一方面分散了敌方的抵抗力量,日军不得不将"瑞鹤"号和"翔鹤"号两艘航母及其护航舰只留在日本海域,并增加了四个战斗机大队,用以担负东京等要地的防空任务,从而分散牵制了日军在太平洋上的海空力量。

但对中国来说,事情正如蒋介石担心的那样,从 5 月 15 日起,10 万日军为洗雪首都被炸的耻辱,向浙江地区进行了大规模扫荡,搜剿在该地区着陆的美军飞行员。报复行动中,日军不仅屠杀了约 25 万救助美军的中国人,还攻占了蒋介石预料中的衢州,以及意料外的丽水、玉山等重要机场。

此次"蜻蜓点水"式的对日临时袭击后,蒋介石政府提出了其认为更为可行的对日轰炸计划,由宋子文于 5 月告诉了罗斯福:

    a. 日本在上海有些大型的设备正在制造;

    b. 这些大型设备依靠上海的电厂提供动力;

    c. 如果这些电厂被炸毁,可以拖延日本六个月的生产;

    d. 尽快对上海的电厂进行轰炸。飞机可以出其不意地从印度起飞,回来可在重庆附近的成都降落。②

罗斯福将此设想转告陆军航空队首领阿诺德时,这位主张美国空军独立的将军认为,要是美国执行宋子文的提议,无异于"随意地根据投弹手临时所见,或一些善意的外行(happened to catch the bombardier's eyes, or

---

① 1942 年 4 月 16 日代理陆军航空司令给总统的备忘录(Acting Chieg Of Staff ,*Memorandum For The President*,Franklin D. Roosevelt Presidential Library and Digital Archives,Safe Files,Box 2,China,Index)。

② 罗斯福 1942 年 5 月 5 日给阿诺德的备忘录(*Memorandum For General Arnold*),H. H. Arnold,*Global Mission*,Harper & Row Publishers,New York,1949,pp. 332—334.

well-meaning laymen)提出的目标进行轰炸",而非阿诺德所主张的"按既定目标进行"科学有效摧毁敌人战斗潜力的战略轰炸。[①] 所以,对此"临时看见"的目标并未采取行动。

以阿诺德的战略轰炸眼光看来,"科学地选定轰炸目标和准确轰炸目标一样重要",所以,无论对于参谋长联席会议还是美英参谋长联席会议来说,都必须认真考虑轰炸目标的优先权(priorities)问题。因为此时像波特(Portal)和斯帕兹(Carl Spaatz)这些人尽管被任命代表参谋长联席会议及美英参谋长联席会议负责战略轰炸行动,但他们的行动仍旧相当随意而不受约束(with fairly free hands)。[②]

陆军航空队于1940年2月向波音公司订购的B-29超级空中堡垒,到1942年9月已进入测试阶段,不久的将来就可以投入战争,所以阿诺德此时已开始考虑该如何使用、分配这种令每个战区都极其向往的新型武器,从而避免指挥权分散的各自为政状况。

1943年1月卡萨布兰卡会议后,罗斯福派出航空司令阿诺德开始筹备调拨500架重型轰炸机到中国,[③]然而也是因为后勤和欧战的缘故被拖延至8月的第一次魁北克会议(此时B-29远程轰炸机可以很快就投入实战),才出现一个确定使用B-29飞机实行对日战略轰炸的提议。到1943年11月,经过近一年的酝酿修正,罗斯福在开罗会议上正式批准该决议,使B-29飞机得以从1944年6月开始到该年年底,以成都为前进机场,对日本本土南部和日本在华钢铁军事工业进行袭击。当时从国民党的《党军日报》,共产党的《新华日报》,到独立的《大公报》等各方报纸对此均有积极的响应和支持,[④]在精神上极大地鼓舞了中国的抗战士气。

由此可以认为,从川西出发袭击日本的马特霍恩计划、为马计划修建基地的四川"特种工程",是当时中国"航空救国"思想正好迎合了美国战略轰炸军事思想。其历史缘起似可追溯至美国参战前的1940年。但事实上此

---

①　H. H. Arnold,*Global Mission*,Harper & Row Publishers,New York,1949,p. 333.

②　H. H. Arnold,*Global Mission*,Harper & Row Publishers,New York,1949,p. 333.

③　在阿诺德的回忆录中,只是谈到1943年2月阿诺德告诉蒋介石将派500架重型轰炸机到中国,但并没有明确这批重型轰炸机究竟是B-17还是B-29。在下节"阿诺德重庆之行:马计划的最初侧面交涉"中将具体谈到阿诺德的重庆之行,并分析这批轰炸机的具体型号、用途。

④　诸如《超级堡垒轰炸日本》、《赞美国空军》、《空军时代与中国》等类的文章可见于1944年6月16日至1945年3月的《大公报》,以及这段时期内的《新华日报》(太行版)。

次"战略轰炸"①非同寻常,其主要原因在于马计划的特殊性——与原子弹计划有着密切关联。中美双方关于修建 B-29 机场问题的来回交涉过程也因受到各种政治、经济、外交因素的影响而变得曲折迂回,使得这个看似独立的军事行动,伴随着各种政治目的变得模糊不清,体现出战争时期政治、军事之间相互制约、互为因果的微妙关系,以及技术进步对社会发展的重大影响。②

第二节　阿诺德重庆之行:马计划的最初侧面交涉

一次自说自话的会谈

还在 1943 年 1 月的卡萨布兰卡会议期间,罗斯福便已安排陆军航空兵首脑阿诺德中将会后立即启程前往重庆,就当时全球及美中之间的一系列重要军事行动进行协调与磋商,并抚慰蒋介石未被邀请参加卡萨布兰卡会议的不悦。

---

① 前田哲男将二战中伦敦、柏林、德累斯顿、重庆、东京、广岛的一系列无差别轰炸都纳入"战略大轰炸"概念范围,谴责日军进行的"重庆大轰炸是早于东京轰炸的无差别轰炸的首例,虽然没有使用核弹头,但毋庸置疑,它在战略思想上领先于广岛"(《从重庆通往伦敦、东京、广岛 的道路——二战时期的战略大轰炸》),中华书局 2007 年版,前言,第 15 页)。这种观点着重于历次战略轰炸后果上的共性——造成敌方民众心理上的恐怖。但事实上,B-29 对广岛、长崎进行的核袭击与其他战略轰炸有一个本质的区别,那就是常规战争和核战争的基本差别。而且在战术层面上看也存在巨大差别,B-29 进行的对日轰炸技术有非常明确的分类指向,即针对不同的轰炸预期分别实施"低空夜间饱和轰炸"和"昼间高空精确轰炸"两种战术(后面第三章第三节有关于两种技术的详细论述)。而重庆、汉口等其他地方受到的战略轰炸是采取大面积无差别轰炸拖垮对方抵抗心理的方式。

② 美国著名史学家迈克尔·沙勒在叙述二战中美国的空中战略时,将之与美国的"秘密战争起源"相提并论。认为美国惯常用于对付共产党的秘密战争技术虽是在二战后的事儿,但其起源是在二战时期。因为美国当代的情报组织,以及包括各次对日秘密轰炸在内的各种秘密战争策略,都产生于对德国和日本的斗争时期。珍珠港事件前的对日秘密轰炸"活动本身使太平洋的军事对抗逐步升级,并为使用秘密军事手段作为美国外交政策的积极因素开了先例"(《美国十字军在中国》,商务印书馆 1982 年版,第 70—71 页)。而在另一位美国历史学家科特(James Lea Cate)眼中,二战时期美国各次对德、对日轰炸则是美国远程轰炸 VLR(Very Long Range)理论的践行和新兴技术远程轰炸机 VHB(Very Heavy Bomber)的应用的结果(见 W. F. Craven and James Lea Cate, *The Army Air Forces in World War II*, Volume 5, *The Pacific*: *Matterhorn to Nagasaki*, 以及 James Lea Cate, *Global Command*: *The Double Cross Bee Cee*, *The Journal of Modern History*, Vol. 23, No. 4, Dec. 1951)。作者以为,如果将远程轰炸思想和技术作为条件,二战中美国军政界的"秘密战争"作为远程轰炸等战略战术的影响、结果进行叙述,在逻辑上会更为清晰且互不矛盾。故本书仅从战略轰炸思想、远程轰炸技术的发展,以及中国空防思想的一些具体表现来叙述 B-29 计划的缘起。

　　此次会谈中,阿诺德通知中方将要实施的美英中缅甸反攻计划,并说服蒋介石参加该行动,以便打通马特霍恩计划的潜在供给线,消除日军来自南方的潜在威胁;同时还讨论了蒋介石一再提及的陈纳德升职问题。最后,阿诺德不紧不慢地透露了一项美方的既定决策——美方将调拨 500 架重型轰炸机到中国进行对日远程轰炸。通过分析可以发现,阿诺德所说用 500 架远程重型轰炸机的计划,正是用 B-29 轰炸机从中国出发轰炸日本本土的马计划的雏形。阿诺德与蒋之间的会谈也就成为中美之间关于马计划的最初交涉。①

　　1 月 29 日,阿诺德及英国最高陆军元帅迪尔爵士(Sir John Dill)等人从开罗出发,经卡拉奇、德里到达新德里。在新德里,美方的阿诺德、萨默威尔、毕塞尔(Bissell)、史迪威,与英方的约翰·迪尔、韦维尔(General Wavell)、奥金莱克(General Auchinleck)召开了一次类似于参谋长联席会议的讨论。而后阿诺德经汀江、驼峰北线到达昆明,他在这里同陈纳德、史迪威、魏德迈(Wedemeyer)、毕塞尔、迪尔商定将与蒋介石交涉的内容,然后前往重庆。

　　在重庆的会谈中,蒋介石和阿诺德各自按照各自的预期目标进行了一次几乎有些"自说自话"的艰难磋商。阿诺德首先转交了罗斯福给蒋介石的信件,传达了全球军事情况、参谋长联席会议内容、中国空军以及各种各样

---

　　①　值得进一步关注的是,此次阿诺德访华,作为抗战时期中美关系史上的重要活动,很多文献、论著都没有记载或论及。备受国内史家信赖、记载内容详尽的《中华民国重要史料初编》对此事件也仅有两则蒋宋(美龄)之间关于阿诺德来回的消息,没有具体内容记载。瞿韶华的《中华民国史事纪要(初稿)》则只有阿诺德离渝后蒋介石致罗斯福的电文(台北中央文物供应社 1993 年版,第 355 页)。其他资料如《四川省外事志》等均未记载此事。陶文钊在《抗战时期的中国对外关系》(中共党史出版社 1995 年版)中谈及此次会见,认为阿诺德此行是"就推迟反攻缅甸进行安抚"。但实际恰恰相反,阿诺德重庆之行的目的并非由于推迟反攻计划而"安抚"蒋,而是要争取蒋介石同意参加反攻缅甸的计划,推迟和改动缅甸计划是再后来的事。倒是徐康明的《中国远征军战史》点明阿诺德到重庆是"为了向中国通报卡萨布兰卡会议的情况,商讨反攻缅甸的计划,并消除没有邀请中国代表参加卡萨布兰卡会议所产生的误会"(军事科学出版社 1995 年版,第 179 页)。徐康明论述阿诺德访华的资料来自《史迪威与美国在华经验》,该书只管论及在派出阿诺德这个问题上"存在着空中战略和地面战役之争",罗斯福"急于派遣希望尽快对日本进行轰炸的阿诺德前往中国"(巴巴拉·塔奇曼:《史迪威与美国在华经验》下册,商务印书馆 1984 年版,第 510—512 页)等内容,但并没有提到阿诺德所说组建四个美国重型轰炸机中队一事,当然也没意识到这一计划的重要含义:美军在华的战略重心将逐渐转移到空中战略上来。另一常被国内引用的赫伯·菲斯《中国的纠葛》,在论述阿诺德的重庆之行时只谈到阿诺德说服蒋参加安纳吉姆计划和蒋提出的要求。只有第一历史当事人阿诺德在自传 Global Mission 中对此次会谈中的另一战略重要含义有详尽的记述。

的杂事，当然还有总统希望蒋介石配合缅甸战役的愿望。

蒋介石从中国战场和政治安全的角度出发，罗斯福从协助马计划的角度出发，两人殊途同归地达成了一致，即将协同实施缅北反攻战役。但蒋介石很快将其对国内战局的担忧化成了对美国一系列的要求。其中反复提出的一项要求就是（在蒋的控制下）给陈纳德的航空队独立的指挥权职位，也就是要陈纳德从中缅印战区航空司令毕塞尔手下独立出来，以便蒋介石与他信任的陈纳德一起自由地支配战略物资，按照两人的战略主张来进行中国战场的对日战争。

"蒋介石对陈纳德的能力的无限信任，使他看不出任何不给予陈纳德在中国和印度美国航空部队总指挥权的理由"，①而陈纳德的独立就意味着在印度和中国将各有一个指挥。但在阿诺德的眼中，"管辖印度的和管辖中国的必须是一个人，因为两个地方的关系很密切，不可能单独运行"，如果真让陈纳德独立，其结果不是让阿诺德亲自指派的远东地区航空司令毕塞尔退居陈纳德手下，就是让毕塞尔走人。

蒋介石要求阿诺德亲自指派的毕塞尔让位于"在后勤问题上很不现实（not realistic about the logistics）"、行为方式"过于简单化（over simplification）"的陈纳德，阿诺德对此提议礼节性地回应道："这不为华盛顿所接受"，实际这首先就不为阿诺德所愿接受。阿诺德不知道这种局面"是因为史迪威不够尊重蒋介石以及其朋友的权威，还是蒋对陈纳德的无限信任所引起"。接下来关于驼峰航运的话题仍然纠缠着由于蒋介石对陈纳德的无限信任带来的"令人恐怖"的空中运输的指挥权问题。

除了飞机所需物资等涉及驼峰航线的问题外，阿诺德还认为中国战场的航空力量存在一个严重问题，就是缺乏适合的机场，但"委员长和陈纳德不知是看不到还是不愿看到这些后勤方面的具体问题"。面对阿诺德提出的问题，蒋介石作出了一个毫不理会对方用意的"回应"："告诉你们的总统，除非我得到这三样东西，要不我就无法参加此次战斗，而且他也别指望我们的部队参加战役。"于是蒋介石毫不含糊地列出这样一张清单：

1. 在中国建立一支独立的，在我控制下由陈纳德指挥的航空

---

① H. H. Arnold, *Global Mission*, Harper & Row Publishers, New York, 1949, pp. 415—417.

部队；

2. 每月通过航线运送到中国的物资提高到 1 万吨。这是必须做到的，不是现在，但必须安排好（at a stated time）；

3. 最迟在今年 11 月，调拨 500 架飞机到中国，由美国人或中国人使用。①

阿诺德同样按其既定的策略告诉蒋介石，他将设法通过增加运输机的数量（由 62 架立刻增加到 137 架）将当时每月 1700 吨的运量，在 4 月提高到每月 4000 吨，而且一旦中国有了足够的基地，运量还可提高。

对于蒋介石一再提出的陈纳德独立指挥权问题，阿诺德从侧面作了否定性回应："你最为信任的陈纳德将军告诉我，重型轰炸机并不是中国所需的，他想要的是中型轰炸机（medium bomber）。然而经调查证明，中型轰炸机不能执行重型轰炸机所能完成的任务。因为重型轰炸机可以将自身所需的汽油从印度运至中国，而中型轰炸机是无法做到这点。"②

不露声色的战略意图

在这一系列问题都谈得差不多的时候，阿诺德不露声色地向蒋介石透露了一个具有重要意义的战略转移动向。那就是美方将在中国首先组建一个中国的战斗机中队（Chinese fighter squadron）。如果条件允许，可将其扩建为 1 个大队（group），然后建立 4 个轰炸机中队（bomber squadron），如果蒋介石同意，美国将立即着手实施。该计划将引进 500 架飞机到中国，但

---

① H. H. Arnold, *Global Mission*, Harper & Row Publishers, New York, 1949, p. 422.

② 与阿诺德的回忆相照应的另一史料是罗斯福图书馆中的档案记载，1943 年 5 月 12 日，陆军参谋长联席会议在《1943—1944 年太平洋和远东地区的行动》(*Operations in the Pacific and Far East 1943-44*, May 12, 1943, p. 5)中提到了陈纳德拟建的航空队及所需具体飞机数目：

4 战斗机大队（Fighter Groups）	300 airplanes
2 中型轰炸机大队（Medium Bomber Groups）	114 airplanes
1 重型轰炸机大队（Heavy Bomber Group）	35　airplanes
1 侦察机中队（Recon Squadron）	24　airplanes
共计	473 airplanes

见于 Franklin D. Roosevelt Presidential Library and Digital Archives, Safe Files, box2, Current Strategic Studies Book 1, Index。据阿诺德回忆，此时陆军航空队已计划调到中国的 35 架重型轰炸机，可能就是按陈纳德要求的数量划拨的。从上面的清单看，陈纳德尤感兴趣的是战斗机，对轰炸机兴趣不大，而且还只需要中型轰炸机，而非重型轰炸机，可见陈纳德的战略观念与阿诺德所信奉的新兴的战略轰炸思想相去甚远。

时间不是蒋介石要求的 11 月份。

阿诺德很有把握但又有所保留地告诉蒋，仅仅是这 500 架飞机本身起不了什么作用，可一旦得到所需的汽油、炸药、基地，以及美中双方的合作战斗和维护人员（maintenance crews），就是另外一回事了。为启动该计划，阿诺德还请求蒋介石协助修建新的机场、扩建跑道，并调拨物资。

由于阿诺德不可能道出美国在华战略动向的明确涵义，蒋介石即便怀有像阿诺德那样的全球战略意识，可能也难以领会到这个消息的深意，所以蒋仍旧只关心那些和自己战略直接相关的问题。蒋介石这种身不由己的谨慎让阿诺德油然生出几分美式优越感，并对蒋介石作出这样的评价：

1. 不管卡萨布兰卡会议还是参谋长联席会议，除非涉及缅甸或中国，否则委员长不感任何兴趣。

2. 他想按其设想让美国许诺额外一次性提供 500 架飞机。

3. 当谈到后勤的实际情况驼峰航运的有限运载量时，他就显得没有理性和逻辑性。

4. 他想建立庞大的中国空军部队，却不考虑一下是否有足够的汽油来支持这些飞机……①

想要蒋介石配合但又不向蒋介石明说其中的战略意义，二人当然也就只有自说自话。尽管如此，阿诺德的重庆之行，双方还是如其所言"达成了很多一致"，并被蒋介石称为"一次最重要的会谈"。对蒋介石而言，他所期望的战争物资将由当时（1943 年 2 月）的每月 1700 吨迅速提高两倍多，在 4 月达到 4000 吨，且还将进一步提高。另外，蒋介石还可以在美国的支持下建立一支中国的战斗机中队（Chinese fighter squadron），其规模甚至可以扩展为战斗机大队（group），这支飞行队将由蒋绝对信任的陈纳德来指挥。②

---

① H. H. Arnold, *Global Mission*, Harper & Row Publishers, New York, 1949, p. 418.

② 这应该就是次月（1943 年 3 月）成立的陆军第十四航空队。阿诺德所谓"中国的"战斗机中队，则体现于该年 7 月建立的中美混合联队（Chinese-American Composite Wing of the Chinese Air Force）中，有经美国培训的中国飞行员，中国人也参与其管理。此联队在战斗序列上属第十四航空队，陈纳德亲自担任队长，仅在行政编制上属于中国空军，中方徐焕升任副队长。

对美方而言,不仅得到蒋介石参加缅甸会战的允诺,还向蒋通报了美国即将在华实施的一项重要航空战略:在不远的将来调集 500 架重型轰炸机到中国,由此建立 4 个重型轰炸机中队。同时取得蒋介石将为之协助扩建、修建机场和基地的允诺。

由于战争的不确定性和核战略的高度机密,阿诺德与蒋介石的会谈中,对于建立轰炸机中队的重要航空战略计划仅做了轮廓的描述,其中有些问题并不明确。不过,如果细加分析也能捕捉到这个即将在华实施的航空战略的一些重要信息。

首先是时间问题。重庆的会谈中,阿诺德并没有具体告知建立重型轰炸机队的时间,再加上也未说明这些重型轰炸机是否将由中方使用,使得蒋介石无法作出正确的判断,以为可以有机会争取早日得到这批重型轰炸机。他以近似威胁的语气告诉阿诺德:"除非 11 月的航空运量就达到 10000 吨,由美国或中国人使用的 500 架飞机也同时到位,否则我们不能保证缅甸战役的成功。"①尽管他并不是为了这些"额外"好处才答应美方参加缅甸战役的。不过允诺参加缅甸会战对蒋来说确实是向美方提出"要求"的好借口,这就是蒋介石所列"清单"中"今年 11 月底"(即美国预期发动缅甸会战的时间)这一期限的来历。② 阿诺德丝毫不为蒋的强烈"要求"所动,只是决然地告诉蒋:"不是在 11 月。"

阿诺德这种否定的回答尽管没有给出调用这批重型轰炸机的具体时间,但透露出这样一个重要的信息:这批轰炸机不是用于缅甸战役,而是用于中国战场另一重要的战略。那么,这批重型轰炸机将用于什么样的重要战略呢? 其实,仅从逻辑上讲,蒋介石就应该知道,即便他最为信任的陈纳德也不曾指望得到大批的重型轰炸机,他只要求一百多架中型轰炸机和三百多架战斗机。因为按照陈纳德的战略设想,他几乎不需要重型轰炸机,便足以应对中缅印战区的日本航空力量。这批远程重型轰炸机将不会用于仅

---

① H. H. Arnold, *Global Mission*, Harper & Row Publishers, New York, 1949, p. 424.

② 不仅如此,蒋介石为争取得到这批重型轰炸机,还授意何应钦在重庆会见之后不久,即 2 月 9 日印度加尔各答的一次会议上,再次提出飞机问题。此次的理由更具体——"将有 500 架日本战斗机会用来对付缅甸战场的中国军队",但这更是一个不堪一击的理由。据阿诺德的回忆,他认为从中国人承认的日本战斗机总数和分布看,日本在缅甸根本就不可能拿出 500 架战斗机来对付中国。蒋介石一心想得到那批重型轰炸机的努力也就只好作罢。参见 H. H. Arnold, *Global Mission*, Harper & Row Publishers, New York, 1949, p. 428.

用中型轰炸机就可应对的中缅印战区，而是用于对日本本土进行的远程轰炸。

　　和时间问题一样的另一悬疑问题是，这批轰炸机究竟由美方还是中方使用，阿诺德在与蒋的谈话中也没有直接说明由哪一方使用。可以看出的是，阿诺德在谈到500架重型轰炸机和4个轰炸机中队时，并不像谈到战斗机中队那样很明确地指出此战斗机中队就是"中国的战斗机中队"（Chinese fighter squadron），而仅仅说要用500架重型轰炸机建立4个重型轰炸机队。仅从字面意义上讲，这批重型轰炸机中队不会是由中方人员组成的航空队，否则就应该直接指出。

　　而且阿诺德在评价蒋介石给他的印象时，曾说蒋介石异想天开地想"额外"获得500架美国飞机（additional U. S. planes at a time），其中"额外"一词足见在阿诺德的本意中，战斗机中队才是中国"分内"的，蒋介石期盼的这500架重型轰炸机是属于"额外"的。

　　再从逻辑上讲，由于中国的飞行员并不具备管理、驾驶远程重型轰炸机的能力，当然也就无从建立起一支"中国的"重型轰炸机中队了。

　　此外，阿诺德所说的"500架重型飞机"还涉及到这样一个问题，就是这批重型轰炸机究竟是什么机型？如前所述，早在1941年和1942年两次调拨B-17到中国的提议都遭到陆军部的反对而未能付诸行动。到欧战吃紧的1943年，美国是否会在产量仍旧有限的情形下调拨500架B-17到中国呢？

　　以美国先欧后亚的策略，更兼当时欧战吃紧，正需大量技术已经成熟的B-17轰炸机，前两次准备调往中国的计划也就是因为欧战的需要而未能兑现，在此时这个冲突不仅没有缓解反而更加突出。因为在刚召开的卡萨布兰卡会议上，英美两国的一项重要决议就是在欧洲战场实施大规模的战略轰炸，需要大量战略轰炸机。[1] 所以，此时和前两次一样同样不可能调出数

---

　　[1]　美国参谋长联席会议在1943年4月13日《关于卡萨布兰卡决议的澄清》（Clarification of Casablanca Decisions，Franklin D. Roosevelt Presidential Library and Digital Archives，Safe Files，Box 2，Current Strategic Studies Book 1，Index）中明确指出，按"欧洲战场对轴心国的行动，在所有资源上优先于对日行动"（operations against the Axis in Europe all resources over and above those allocated for use against Japan）的总战略，该年实施的各项计划，按优先权限从高到低排列分别为：火炬（TORCH，盟军在法属西北非的登陆行动）、爱斯基摩人（HUSKY，1943年7月盟军攻占意大利西西里岛的作战行动）、镰刀（SICKLE，对德国进行轰炸）、安纳吉姆（ANAKIM，盟军收复缅甸的作战行动）、波利乐舞（BOLERO，为英国横渡海峡作战所作的准备），足见作为蒋介石强烈要求得到这批重轰炸机的理由——安纳吉姆缅甸行动，其优先性不及于欧洲的一系列行动。

量多至 500 架的 B-17 到中国，为"中国的"航空队或陈纳德的航空队使用。①

　　若从一个具体的技术问题看上也可以发现，阿诺德此时所指的远程重型轰炸机应该是 B-29 而非 B-17。两种机型的技术参数决定了当时能对日本本土进行轰炸的只能是航程、载弹量都远大于 B-17 的 B-29。② 从下面《1944 年 3 月中国形势图》可以想见，此前一年在中国可用的航空基地中，以 B-17 轰炸机 1000 英里的作战半径进行轰炸，唯有从长沙、衡阳这样离日本本土稍近，但同时也离日本在中国的占领区很近的基地才能勉强到达日本本土的南端。而如果从远离日占区，相对比较安全的桂林、昆明、成都等地出发，便超出了 B-17 的航程。从这一点看，阿诺德此时（1943 年 2 月）打算派到中国的对日远程轰炸机就应是 B-29 而不是 B-17。③

　　由以上论述可以认为，阿诺德此时谈到的用 500 架重型轰炸机组建 4 个航空中队，就是一支使用即将下线的 B-29 的战略轰炸部队，这也就是为马特霍恩计划在中国的实施作出的前期铺垫。

　　让人思索的是，既然阿诺德计划建设一支使用 B-29 的美国重型轰炸机中队，可为什么阿诺德此时不将这些信息明确告知中方呢？ 这主要和 B-29

---

　　①　如前所述，蒋介石在与阿诺德的谈话中曾谈到，他希望建立一支中国的航空队，实际上就是他自己的，只不过由陈纳德指挥的、独立于美国的航空队。但美国此后实际建立的"中国战斗机大队"——第十四航空队也并不是按照蒋介石的意图行事，即第十四航空队虽由蒋完全信赖的陈纳德指挥，且有一定数量的中方管理者和飞行员出现在"中美混合联队"，但十四航空队的指挥大权几乎完全由美方陆军航空队掌控，中国人在其中的出现更多是一种行政意义上的安排。

　　②　美国当时的远程重型轰炸机主要机型除 B-24 外就是 B-17。由波音公司 1935 年研制生产的 B-17 俗称空中堡垒（Fortress），航程 2000 英里，载弹量 1 吨，时速 250 英里/小时。波音公司在其基础上进一步改进而成的 B-29 远程轰炸机航程提高到 3800 英里，最大载弹量达到 10 吨，在 2.5 万英尺的高空最高时速达 357 英里/小时，被称为超级空中堡垒（Superfortress）。关于两者的性能比较可参见 Carl Berger, B-29: the Superfortress, New York: Ballantine Books, 1970, pp. 20-25。

　　③　颇具影响的美国官修史《二战中的美国陆军航空兵》（The Army Air Forces in World War II）认为"阿诺德在 1943 年 11 月，突然决定将 B-29 专门用于太平洋战区的对日战争中（B-29s would go exclusively to the Pacific Theater against Japan）"（见 W. F. Craven and J. L. Cate, The Army Air Forces in World War II, The University of Chicago Press, 1953, Volume 5, p. 12.）。然而从上述情况看，这并不"突然"，因为即便早在 2 月阿诺德所要派到中国的重型轰炸机只能是 B-29。就算 2 月没有确定 B-29 在太平洋战区的使用，但在 8 月的魁北克会议上就已经明确：从中国出发的对日远程轰炸将由 B-29 执行（见 H. H. Arnold, Global Mission, Harper & Row Publishers, New York, 1949, p. 443）。所以，此后的 11 月阿诺德关于 B-29 去向的决定并非"突然"作出，而是早有安排。

1944 年 3 月中国形势图

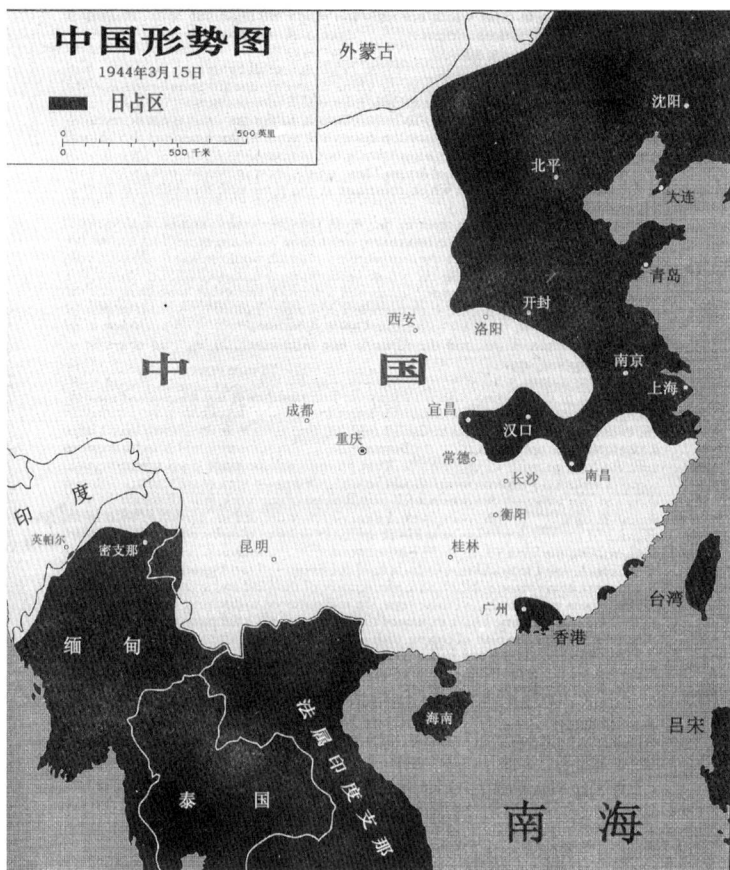

资料来源:据 Romanus and Sunderland, *Stilwell's Command Problems*, Office of the chief of military history department of army, 1956, p. 307.

这种重要新型武器的生产有关。由于 B-29 生产时的种种困难,[1]阿诺德此时能够确定的仅是在"1944 年 6 月"这一时间将使用 B-29 采取一次重要行动。在谈到即将下线的 B-29 时,阿诺德认为美国海军、英国、中国甚至丘吉尔本人莫不竭尽全力地想把它用到自己的战区。对此,阿诺德在其回忆录中两次提到至少要在"1944 年 6 月之后"才能对各方的要求有所考虑,而他多次强调的这个时间正是 B-29 按计划正式投入使用,从印度、中国出发发

---

[1]　研制、生产和改装 B-29 的具体困难情形,后面有进一步的论述。

起对日进攻，以及诺曼底登陆的日子。①

　　事实上，马计划在后来几个月的时间里就逐渐清晰地被提了出来。5月的华盛顿会议上，已经开始涉及到 B-29 攻击日本计划所需基地的选择议题。当时只有中国长沙距东京 1500 英里适合，此构想被称为"晓光计划"（Twilight Plan）。因长沙已陷敌手，未定下基地的最终所在位置，但有以印度—中国为基地之构想。8 月的魁北克会议确认了华盛顿会议上以印—中为基地的建议。开罗会议前，罗斯福正式批准印—中 B-29 基地计划；11 月 10 日起更名为 Matterhorn。美英联合军事首长会议不久后的 1944 年 4 月 10 日亦通过该计划。

　　阿诺德的重庆之行除通报将要发动缅甸战役的消息、取得蒋参战的允诺外，还向中方透露了一个重要的航空战略——调拨 500 架远程重型轰炸机（B-29），建立 4 个使用重型轰炸机中队用以发动对日本本土远程轰炸，蒋为此承诺协助修建所需基地。从这一点看，阿诺德此次重庆之行便是中美之间为最终被称为"马特霍恩计划"的对日远程轰炸所作的第一次交涉。②

第三节　华莱士副总统访华：解决了
马计划的情报和搜救问题

各方猜度中华莱士到访中国

　　"在 1944 年 6 月这个具有历史意义的月份，中国发生的主要事件，是罗斯福总统派来了另一位重要使者"③副总统华莱士（Henry Wallace）出访中

---

　　① 1944 年 3 月被提升为少将的李梅（Curtis E. LeMay），曾在中缅印战区任 B-29 航空队指挥官，在其回忆录《超级空中堡垒：B-29 与美国空中力量》一书中，不仅对马特霍恩计划各次战略有较详回忆，同时也侧面反映了 B-29 的研发进展。参见 Gederal Curtis E. LeMay and Bill Yenne，*Superfortress：The Story of the B-29 and American Air Power*，McGraw-Hill Companies，1988，以及 Carl Berger，B-29：*the Superfortress*，New York：Ballantine Books，1970。

　　② 1943 年 2 月底，阿诺德在纽约出席当时为正在美国访问的中国第一夫人宋美龄举行的欢迎会，在会上，他向与会者透露："建立一个直接轰炸日本心脏部位的航空基地，一切都已准备就绪"（林成西、许蓉生：《国民党空军抗战实录》，中国档案出版社 1994 年版，第 421 页），不过他并没有点明该航空基地的具体位置。可以认为，阿诺德此语直接印证了本书的推论——阿诺德半月前所提航空计划就是马特霍恩计划的最初筹划。

　　③ ［美］伊利·雅克·卡恩：《美国对华外交秘录——毛泽东的胜利与美国外交官的悲剧》，群众出版社 1990 年版，第 94 页。

国,当时(甚至事隔多年之后)各界对此行目的,从头到尾都有多种猜测或希望。但不管各方如何猜测、希望、担心,华莱士此行达到了一个具体而明确的目标,"这就是总统对蒋介石施加一些压力,以促成美国使团前往延安之事的成功"。而此观察组的重要使命就是为在成都实施的马特霍恩计划提供气象等各种情报,协助美陆军第二十航空队的有效行动和每次任务完成后的飞行员救助。

为向中共占领区派驻"观察组",华莱士使华并非美国的第一次尝试和努力。之前的1944年2月10日,美国总统罗斯福已开始就派驻"观察团"一事与蒋介石的重庆国民政府进行首次交涉:

> 由于吾人共同对日作战之加剧,由于吾人坚决移向日本之军事中心,故吾人除在海上和空中击溃日本以外,显然的吾人必须与日本陆军之主力接战而毁灭之,然后可得最后之胜利。日本陆军主要之集中地点在华北及满洲,吾人今当开始准备粉碎日本坚强之兵力。
>
> 现时关于敌人在华北与满洲之情报异常缺乏。为增加此等情报之流通,为考察研究此后作战之策划,下列措施似属十分必要:即立即派遣一美军观察团至陕北、山西,以及至华北其他必要之地区。阁下对于此事,可否予余赞助及合作?①

从电文可见,罗斯福这份电报主要目的是希望蒋介石同意派遣"美军观察团",从而获得"华北与满洲之情报"。战时美国为"共同对日作战",派各种使团到中国并不鲜见,蒋一般会较为顺利地配合。但此次和以往有很大不同,那就是此"观察团"的派驻地不是国统区,而是陕北、山西直至华北等令蒋介石变得警惕的敏感地带。而且罗斯福在谈及"观察团"的动机和目的时模棱两可,说派出"观察团"到那些地区主要是由于"日本陆军主要之集中

---

① 1944年2月10日《美国总统罗斯福自华盛顿致蒋介石委员长询问可否赞助美国派遣观察团来华收集敌人情报函》。秦孝仪主编:《中华民国重要史料初编——对日抗战时期》第三编《战时外交》(一),(台北)中央文物供应社1981年版,第163页。另外,《蒋委员长与罗斯福总统战时通信》(郭荣赵编译,中国研究中心1978年版,第210页)也有这份电文的译文,与《中华民国重要史料初编》大体相同,但此处译为"美军观察组",而非"观察团"。从原文(见 *Foreign Relations of the U-nited States*,1944,Vol. Ⅵ,China,1967,Published by Government Printing office,Washington,D. C.)看,译为美军观察组更为恰当。

地点在华北及满洲"，"吾人必须与日本陆军之主力接战而毁灭之"；但按照美国 1943 年在中国的既定战略，是不会在中国与日本进行大的地面战役的。罗斯福这种矛盾而暧昧的理由，加上蒋对中共接触美国后会更壮大的担忧，令蒋难免怀疑其动机是否就是想在国共之间作什么"调解"，蒋心中的感受和可能作出的反应可想而知。这种反应从蒋 22 日的回电中可以看到：

> 对于阁下计划派遣美军事视察团，收集敌军在华北与满洲集中正确情报一节，甚愿尽量协助进行，并已饬知军政部与史将军总部拟定此一视察团前往中央政府政治力量所及以及敝国军队驻扎各处也。①

国家首脑之间电文往来，遣词造句应是经过了慎重的考虑。蒋介石这一回文不到百字，但已充分表达了主人诸多用意。首先，蒋介石将罗斯福"考察团"这一无法区分主次关系的用语"更正"为能够表明与中共上下次序的"视察团"一词，以申明其合法的执政党地位，流露出对中共潜在威胁的担忧。

"尽量协助"一语足以表明蒋只是"尽量"而非全力以赴。这就是告诉罗斯福，美方要派"视察团"到中共特区可能会遇到某些困难、阻碍，以至于蒋介石作为中国的惟一合法政府代表，也将可能无所作为。蒋介石这种用语表达出的态度对美国而言，既可能是向美国"控诉"或"表白"重庆政府在对中共问题上的无可奈何，同时也还可能是一种表示反感的威胁，尽管这种威胁未必有效。

接着，蒋介石借其素有的政治天赋立即将此敏感问题向下转移，让"军政部与史将军总部拟定"考察团事宜。这一方面可降低该团的级别，以免显出中共的重要性，另一方面让派团一事绕道而行，使之受到各种缓冲性的阻挠，最好不了了之。

电文最后一语可谓为蒋介石的底线：如果美方观察团一意成行，将只能到"中央政府政治力量所及以及敝国军队驻扎各处"，这就等于说"委员长只

---

① 1944 年 2 月 22 日《蒋委员长自重庆致美国总统罗斯福告以愿尽力协助其派遣军事观察团来华收集敌人情报之计划电》，秦孝仪主编：《中华民国重要史料初编——对日抗战时期》第三编《战时外交》(一)，(台北)中央文物供应社 1981 年版，第 164—165 页。

同意派至中央政府军事政治所控制之区域,即暗示不准至共区"。①

蒋的电文充分表达出,不管是美方与中共直接还是经过政府的接触,都是他非常不愿见到的事情。蒋介石这一回复使罗斯福非常担心不能达成一致,于 1944 年 3 月 22 日,再次就派团问题电告蒋委员长:

> 阁下 2 月 22 日电核准之敝国军事观察员,如能抵达出事地点,则对吾人尽力在该地区收集更真确之情报,当能有所帮助。余已令史迪威将军向贵国军政部长商定视察团旅行协定,俾得从早实行也。②

罗斯福来电再次申明,"观察员"要收集到真确之情报,就应该"抵达出事地点"——中共控制区,而且不管蒋情愿与否,他已派人着手行动起来。

此后,蒋好像回避了这一问题,不再谈论此事,罗斯福似乎也不再以这种方式与蒋讨论。不过,华盛顿决定向中共华北地区派军事观察组的事情并未就此结束,而是换了一种更为直接而有效的方式与重庆进行了一次志在必得的游说——这就是美国副总统华莱士的访华。

美国副总统华莱士出访中国的消息传出后,各方人士就开始揣度。美国官方的消息称副总统此行"意在访问中国领袖,观察中国农业状况及视察在华美军情形"。但美国国内有人认为此行因为"该年是选举年,华莱士将有连任希望,故民主党大会期间借辞离美"。③当然也有人认为华莱士此行"似有意探讨中苏关系及中共问题",④急得蒋介石立即指示驻美大使向美方表示,"华副总统来华,如有调解中央与中共合作之表示,则中国抗战局势

---

① 1944 年 6 月弗里士将军(Brigadie Benjamin G. Ferris)为请华莱士向委员长取得同意,允美军派遣军事观察团访问延安致华莱士副总统备忘录,*Foreign Relations of the United States*,1944,Vol. Ⅵ,China,1967,Published by Government Printing Office,Washington,D. C.,pp.102-105。

② 1944 年 3 月 22 日《美国总统罗斯福自华盛顿致蒋委员长说明已令史迪威将军向中国军政部长商定视察团以便在中国边境收集情报电》,秦孝仪主编:《中华民国重要史料初编——对日抗战时期》第三编《战时外交》(一),(台北)中央文物供应社 1981 年版,第 165 页。

③ 1944 年 4 月 12 日《外交部参事刘锴自华盛顿呈外交部报告美国副总统华莱士访华目的在观察中国农业及视察在华美军情形电》,秦孝仪主编:《中华民国重要史料初编——对日抗战时期》第三编《战时外交》(一),(台北)中央文物供应社 1981 年版,第 859 页。

④ 1944 年 5 月 15 日《驻美大使魏道明自华盛顿呈蒋主席报告美国副总统华莱士来华似有意探讨中苏关系和中共问题电》,秦孝仪主编:《中华民国重要史料初编——对日抗战时期》第三编《战时外交》(一),(台北)中央文物供应社 1981 年版,第 861 页。

不仅因之动摇，而以后共党势力势必更加嚣张，无法消弭赤化之祸害"。①

不管蒋如何担心或不情愿，华莱士一行还是于 5 月出发了。与之同行者有 1941—1942 年期间任蒋介石政治顾问，时为美国陆军情报局（OWI，Office of War Information）太平洋分局局长②的欧文·拉铁摩尔（Owen Lattimore），以及被国民党称为"一个共党同路人"③的国务院代表范宣德（John Carter Vincent）④和哈萨尔德（Hazard）。

从阿拉斯加出发，华莱士一行途经白令海峡附近西伯利亚东北角的苏联机场、雅库茨克（Yakutsk）、鄂霍次克海边的马加丹（Magadan）等地并稍作停留，然后从黑龙江边的科索摩斯克（Komsomolsk），分别经过依尔库茨克（Irkutsk）以及乌兰乌德（Ulan-Ude）、米奴金斯克（Minussinsk）、塞米巴拉金斯克（Semipalatinsk）、塔什干（Tashkent）、阿拉木图（Alma-Ata）进入中国的乌鲁木齐和成都，最终于 6 月 20 日抵达重庆。⑤

----

① 1944 年 5 月 20 日《蒋主席自重庆致驻美大使电魏道明嘱向华莱士副总统非正式表示如期来华有调解中央与中共合作之表示则中国抗战局势将因之而动摇电》，秦孝仪主编：《中华民国重要史料初编——对日抗战时期》第三编《战时外交》（一），（台北）中央文物供应社 1981 年版，第 862 页。

② 中译本《蒋介石的美国顾问欧文·拉铁摩尔回忆录》，将 OWI 译为"战时新闻局"（第 157 页），中译本《延安使命》又将其译为"作战情报处"（第 31 页）。但从 Information 的字面意义上看，将其译为"情报"更为恰当。另据 1942 年 10 月 31 日《正报》中一篇名为《美太平洋情报分局　拉铁摩尔任局长》的报道："重庆 30 日电，蒋委员长之政治顾问拉铁摩尔氏，拟于最近归国担任美国战时情报局太平洋分局……拉氏到职后，将主持太平洋一带的宣传工作……拉氏请假归国、为战时情报局服务，但未准其辞职。拉氏归国后，拟与中央（国）宣传部（?）联合国家在华宣传代表有所商讨云……"可见在当时也是译为"情报处"。另外，就像"War Department"不能译为"战争部"而应译为"陆军部"一样，OWI 中的"war"一词应译为"陆军"，故此采用《中国的纠葛》中译本中的译法为"陆军情报局"（北京大学出版社 1989 年版，第 165 页）。由埃尔默·戴维斯（Elmer Davis）主管的陆军情报局 OWI 和多诺万（William J. Donovan）主管的战略情报局（OSS，Office of Strategic Services，美国中央情报局 CIA 前身）尽管都是负责宣传的，但 OWI 主要负责宣传散发来自美国国内的官方渠道的信息，OSS 则负责分发来自敌占区的情报。没有 OWI 的许可，OSS 不得在敌占区建立"冒充地方电台的心理战电台"（black radio station）。华莱士此行要求建立的军事观察组的大多数成员都与这两个组织有关。二者的区别与联系见 *Elmer Davis to Donovan*，May 13，1944，Franklin D. Roosevelt Library Digital Archives，Safe Files，Box 4，*Office of Strategic Services*，*March*. 1944 Index.

③ 黄仁霖：《我做蒋介石"特勤总管"四十年：黄仁霖回忆录》，团结出版社 2006 年版，第 81 页。

④ 也有译为"文森特"的。

⑤ 华莱士此行路线（参见《蒋介石的美国顾问——欧文·拉铁摩尔回忆录》，第 166—170 页）和阿诺德在 1942 年 5 月提出的三条进入中国的线路中的 B 线路和 C 线路基本相同，当初阿诺德提出 B、C 航线的用意，也许正是将其作为备用的人员入华通道。这两条线路是：阿拉斯加（Alaska）-马尔科沃（Markova）-奥依米亚康（Oimekon）- 雅库茨克（Yakutsk）-博代博（Bodaibo）-依尔库茨克（Irkutsk）-库仑（Urga，今乌兰巴托）-兰州（Lanchow）-重庆（Chungking），见 H. H. Arnold to FDR，Subject：*India-Burma-China Ferry Route*，May 7，1942. Franklin D. Roosevelt Presidential Library and Digital Archives，Safe Files，Box 2，China Index.

赫尔国务卿派范宣德与华莱士随行的主要目的是为了防止这位副总统对蒋介石作出美国无法兑现的许诺。在三天的会谈中，华莱士要同蒋介石讨论的问题很多，其中包括史迪威将军的身份和派观察员去延安的问题。

与中方的会谈中，华莱士首先报告了"离美前与马歇尔将军和陆军部长史汀生关于中国情势之谈话"，也转达了罗斯福对中国形势（国共关系）外交意义上的关注。但这种外交意义上的表态"造成了混乱"：使得"蒋介石以为美国总统愿意在国民党和中共之间进行调停"。① 如华莱士访华的消息刚出，蒋介石5月20日发给驻美大使魏道明的指示那样，"华莱士如有调解中央与中共合作之意"，则中国抗战局势将"因之动摇"。可见，蒋介石政府估计（或担心）华莱士重庆之行有两个"任务"：调解中苏关系和探讨国共合作。蒋对这两个可能的"任务"有着相反的期望，前者为蒋期望所在，因为蒋在3月和4月与罗斯福的交涉中一再提及中苏边界的纠纷，希望美国介入干预；后者则为蒋之心腹大患。但不管是否为蒋之所好，两者都不是罗斯福为华莱士一行所限定的目标所在。

事实上，"罗斯福对华莱士访问苏联并不热心"，华莱士离美之前罗斯福还"特别告诉他不要去莫斯科"，②以免使罗斯福成为中苏之间的仲裁人。到重庆后，范宣德又再次提醒华莱士不要让"委员长以为美国会在中国对苏关系上起到超越斡旋之外作用的想法"，因为此时"企图在斯大林和蒋介石之间充当仲裁人是一种难于履行的义务"。③

尽管这样，华莱士此行确实很容易让人以为其目的是要调解中苏关系。因为就在此前不久的3月17日，蒋曾告知罗斯福，3月11日"中国驻新疆省部队正在承化与奇台间离外蒙边境约七十公里之候班剿匪，乃二次遭受由外蒙方向飞来飞机之轰炸与机枪扫射，第一次为二架，第二次计十架，此等飞机均漆有苏联红星徽章。十二日其有同样徽章之飞机，又飞来两次，并投弹轰炸。十三日又发现此等飞机前来扫射"，蒋认为"此实不能视为地方

---

① ［美］伊·卡恩：《中国通——美国一代外交官的悲剧》，新华出版社1980年版，第136页。
② ［美］约翰·佩顿·戴维斯：《抓住龙尾——戴维斯在华回忆录》，商务印书馆1996年版，第270页。
③ ［美］约翰·佩顿·戴维斯：《抓住龙尾——戴维斯在华回忆录》，商务印书馆1996年版，第272页。

事件,而为苏联目前及将来远东政策一极重要之征兆"。① 在 22 日的回电中,罗斯福对蒋这一颇为详细的电文,和蒋介石一样淡化对方关心的事情,仅以"不胜惋惜"作答,转而又谈及派团一事。

此后 4 月 3 日发给罗斯福的回电中,蒋再次避而不谈罗斯福急切关心的"视察团"事宜,反更详尽地告以罗斯福并不关心的"中苏边境事件"。两人的交涉终以罗斯福 4 月 10 日"建议将此目前事件予以搁置"②了结。

透过上述外交文本可以看到,两人各有用意,但又自说自话。尤其是蒋介石明知对方的目的所在,却顾左右而言他,回避罗斯福抛出的令其警觉、提防的问题。

1944 年 6 月 21 日,华莱士与蒋介石在重庆进行了第一次会谈,该日所谈内容除一些外交套语外,在蒋的主导下主要谈到了中苏新疆边界冲突,这确实给人以美国希望介入中苏关系的印象,难怪至今有观点认为"罗斯福决定派副总统华莱士访华",是"为了调解国共之间和中苏之间的矛盾",③或认为"华莱士是被派去安抚蒋介石,鼓励蒋,并说明盟国间要互相信赖的"。④ 至少"从新闻报道判断"足以让人认为,华莱士访华是"为消除中国

　　① 1944 年 3 月 17 日《蒋委员长自重庆致美国总统罗斯福告知最近发生与远东战事发展有密切关系之重大事件电》,秦孝仪主编:《中华民国重要史料初编——对日抗战时期》第三编《战时外交》(一),(台北)中央文物供应社 1981 年版,第 164 页。

　　② 1944 年 4 月 10 日《美国总统罗斯福告知最近发生与远东战事发展有密切关系之重大事件电》,秦孝仪主编:《中华民国重要史料初编——对日抗战时期》第三编《战时外交》(一),(台北)中央文物供应社 1981 年版,第 164 页。

　　③ 于化民:《美国向延安派遣军事观察组的酝酿与决策》,《中共党史研究》2006 年第 3 期,第 45 页。

　　④ 赫伯特·菲斯所持的这一观点(《中国的纠葛》,北京大学出版社 1989 年版,第 165 页),和他文中的基本史实叙述是有些矛盾的。他在叙述华莱士访华的缘起时说,"3 月初,当总统第一次建议华莱士前往中国,看看有什么办法打开局面时,华莱士并不认为这一要求有何严重意义。但当他确信总统确实感到有此需要时,遂表示同意。当他还想去莫斯科与印度,总统认为这不适宜的时候,他又说,访问一下西伯利亚,看看那里的工农业生产活动,对他来说或许不错",此叙述一方面表明,华莱士对总统的派遣有自己的看法和打算;另一方面,还表明总统不让他去莫斯科,是因为确实不想让华莱士在此次访问中再把中苏关系这一难题纠缠到本已混乱的中国事态中来。可在紧接着的行文中,赫伯特·菲斯又自相矛盾地说,"华莱士的努力与他的同事是合拍的",他们"寻求机会把中苏两国政府绑在一起"(第 171 页)。赫伯特·菲斯还将华莱士与蒋介石三天的谈话内容做了分类:"政府与共产党的关系"、"中苏关系"、"驻华美军"、"派驻延安的军事观察组"以及"美国对中国政府的批评"。这种排列顺序的分类也传达出作者对华莱士访华目的的认识:国共关系和中苏关系是此行的重点。而对美方要求派驻观察组以及蒋同意派驻这一被称作华莱士此行"重要胜利"的事情,该书仅给了不到四行的文字予以叙述,和同一分类标题下的其余任何内容相比,如此之单薄,以致与"重要胜利"地位不相匹配。

的分裂状态创造必要的条件"的。①

　　也许是为消除起初给蒋介石造成的误解,中缅印战区的弗里士准将(Brigadier Benjamin G. Ferris)专门致电华莱士,要他不要忘记此行的实质性任务——获得蒋介石的同意派遣美国陆军观察组 USAOG(U. S. Army Observe Group)前往延安等中共地区。② 因为"中共控制华北大部分乡村,其基地包括自陕北至沿海,长江各地"。尽管美国"希望能够与中共地区接触的理由很多很明显——有军事的,也有政治的,但在目前战争的情形下,军事理由方面的原因更为迫切,(对中国人)也有更佳理由足以说服"。③

　　弗里士向华莱士详尽地分析了派遣延安观察组与 20 轰炸司令部的具体关系:由于日军在亚洲大陆之实力与中共所在的华北、东北地区"共存",故可借助中共力量为陆军航空队收集日军在该区域的情报。印缅战区美国陆军航空军司令斯特拉梅耶和 20 轰炸司令部指挥官沃尔夫,曾根据第一次轰炸日本本土④的经验分析认为与华北接触是绝对需要的。其好处是可以收集轰炸目标资料、日本空军的攻防力量、气象资料,以便估计轰炸效果,搜救飞行员,甚至了解友军状况。

　　总之,"派观察人员到共区非常迫切,而且随着对日作战形势的发展,这种需求更加迫切",因为"20 轰炸队就要开始新一轮对日本本土轰炸,届时战线必定延至中共区域",所以,弗里士敦促华莱士"采取新的办法,

————————

　　① ［苏］彼得·弗拉基米洛夫著,吕文镜等译:《延安日记》(1944 年 7 月 13 日),现代史料编刊社 1980 年版,第 237 页。

　　② B-29 工程、原子弹计划的机密性以及所在职位注定了华莱士副总统不可能真正了解访华的真实用意。和后来的杜鲁门就任总统前对原子弹计划一无所知一样,华莱士即便身为副总统也完全有可能无法领会到派团到延安的特定目的,使之倾向于将出访目的理解为更具"重要政治意义"的中苏或国共关系的调解,以至于需要陆军部的具体办事人员"提醒"其此行的重要任务。

　　③ 1944 年 6 月弗里士准将为请华莱士向委员长取得同意,允许美军派遣军事观察团访问延安致华莱士副总统备忘录,*Foreign Relations of the United States*, 1944, Vol. VI, China, 1967, pp. 102-105。

　　④ "第一次轰炸日本本土"应指 1942 年 B-25 从大黄蜂号上出发的杜利特尔轰炸(DooLittle Raid)。如前所述,此次袭击虽配合了美军太平洋上的行动,但对中国来说却是巨大的损失。10 万日军为洗雪首都被炸的耻辱,向浙江地区进行了大规模扫荡,搜剿着陆在该地区的美军飞行员。报复性的行动中,日军不仅屠杀了约 25 万救助美军的中国人,还攻占了蒋介石预料中的衢州机场,意料外的丽水、玉山等重要机场。不过美国似乎并不在乎这些,他们由此得到的经验仅仅是,如若美军飞行员在华北地区降落后有中共的配合,不仅会降低每次飞行的损失,还能提高行动的效果。

照四月所拟函件的提议，再加上 20 轰炸队的需要，务求取得蒋委员长的同意"。①

在这种情形下，华莱士与同行的国务院代表范宣德商议后，于第二天的会谈中将话题从中苏关系、国共关系转到"东亚一般之军事情形，及需要采取一切步骤"，那就是要"加速战争之结束，减少美国生命之损失"，让"美国军事情报组赴华北，能够得到情报，以救护美国飞行人员之生命"。②

范宣德唯恐蒋不够明白，特别指明华莱士所说需要情报的美军，主要是指在成都的 B-29 航空部队。而成都的 B-29 航空部队当然就是实施马特霍恩计划的陆军二十航空队第 20 轰炸司令部 58 联队，是该航空部队需要得到华北地区的情报。为了说服蒋，范宣德不仅说明了观察团的具体目的，同时还消除蒋心中的最大顾虑，那就是"美军对共党并无任何兴趣，可是，对从中国对日本进行战争，却有迫切的理由"。他建议蒋委员长，"把美方派员收集情报这一目的，与他（蒋）去和共党达成协议的问题分开处理，因为事实上这确为两个问题"，并"特别提到在成都的 B-29 机群需要之情报"是"美军面临的一个真正问题"。③

美方的明确解释一定程度上缓释了蒋对美方接触中共后使之壮大的担忧。就此问题持续 4 个月的交涉令蒋不得不相信，如此"着急"④地想派出情报小组，可能确实是为了成都的 B-29 马特霍恩计划，故而放弃了此前的拖延策略，态度明朗地同意该团组成即可成行，而不必待与共党达成协议。当然还有附加前提：他们必须在军事委员会主持之下，而不是在美军主持之

① 1944 年 6 月弗里士将军为请华莱士向委员长取得同意，允美军派遣军事观察团访问延安致华莱士副总统备忘录，*Foreign Relations of the United States*，1944，Vol. Ⅵ，China，1967，Published by Government Printing Office，Washington，D. C.，pp. 102-105。

② 《1944 年 6 月 23 日上午 9 点蒋委员长与华莱士会谈内容》，郭荣赵编译：《蒋委员长与罗斯福总统战时通讯》，（台北）中国研究中心 1978 年版，第 233 页。

③ 瞿韶华主编：《中华民国史事纪要（初稿）》（1944 年 4—6 月），（台北）中央文物供应社 1993 年版，第 793 页。有观点认为华莱士与蒋的"会谈内容涉及中美关系、中苏关系、国共关系及中国国内的经济和军事等领域，尤以国共关系为重点"（俞国：《1944 年华莱士访华述评》，《扬州教育学院学报》2006 年第 6 期，第 36 页）。将此观点和华莱士与蒋的对话相对照，确有假作真时真亦假的意味。

④ 蒋介石曾说，美国能够对国共和解作出的最大帮助就是对共产党持超然态度，对派观察员小组的事"请不要着急"（《抓住龙尾——戴维斯回忆录》，第 273 页），此语一方面透出蒋的担忧（不管什么原因派观察组到延安，都会使中共变得"骄傲"起来）和不情愿，另一方面还可见美国对派观察员小组一事确实非常"着急"。

下前往。在 23 日上午的会谈中,华莱士还接到罗斯福要他请求"允许派遣军事观察团赴共区"的来电,向蒋宣读后,蒋再次对派驻观察团作肯定答复。曾经敦促华莱士就派团问题给蒋介石压力的弗里士将军亲自参加了该日下午的会谈。他与蒋的会谈相当具体:该团将与美军总部保持直接通讯联系;该观察组的成行时间;小组将由 16 至 20 人组成,他们将各有各的任务……蒋还就美方使用的名称正式提出异议,认为不应用使团(mission)一词,而用宋美龄提议的"美国军事调查组"。①

对蒋介石态度的转变,戴维斯是这样描述的:"不知道是由于这种立论具有说服力,还是出于其它某种考虑,委员长突然表示同意派遣军事观察员小组。"②现在有观点认为"蒋介石突然改变态度的原因,至今未有令人信服的解释。不能排除一种可能,即华莱士以同意向罗斯福总统建议以陈纳德取代史迪威的职务为条件,换取蒋介石对派遣观察组的认可"。③

这种认为"突然同意"的提法,以及以此作为提升陈纳德条件的观点,或许忽略了从 2 月以来两国首脑为派团一事的多次直接交涉,而蒋其实一开始就"同意"派团,只不过是有条件、有步骤地同意而已。④ "突然同意"的观

---

　　①　时在中共延安交际处工作的历史当事人金城,在其回忆录中谈到美军观察组时,说蒋介石"非要降低代表团的规格,将'军事代表团'改名称为'军事视察组'。在抗日战争中奉行独立自主、自力更生政策的我党认为,美军不是我军的上级领导,有何理由'视察'? 不同意蒋介石想出来的名称,经三方磋商,才将名称定为"美军观察组"(金城:《延安交际处回忆录》,中国青年出版社 1986 年版,第 190 页)。从前面罗斯福的电报看,美方最早使用的就是"观察团"一词,这和最后的国共承认的"观察组"没多大的差异,两党经过针锋相对的争议后还是回到了美方的提法,可见当时国共之间的斗争无处不在:一方要表明其惟一合法政府的地位,另一方则要声明抗战时期的独立自主。

　　②　〔美〕约翰·佩顿·戴维斯:《抓住龙尾——戴维斯回忆录》,商务印书馆 1996 年版,第 272 页。

　　③　于化民:《美国向延安派遣军事观察组的酝酿与决策》,《中共党史研究》2006 年第 3 期,第 46 页。

　　④　《美国向延安派遣军事观察组的酝酿与决策》在谈论蒋介石此时的态度时,说蒋"强硬地表示,除非共产党答应他的条件,即放弃独立的军队,放弃对根据地的控制,否则他不同意派遣这一使团"。但如前文所言,蒋并非如此强硬地要求美国"除非……否则",准确地说应该是"有条件、有步骤"地先"同意",然后慢慢谈条件。这两种态度的本质区别在于蒋可能完全不同的心理预期。"除非……否则"态度背后的心理相对来说是无所顾忌的:对方必须先满足自己的要求,否则别想再谈,大不了谈崩。但此时急需美援的蒋介石能够无所顾忌吗? 而蒋介石对此事有一个明显的心理预期,那就是既然罗斯福如此看重此事,看来也是不好拒绝,那就首先同意,但要慢慢讲条件、提要求。如果看到蒋介石的这种心理预期,就不会认为蒋最后态度鲜明地同意派团很"突然"了。

点也可能是忽略了这样一个重要的细节,即在华莱士与蒋介石的会谈期间,罗斯福再度就此事电报指示华莱士。① 这封"最后通牒"②式的电文对蒋介石态度的彻底扭转应该也起到了重要的作用。

因为无法认识到陆军观察组的重要军事意图,国民党甚至中共本身都不同程度地以为,观察组的派出是华盛顿承认中共或者亲共的表现。不仅上述华莱士访华的情节表明这种担心和揣度的主观性,后来华莱士离华后写给罗斯福的那封"推荐信"也进一步证明所谓华氏"访华受亲共分子影响"之说并不成立。这封写于 1944 年 6 月 28 日印度新德里的推荐信有言:

> 委员长直接告诉本人,史迪威将军不能得到他的信任,因史不能从全盘政治考虑问题。本人也看不到有任何在华美国军官,能担负此一军事政治工作。陈纳德虽享有委员长的充分信心,但陈不能摆脱目前有效具体之军事职位。委员长对陈似乎非常热情,但本人看,陈纳德还是不动为佳……本人不能提出担任此一工作人选,相信阁下能接受本人上述分析。不过对魏德迈将军,委员长此间曾强力向本人推荐。访华期间他曾给委员长留下极佳印象……③

如果按照类似敌人反对我应赞成,敌人赞成我应反对的逻辑,华莱士提议以"给委员长留下极佳印象"的魏德迈,换下素来"亲共"的史迪威,致使其亲访延安愿望落空,那么华莱士此一建议可谓"一种明确的反共行动"。④而华莱士争取派团到延安之事却又同时被指为"名为收集军事情报,实则与中共建立接触"的亲共行动。这种自相矛盾的结论至少表明,虽然国共关系

---

　　① 历史当事人包瑞德(《美军观察组在延安》,解放军出版社 1984 年版,第 29 页)、彼得·弗拉基米洛夫(《延安日记》,现代史料编刊社 1980 年版,第 236 页),以及历史研究者伊·卡恩(《中国通——美国一代外交官的悲剧》,第 136 页)都提到这封"罗斯福再次强调需派观察小组去延安"的电报,但不知究竟是发给华莱士的还是发给蒋介石的,或请华莱士转给蒋介石的,所有这些文献都没有给出该电文的具体内容,笔者在罗斯福图书馆中尚未发现该电文。

　　② 〔苏〕彼得·弗拉基米洛夫著,吕文镜等译:《延安日记》,现代史料编刊社 1980 年版,第 236 页。

　　③ 华莱士副总统致罗斯福电,*Foreign Relations of the United States*,1944,Vol. Ⅵ,China,1967,Published by Government Printing Office,Washington,D. C.,pp. 235-237。

　　④ 太平洋学会调查报告《华莱士访华受亲共分子影响》,*Foreign Relations of the United States*,1944,Vol. Ⅵ,China,1967,pp. 364-367。

此时是相对单一的矛盾关系,但美国各方面对两党并不是非此即彼的二元简化态度。

经过 2 月到 6 月的交涉,最后以"美国陆军军事观察组"(U. S. Army Observer Group)①命名的情报小组很快组建起来,于 7 月抵达延安,开始为马特霍恩计划提供必不可少的气象情报和空—地救援等服务。

马计划情报机构美军观察组的最初期成因

对于马计划的情报机构美军观察组的最早形成,中共方面的周恩来,美军方面的戴维斯、谢伟思、卢登(史迪威派驻成都联络官)等一些历史当事人自认为是他们最早提出或起到了重要的作用,而且后来的诸多历史研究者也认可了这一潜在的认识。周恩来、谢伟思、戴维斯等人确实曾经不止一次地提出过这种建议,但观察组的最终派出是不是能由这批年轻的一线美国军官所决定,或由急盼租借物资的中共所"邀请"②而来? 视中共为心腹大患的蒋介石政府又是否能阻挡其到来呢?

曾任中共中央宣传部副部长的胡乔木,在建国后一次关于美军观察组宣传工作的谈话中谈到"最早是恩来同志向美军提出派遣观察组到延安",但"那时可能性不大,后来形势发展了",③才使观察组来到延安的。胡乔木作为一个历史当事人和中共领导人,他的态度说明当时中共领导人虽然不止一次地提出,但也仅限于呼吁制造舆论,没有指望能真正实现,因为中共

---

① 戴维斯等人将该观察团称作"迪克西使团"。"迪克西"代表美国南部各州,源自 1861 年美国南北战争时期一首歌颂南方的流行曲,其中"迪克西"也就成了造反者的代名词。戴维斯将派到延安的美军观察组称为迪克西使团,似乎暗示着造反者的家园也像那首歌里说的那样是一个"太阳永远照耀"的地方。参见包瑞德《美军观察组在延安》,第 25 页;伊·卡恩《中国通——美国一代外交官的悲剧》,第 139 页;以及约翰·佩顿·戴维斯《抓住龙尾——戴维斯在华回忆录》,第 286 页。

② 有观点认为,"派遣观察组一事大致经过了中共方面发出邀请、史迪威总部有关人员向美国政府提出建议和罗斯福总统最终做出决定三个阶段",因为美国最后派团的"根本着眼点在于保持与中共联系的渠道,尽量避免因国共矛盾的激化引发内战,进而在战后远东扶植起一个'亲美'的中国政府"(见于化民:《美国向延安派遣军事观察组的酝酿与决策》,《中共党史研究》2006 年第 3 期,第 42 页)。此说不仅明确认为观察组实际上就是中共"邀请"而来,而且还认为美国派团的原因是想在国共之间做两手准备。但这并不符合二战时期美国只承认重庆政府为惟一"合法政府"的一贯的态度,此后不久马歇尔使华时无条件支持重庆"合法政权"的态度,正是美国这种一贯政策的证明。

③ 1991 年 11 月 30 日《胡乔木关于延安美军观察组和赫尔利斡旋的谈话》,参加谈话的有章百家、邱敦红、龚育之、石仲泉、张高富等人。见胡乔木:《胡乔木回忆毛泽东》,人民出版社 1999 年版,第 79 页。

尚能认识到这种事情的"可能性不大",而且中共也不可能扭转这种局面。所以胡乔木所谓"后来形势的发展"并非中共努力的结果,而是当罗斯福等能够主宰观察组是否组建的美方最高决策者,决定为 B-29 行动获取情报时,才使这件事情成为可能。

对于观察组的最终形成,虽不能确定马计划是派团到中共地区去的惟一理由,但从各方面情况看,马计划对于观察组的最终形成是一个既充分又必要的条件。可以明确的是,观察组的最终决定权既不是在中共、国民党手中,也不是在美国的一些很有"主见"的前线军官手中,而是在华盛顿最高决策层罗斯福总统和参谋长联席会议的手中,尽管前者对后者存在各种不同程度的影响。

以罗斯福为首的 JCS(Joint Chiefs of Staff)作为派出这支观察组的几乎惟一决策者,自然知道派观察组到延安的政治意味,也会料到国民政府这位"盟友"会有如何恐慌、阻挠的强烈反应,美国人更清楚"国共纷争系属内政,美国宜予国民政府以绝对之同情与支持",[1]可为什么美国最高决策层还执意派出这支引起是非的观察组呢?最先提出派团一事的周恩来、戴维斯等人是出于何种目的、设想?该观察组的最终派出又是否就是按照他们设想的目的和意图进行的呢?

要说最早提起派遣"代表"前往"共区"的人,从目前的资料看应是周恩来。据戴维斯 1942 年 8 月 6 日的报告,周恩来曾函告居里,希望美国政府加紧控制租借物资,勿被当权派储作他用,美国宜以收集日本北攻西伯利亚情报为由,派遣代表前往共区采访一切。[2]在谢伟思 1943 年 1 月 23 日的报告中,周恩来告诉范宣德"国共对峙之形势,唯有美国干涉才能进步……美国宜要求国民党解除封锁,并应将租借物资分派予共产党,派遣代表前往共

　　① 1944 年 8 月 31 日,驻华大使高斯(Clarence Edward Gaus,1887—1960)致电国务院文曰:"国共纷争系属内政,美国宜予国民政府以绝对之同情与支持,美国之态度与中国之未来至有影响,逼使国民党与中共泯除歧见,将仅足以加强中共之顽抗,结果所至,将使国府无条件投降于苏联支持之共产党",*Foreign Relations Relations of the United Stations*,1943,pp. 214-216.
　　② *Foreign Relations Relations of the United Stations*,1942,Published by Government Printing Office,Washington,D. C.,China,1956,p. 227,及秦孝仪主编:《中华民国重要史料初编——对日抗战时期》第五编《中共活动真相》(六),中共对国内外的统战活动,(台北)中央文物供应社 1981年版,第 103 页。

区视察"。① 3 月,戴维斯再次访问周恩来时,周又提出要求,要"美国派员常驻共区探取消息"。

在中共的影响下,戴维斯担心蒋介石政府和共产党人之间的斗争进一步加剧,引发内战并使苏联、美国同时卷入战争,于 1943 年 6 月 24 日写了一份报告。报告描述了关于国民政府如何受到共产党人挑战,以及苏联可能的反应:"国民党和蒋介石认识到共产党人是对中央政府及其腐败的制度的挑战,他们得到人民的支持,并且由于政治改革和行事正直而深孚重望。"他分析道,共产党人只有在蒋进攻的情况下,才能向其近邻的苏联要求援助。但由于在击败日本前不大可能发生这种进攻,而等到苏联击败德国后,斯大林可能更希望在他的侧翼有一个友好的共产党政府。也就是说,蒋介石政府的进攻可能把共产党人推向苏联。报告预测:"……如果蒋要消灭共产党人,我们将会发现我们自己不仅卷入了中国的内战,而且被拖进与苏联的战争。"②基于此种预测,该报告建议:"我们与中共党人建立直接的联系点,并在他们控制的地区派驻观察员",③因为"共产党在这个地区活动着,苏联向日军进攻时也可能进入到这个地区。这个地区可能变成中国共产党和苏联之间建立新联系的基础"。④

1944 年 1 月 15 日,仍是出于对苏联会利用即将到来的中国内战的担心,戴维斯第二次建议向中共地区派观察员:

> 我们需要趁着还受欢迎的时候,立即派一个军事、政治观察员代表团到共产党所在区域搜集敌人的情报,协助并准备从那个地区开展一些有限的行动。假如俄国进攻日本,也好就俄国在华北和满洲的活动作出汇报,并对华北和满洲是否可能另立中国——甚至变成俄国的卫

①　*Foreign Relations Relations of the United Stations*,1943,pp. 193-199;*United States Relations With China*(1944-1949),U. S. Government Printing Office,1949,pp. 570-571;梁敬錞:《史迪威事件》,商务印书馆 1973 年版,第 220 页。

②　*United States Relations With China*(1944 — 1949),U. S. Government Printing Office,1949,pp. 570-571;秦孝仪主编:《中华民国重要史料初编》第五编《中共活动真相》(六),中共对国内外的统战活动,(台北)中央文物供应社 1981 年版,第 105 页;《抓住龙尾——戴维斯在华回忆录》,第 228—229 页。

③　[美]约翰·佩顿·戴维斯:《抓住龙尾——戴维斯在华回忆录》,商务印书馆 1996 年版,第 229 页。

④　[美]包瑞德:《美军观察组在延安》,解放军出版社 1984 年版,第 2 页。

星国——作出估计。蒋介石对共产党人搞封锁,从而使他们处于孤立无援的境地,这就迫使他们逐渐依附于俄国。要是美国派一个观察代表团到延安去,那就会打破这种孤立状况,削弱依附俄国的趋势,同时又能遏止蒋介石试图以内战消灭共产党的愿望。因此,蒋委员长自然要反对美国派观察员去共产党中国。通过常规的外交和军事渠道是不可能获得蒋介石的允许的。应当由总统直接向他提出要求。要是蒋介石一开始就加以拒绝,总统可以运用我们足够的讨价还价力量制服他。①

戴维斯这一报告明确地表达了他建议派团的根本动因:防止中共因受重庆政府挤压而"逐渐依附于苏联",从而与美国对抗。他还列出了军事调查团应该完成的四种任务:

1. 调查日本军事情报;
2. 准备美军在共区作战之方法;②
3. 调查中共实力;
4. 视察华北、东北有无变成苏联傀儡政权之可能。③

为将其设想转变为行动,戴维斯还为总统写了一份致蒋委员长的信函初稿,告诉总统该如何要求蒋同意这件事。同时为扩大自己的呼声,戴维斯甚至向霍普金斯和居里寄去了这个建议的副本。④

和戴维斯一样生于四川的另一位"中国通"谢伟思(John S. Service),在1944年4月7日的一份备忘录中也表达了类似的看法:"我们必须关注俄国的计划和政策,因为这些计划和政策势必会影响到我们在这一地区的计划。但是,我们同俄国在亚洲的关系,目前只是我们同俄国在欧洲结成的政

---

① Davies To Hopkins ,23 Jan 1944,Bk IX,Hopkins Papers;Romanus and Sunderland,*Stilwell's Command Problems*,Office of the Chief of Military History Department of Army,1956,p. 303;以及伊·卡恩:《中国通——美国一代外交官的悲剧》,新华出版社 1980 年版,第 129-130页。

② 关于美军在共区登陆作战的所谓"华北登陆"一节,本章第三节有专门论述。

③ 秦孝仪主编:《中华民国重要史料初编——对日抗战时期》第五编《中共活动真相》(六),中共对国内外的统战活动,(台北)中央文物供应社 1981 年版,第 104 页。

④ [美]约翰·佩顿·戴维斯:《抓住龙尾——戴维斯在华回忆录》,商务印书馆 1996 年版,第263 页。

治和军事关系的一个附属部分。我们应当千方百计地摸清俄国在亚洲的目的是什么。取得这方面材料的一个好办法是对中共的力量、态度和民众对他们的支持情况作一番仔细的、第一手的研究……"①

以上戴维斯、谢伟思等人的报告表明，在军营中呼声极高的派团一事，其基本的动机是担心美国卷入有苏联参与的中国内战。长期以来尽管他们怀着一种报效国家的心情呼吁派团，但这种主张仅仅是在前线的军营中呼声很高。此前这些前线军官从来"没有听到过罗斯福总统也希望派出一个美国陆军观察组"，②现在罗斯福突然改变态度并不见得就是认同了戴维斯等人的主张而同意派团。退一步说，就算是采纳了戴维斯的建议，但罗斯福和戴、谢二人未必出于共同的动机。

这一方面反映在美中两国首脑关于派遣观察组的各次正面交涉中：美方一再强调并非对中苏关系和国共合作感兴趣；另一方面，从当时美国的总体战略看，也能看到戴维斯等人虽为最初的建议者，但和同意该建议的决策者有着根本不同的出发点。

罗斯福的目的相当具体，就是为具有战略意义的 B-29 远程轰炸收集情报，这在逻辑上是派驻美军观察组更为合理的目标所在。从美国对当时全球战略的估计可以看到，1944 年美国在中国的战略仅仅是维持中国的抗战，保持对日本的军事压力。具体而言就是维持在华美国陆军第十四航空队对日军陆、海、空和工业基地的损耗，初步推进第二十航空队进攻日本本土的马特霍恩计划。③

美国联合作战委员会在分析 1944 年中日战争形势时，对各种可能的情况进行了分析，其中指出了这样一种可能情形及其对美国而言可能的后果：如果日本采取军事或政治诱降方式使中国屈服，美国会因此失去从中国出发袭击日本本土的前景(the prospect of bombing attack from China on her

---

① Joseph W. Esherick, *Lost Chance in China*, Foreign Languages Press, 2004, p. 129；伊·卡恩：《中国通——美国一代外交官的悲剧》，新华出版社 1980 年版，第 130 页。

② ［美］包瑞德：《美军观察组在延安》，解放军出版社 1984 年版，第 27—28 页。

③ 参见附录 1 中 1943 年 5 月 5 日联合作战计划委员会《全球形势报告（1943—1944 年）》，The Joint Staff Planners, *Global Estimate of the Situation 1943-44*, May 5, 1943, Franklin D. Roosevelt Presidential Library and Digital Archives, Safe Files, Box 2, Current Strategic Studies Book 1, Index.

homeland will be eliminated)。[1] 此种"后果"从另一种角度再次表明，美国1944 年在中国的主要目标就是要实施"从中国出发袭击日本本土"——即马特霍恩计划这一过渡性的重要对日轰炸计划(并非最后决战性轰炸)。

如谢伟思在 1944 年 4 月那篇要求派团的报告所指出的那样，尽管中共和戴维斯等一线军官主张向共区派出"调查团"以实现上述四种任务，但"华府恐将迫蒋坍台，使中国局面变成真空，不允其请"，[2]这表明华府对蒋介石政府始终保持维护态度。之所以突然采纳这种看来很可能"迫蒋"的派团方案，若非为具有战略意义的马计划取得所需情报，罗斯福想来是不会很迫切地亲自与蒋介石多次沟通，并派出华莱士副总统进行最后的敲定。为最高优先权的马计划收集情报，在逻辑上也许是比起调解中苏边界纠纷和国共合作关系等说法更为合理的解释。

从上述两方面的分析可见，尽管罗斯福是在中共"邀请"和戴维斯建议之后，同意并亲自与蒋交涉派团事宜，但这并不表明罗斯福政府完全认可了"邀请人"、建言者分析的原因和动机。也许可以这样说，戴维斯、谢伟思等人与华盛顿从不同的出发点在中共延安这一敏感地区"巧遇"了。从这个角度看，与其说美国派驻观察组意在解决所谓共产党问题，或国共、中苏冲突等问题，不如说这是美国在华秘密战略的实施过程。

---

　　① 　The Joint Staff Planners，*Global Estimate of the Situation 1943-44* ，May 5，1943，Franklin D. Roosevelt Presidential Library and Digital Archives，Safe Files，Box 2，Current Strategic Studies Book 1，Index. p. 12.

　　② 　*United States Relations With China*（1944-1949），p132，p148；秦孝仪主编：《中华民国重要史料初编——对日抗战时期》第五编《中共活动真相》(六)，中共对国内外的统战活动，(台北)中央文物供应社 1981 年版，第 104 页。

第二章 马特霍恩计划的配套行动

为实施马特霍恩计划,美国一方面加紧 B-29 飞机的生产和飞行训练,一方面催促英国和中国协助分别在印度加尔各答地区和成都地区修建适于 B-29 起降的大型机场。在加尔各答,由于印度尚未独立,B-29 机场主要工程由英国承建。印度基地的建设因有机械装备进展迅速,而在中国川西坝子的修建工程,却因缺乏必要的工具,又或因四川有丰沛的劳力资源而无需挤占驼峰航线珍贵的运量,故川西机场的修建主要依靠该地人力完成。马计划实施不久的 7 月,美军派到延安的军事观察组也开始为马计划输送必要而有效的气象情报,及时处理每次行动后可能出现的 B-29 残骸,同时为 B-29 机组回程人员提供空—地救援服务。

第一节 飞行基地的建立

B-29 飞行基地的选址

B-29 飞行基地的选址结果可以说是综合了地理、军事、政治等多方面因素的结果。仅从地理上看,要想实现"从中国出发的 B-29 计划",在 B-29 轰炸机 2500 公里的作战半径范围内发起对日本本土的进攻,可资利用的航空基地除日本南边的太平洋岛屿、西边的中国之外,离苏联很近的阿留申群岛,甚至苏联的堪察加半岛都是不错的选择。其中,苏联的西伯利亚距离东京最近:到小樽(日本北海道西部港市)—函馆(日本北海道西南部港市)一线仅 200 英里,距东京也才 700 英里,到日本全境距离不超过 875 英里,理论上这里应是最佳的航空基地。

可美国最终为什么未能选择西伯利亚?一方面,此时苏联与日本之间还有免战协议,美国不便公开在苏联境内建基地;另一方面,美、苏两国此时虽为盟友,但事实上同时也在欧洲主导权问题上展开了暗地里的争夺,美国实际上时刻提防着苏联。① 再就是，苏联尽管也想近距离地获得美国先进的飞机制造情报，可也担心美国军事力量渗透到自己领土上。美国表面上要么责怪苏联人"不断地寻找拖延时间的借口"，②不愿意让其介入；要么埋怨阿留申岛上持续恶劣的气候令人望而却步。③ 故美军暗地里虽想涉足苏联本土，但更加严防苏联窃取自己先进的飞机技术。这样权衡下来的最终结果自然是放弃了苏联这个最佳的地理位置。

若弃勘察加、阿留申，以中国为 B-29 攻日基地，虽说距日本远了些，但此时的中国正忙于政党纷争、技术落后，更无半点全球意识可言，美国的军事技术机密就会相对安全，再加上中国劳力资源充沛、廉价等因素，美英两国一致认为，在占领太平洋上的马里亚纳群岛之前，中国是美国最佳的对日空袭基地。④

迫在眉睫的 B-29 战略轰炸计划基地选址放弃苏联后，就只剩下西南太平洋岛屿和中国大陆可资利用。马里亚纳群岛上的关岛、塞班岛、提尼安岛离日本较近，是阿诺德眼中更为理想（filling the bill than any others）的 B-29 基地。可"美中不足（the fly in the ointment）的是，此时美军离马里亚纳群岛还

---

① Edited by R. Cargill Hall, *Case Studies in Strategic Bombardment*, Air Force History and Museums Program, 1998, p. 260.

② Carl Berger, *B-29:the Superfortress*, New York, Ballantine Books, 1970, p. 52.

③ 但据 Maurice Matloff，美军于 1944 年春曾在阿留申群岛建了几个海军机场，并于该年 10 月成立了独立的阿拉斯加战区（*Strategic Planning for Coalition Warfare 1943-1944*, Office of the chief of military history department of army, Washington, D. C., 1959, p. 316)。此处最终未被列为 B-29 基地的原因，如阿诺德所言主要是因为那里持续的恶劣气候，以及那里的机场不够大（H. H. Arnold, *Global Mission*, Harper & Row Publishers, New York, 1949, pp. 476-477)。阿留申机场最终可能是被用作对在华美军补给线的 C 线路（见下文阿诺德提议的三条进入中国的线路）。国务卿科德尔·赫尔（Hull）是主张利用阿留申群岛的非核心决策层官方人物（Carl Berger, *B-29:the Superfortress*, New York, Ballantine Books, 1970, p. 52)。他提出，阿留申或"阿拉斯加的气候不仅不妨碍出袭，而且还是一种有利的因素"，因为，对 B-29 而言，阿留申的低温条件比起太平洋上的高温更能容忍（戴维斯基：《由阿拉斯加轰炸日本》，1943 年 12 月 24 日《纽约时报》，1944 年 4 月 25 日《党军日报》转译)。美国最终为什么未将此地作为 B-29 基地，是否出于对苏联的技术防范，这些都有待进一步考证。不过，即便美国如此"提防"，苏联仍得到机会，于 1944 年 7 月 30 日和 8 月 20 日扣留了迫降在苏联境内的 3 架 B-29，并依样仿制出与之几乎完全相同的 Tu-4 远程战略轰炸机（Howard R. Jarrell, *I Was Forced Down in Russia*, Air International, August, 1989)。此 Tu-4 即为苏联投放核武器的远程战略轰炸机。1953 年，苏联据其 1949 年的对中共的承诺赠送中国 12 架 Tu-4 飞机（陈应明：《Tu-4 大揭秘》，《环球飞行》总第 1 期，第 20—22 页)。

④ Edited by R. Cargill Hall, *Case Studies in Strategic Bombardment*, Air Force History and Museums Program, 1998, p. 260.

远着呢,美国人应该设法先占领它,然后再在那里修建 B-29 基地"。[①]

　　阿诺德的观点换而言之即是,在美国尚未占领西南太平洋的马里亚纳群岛之前,从中国出发实施 B-29 计划尽管存在很多具体的困难,但美军若想早日(或按既定计划)对日本本土进行轰炸,使极其先进但不够成熟的 B-29 战略轰炸机进入精确轰炸(Precision Bombing)阶段,实施其宏伟的远程轰炸 VLR(very long range)计划,中国几乎就成了美陆军远程轰炸机惟一的可选基地,尽管这是一个暂时性的过渡基地。[②]

　　在中国建立 B-29 基地除了后勤补给问题外,具体选址也存在诸多问题需要协调。令美陆军航空兵为难的是,既要顾及 B-29 的航程以实现最佳的轰炸效果,又要防止基地被日本人轻易地袭击甚至占领。所以,最初选址当然希望能选在日占区不太远的华中地区,以便将日本本土的大多数战略目标纳入射程范围。如在长沙附近建立 B-29 基地,驻扎 10 到 20 支 B-29 航空队,以 B-29 1500 英里(2500 公里)的作战半径,足以达成对日本全岛所有工业区的轰炸。

　　当然,美国陆军航空队也估计到,在此建立基地,日本可能会像 1942 年

---

　　① H. H. Arnold,*Global Mission*,Harper & Row Publishers,New York,1949,p. 477.

　　② 所谓中国基地是美军走向马里亚纳塞班基地的必要过渡,即是说美军必然先从成都出发袭击日本,同时也必然在其使命完成之后退出成都,移师马里亚纳群岛。是否可以由此认为,B-29 航空部队于 1945 年初撤出成都,既非《1941—1949 年美国在中国的军事机构及其沿革》(《民国档案》2003 年第 1 期)所称的那样,由"赫尔利向罗斯福建议","魏德迈做出结论,B-29 应该撤出",也非"开罗会议后,美国就逐步放弃了把中国作为主要作战基地的想法……确定了通过太平洋进行越岛进攻战术来击败日本的战略"(马建国:《抗日战争时期的中美军事合作(1937—1945)》,华中师范大学 2004 年中国近现代史方向博士论文,第 76 页),因为远程轰炸基地从中国移到马里亚纳群岛是美国至少在选址成都时就已形成的既定方略。学界曾有以美国放弃川西基地,引起的"中国战略价值下跌"来讨论开罗会议是否为二战中美合作的"分水岭"或转折点的讨论。较早提出开罗会议是战时美蒋关系分水岭的是罗曼纳斯和桑德兰(*Stilwell's Command Problems*,第 49 页)和巴巴拉·塔奇曼(*Stilwell and the American Experience in China*,第 524 页),这种观点为台湾梁敬錞的《开罗会议》、吴相湘的《第二次中日战争史》、大陆时殷弘的《开罗会议和美国对华政策的转折》(《欧美史研究》,华东师范大学出版社 1989 年版)、王建朗的《试析 1942—1944 年美国对华军事战略的转变》(《中美关系史论文集》,重庆出版社 1988 年版)等文所接纳。而陶文钊认为,"美国放弃中国作为进攻日本的主要基地并不意味着放弃中国战场",也就是说,此时的中国对美国还具有重要的价值(《开罗会议是美国对华政策的转折点吗?》,《历史研究》1995 年第 6 期)。最近的讨论是赵志辉的《也谈开罗会议与美国对华政策的转折》(《世界历史》2000 年第 2 期),也对"分水岭"说提出了异议。笔者以为,以历史课本的传统,用某个具体时段或标志性的会议来划分历史事件,虽有利于学生的记忆,但可能因此将历史事件割裂或扭曲。因而,与其讨论开罗会议是否为中美关系的"转折点"、"分水岭",不如从连贯且机动的总体战略上来把握美国对华政策的重心及其之上的演变,这样也许更有意义。

的杜利特尔轰炸（Doolittle Raid）后一样有强烈反应，采取疯狂的报复性反击。① 若在长沙建立基地，可能遇到的主要问题是，须专门调集战斗机群来保卫基地的安全。AAF 以为，中国地面部队和美国空中力量可以有效地保卫 B-29 基地。所以 AAF 最终相信，若能及时大量生产 B-29，则此次行动能"削弱日本的战斗力、压制日本空中力量，降低其海军、商船运行，盟军便能在 1945 年 8 月占领日本"。② 此时该计划尚无代号。

在第一次魁北克会议结束后的几个星期里，美英参谋长联席会议 CCS 对陆军航空部 AAF 提出的 B-29 计划可行性进行了审议。陆军部在征求史迪威的意见时，得到这样的建议：如果要实行该计划，就得于 1944 年 10 月之前在长沙建 10 个 B-29 机队，到 1945 年 5 月时增加到 20 个机队。为此，还得有 2000 架 B-24 轰炸机在加尔各答当运输机以提供行动所需物资。中缅印战区（CBI，China-Burma-India theater）原则上也赞成航空部的提议，但在细节上提出了异议。他们认为主要问题在于，印度加尔各答地区有限的后勤补给量无法及时满足行动的需要。

到该年 9 月的时候，史迪威和斯特拉梅耶（George E. Stratemeyer，中缅印战区美国陆军航空军司令）基于安全和后勤补给方面的考虑，设想把前进机场从长沙转到桂林战区。这个方案的具体行动步骤是：待桂林基地建成后，B-29 即可从加尔各答飞桂林，卸下多余的汽油，再换装上炸药去袭击日本，完成任务后飞回加尔各答。这样一来，虽说可供选择的袭击目标减少，但 B-29 后勤保障几乎处于半自给状态，基地也相对安全。这份计划的代号便是《开罗会议》中提到的"晓光计划"，也就是说，B-29 计划的前进机场在选址桂林时代号为"晓光计划"。

1943 年 10 月，仍然是出于后勤物资和安全的考虑，华盛顿陆军部的战略家们再次变更前进机场地址，从华南的桂林改到了西南的成都。这是因为，一方面成都的地面、空间都相对更安全，基地设在这里不易遭到敌人袭击或破坏；另一好处是，由于成都附近本身就有诸多机场及充沛的劳力，在成都建基地可于 1944 年就准备就绪，而不像在桂林，得等到史迪威所设想的 1945 年 4 月。

---

① 日军对杜利特尔轰炸的具体反应可见本节下文。

② Maurice Matloff, *Strategic Planning for Coalition Warfare* (*1943-1944*), Office of the chief of military history department of Army, Washington, D. C., 1959, pp. 328-329。

　　然而,选址成都有这些好处的同时却出现了这样的问题:从成都起飞轰炸日本,比起从 AAF 最开始所提的长沙来说,离日本方向又远了 400 英里,因受 1500 英里作战半径限制,[①]B-29 最远只能飞到日本南部的九州一带,无法到达东京等其他地方,[②]难以更好地实现战略轰炸的目的。美国参谋长联席会议 JCS 因此对计划仍犹豫不决。不过,就当时的情况看(美军是 1944 年 6 月才占领的马里亚纳群岛),若要袭击日本,中国确实是最近之处,在长沙、桂林、成都三地之中,成都又是综合各种因素后的折中选择。

　　联合计划参谋部(Joint Staff Planner)认为,尽管选址成都的 B-29 马特霍恩计划因为后勤补给的困难,可能效果不明显,但可以保持对日本的军事压力、主动性,以及维持对日本全方位的进攻势态(a full-scale offensive against Japan)。[③] 该计划因此得到了罗斯福的最终认可,于 11 月 10 日同意此计划,并很快做出具体安排:正式告知蒋介石这个消息,以便取得配合修建成都基地。[④] 12 月 6 日第二次开罗会议后,罗斯福再次就亚洲军事行动与蒋介石商议:

　　　1. 在孟加拉湾的重要两栖作战推迟到 1944 年秋季,以前配给"海盗"作战计划的登陆艇应派往欧洲。

　　　2. 下列两种方案任选其一

　　　a. 缅甸北部地区作战计划,这里有海空军作战协助,但无任何大规模两栖作战;

　　　b. 推迟缅甸北部地面作战,拟同时以所能得到的飞机增加喜马拉雅

---

　　① B-29 的航程并非一个固定值,不同的运载量意味着不同的航程范围。B-29 在 25000—35000 英尺高空以每小时 245 英里时速飞行,若载重 4000 磅航程为 5000 英里,载重增至 20000 磅时,航程仅为 2500 英里。从成都出发的 B-29 承载 4000 磅的炸药,其航程正好覆盖到日本南部九州的重要工业基地。见《1943 年 4 月沃尔夫和哈尔曼给阿诺德将军的行动纲要》(*General K. B. Wolfe and Colonel L. F. Harman outlined program to General Arnold*,The National Archives and Records Administration,Box 701,Record group 18,entry 294)。

　　② 所以,"从成都空军基地起飞,轰炸东京"(见于吴相湘《第二次中日战争史》下册,第 889 页)的说法,可能是将 B-29 自 1944 年 11 月开始,从马里亚那群岛出动的对日轰炸与从川西出发的行动混淆了。马里亚纳群岛上的基地距离东京仅 1350 英里,在 B-29 长程轰炸机 1500 英里的作战半径内。

　　③ Joint Staff Planners,*Global Estimate Of The Situation*,1943-44,May 5,1943,Franklin D. Roosevelt Presidential Library and Digital Archives,Safe Files,Box 2,Current Strategic Studies Book 1,Index.

　　④ 即前面所说 1944 年 10 月 12 日蒋介石收到的罗斯福电报。

航线的空运,使之达到最大限度,并采取对日本进行远程轰炸的行动。①

　　罗斯福虽将对日本进远程轰炸计划作为一种可选方案再次告诉了蒋介石,此时能确定的只是前进机场的地址——成都。故"开罗会议决定了美空军 B-29 从中国基地出发轰炸日本"的说法并不准确。另外在开罗会议前,国民政府关于 10 亿美元贷款的提案中写道:"……今后战事延长,需款更巨,而美军在华用费日增,如修筑成都机场、招待空军人员,接运美空军物资等……故不得已再向美国借款十亿美元……"②可见,与其说开罗会议决定了 B-29 计划,不如说在开罗会议上,蒋介石把 B-29 机场建设当作了向美方争取巨额贷款的重要筹码。

　　开罗会议后,B-29 行动计划已初具规模,并在很长一段时间里处于边做边改的状态。即便是在兴师动众的川西 B-29"特种工程"开工后,美国军、财两部一些人士还因蒋介石开出 10 亿美元的机场修建费,而一度打算取消原计划。美国国内为什么会产生放弃 B-29 从中国成都出发轰炸日本本土的声音? 可能主要是出于一部分人对中国战场的不同认识。他们认为,进攻日本的最佳路线是中太平洋和西南太平洋两路,而非中国;而且此时苏联也答应欧战结束后,与美国共同进攻日本,这似乎更显得中国无足轻重。然而,中国战场真的无足轻重吗?

　　且不论中国战场此前对日军的牵制,让苏联避免陷入两线作战的困境,也使美国能够专心致志实现"先欧后亚"的策略,仅仅就 1943 年到次年美军尚未打开的太平洋战局来说,中国成都是必然的过渡性选择,故马计划必须继续实施,美国参谋长联席会议 JCS 终于在 1944 年 4 月 10 日正式同意该计划,并第一次命名代号为"马特霍恩"的作战计划(Operation Matterhorn),③这便

---

　　① 〔美〕赫伯特·菲斯:《中国的纠葛》,北京大学出版社 1989 年版,第 135 页。

　　② 梁敬錞:《开罗会议》,(台北)商务印书馆 1974 年版,第 117 页。

　　③ *Operation Matterhorn*,*Boeing B-29 Superfortress-Charper 9*,加拿大西安大略湖大学(The U-niversity of Western Ontario)主页:http//:www.csd.uwo.ca /～pettypi/elevon/ baugher_us/,2010 年 10 月 20 日,此文认为 Matterhorn 这个代号是 1944 年 4 月才第一次出现的,这与罗曼纳斯和桑德兰在其著作 *Stilwell's Command Problems*(第 17 页)中所提的却完全不同,后者认为"Operation Matter-horn"是美国陆军航空队 1943 年 8 月在魁北克会议上提出的。笔者综合 *Strategic Planning for Coalition Warfare*(1943-1944)等书的观点,以为前者的说法更合逻辑,因而采用。不过很奇怪的是,历史当事人阿诺德在其回忆录 *Global Mission* 中从来没有提过马特霍恩计划的字眼,可能在他的眼中,只有 B-29 Program,而没有什么 Operation Matterhorn,或者 B-29 计划包括了马计划。

是 B-29 行动计划的最终版本。

川西"B-29 特种工程"①

美方确定 B-29 基地选址川西后,经过两国首脑之间的往复磋商,中国方面各级政府给予美方积极的配合和支持。抗战期间,四川省约有三十多次军用机场建设,1943 年底到次年年初为美国修建的 B-29 特种工程是最为庞大的一次,从国民政府到四川省政府都给予了足够的重视。时任国民政府交通部部长的曾养甫、四川省政府主席张群,于 1943 年 12 月 19 日,亲自到川西坝子各地勘察,"深觉工程浩大,财力人力所需过巨,时间又极迫促"。经研究决定新机场将尽量利用成都附近大量原有机场进行扩建。即使如此仍得开辟新机场,经勘察会商初步决定将新津、彭山、邛崃、崇庆等原有机场加以扩充,如有必要则在广汉新辟一场。②

国民政府航空委员会于 1944 年 1 月 2 日召集军政部、粮食部、卫生署、工程委员会等有关部门负责人会商决定,工程委员会执行工程设计和预算,并由交通部长曾养甫负责,而实施工程的另外一个重要方面即征工、征地事宜则由四川省主席张群负责。

为此,工程委员会和军事委员会在成都市设有一个驻省办事处,交通部还派一位总工程师张海澜任工程处长,在每个机场设工程处,另有一些美方工程人员与中方工程师一起,具体负责设计、指导和考核。③ 四川省则设立"特种工程征工处",省民政厅厅长胡次威任总处处长,处下设秘书、会计两室,总务、调配、管理和督导四组,总处全部职员 200 余人,其中有 30 多位是由各县选派而来的合格县长。

由于 B-29 机场建设工程所用"人力之大,为二千年前修筑长城以来所

---

① 准确地说,"特种工程"这一词不能完全指代 1944 年为美国 B-29 飞机修建机场这一事件,因为抗战时往往把修建军用机场都称作特种工程。如 1939 年修建黄田坝机场时,就有"四川省温江县特种工程处"(《成都文史资料选辑》第 11 辑,1985 年版,第 3172 页);1941 年新津修建军用机场时,人们也称之为"特种工程"(四川省档案馆,民 116 全宗,第 93 号,第 44 页)。所以,标题中加"B-29 限定,以示区别,但在文中为叙述方便,仍沿用这种说法。

② 曾养甫、张群 1943 年 12 月 25 日致蒋介石函,四川省档案馆,民 116 全宗,四川省特种工程征工处,第 394 号,第 139 页。

③ 潘光晟:《抗战时期四川特种工程纪实》,(台北)《四川文献》81 卷,第 10 页,1969 年 5 月 1 日。

仅见",①为充分动员、管理好几十万的建设民工,四川省政府在新津、邛崃、彭山、广汉四个轰炸机场工地设立民工管理分处。② 另外几处战斗机场设有直属民工总队部,其设置情形是:成都、彭县、双流、简阳、绵阳分别设直属第一、二、三、四、五民工总队部。③

　　由于此次机场修建的工程量大、时间紧迫,需要大量的劳动力进行短时突击建设,故征工范围较之抗战时期历次机场工程有所扩大。如 1939 年那次较大规模的机场建设征工,仅以年满 18 岁到 45 岁的也即部队所面向的应征男子为征工对象,④而此次征工对象除缓征壮丁外,青年妇女及有一定劳动力的其他男女亦为征调对象。

　　工程的用工量一般来说是根据工程量而定,但此次因有 3 个月完工的紧迫期限,征工更是遵循"人数多,工作时间短"的原则,⑤几乎是能征多少就征多少。直接征工额标准是成都附近 20 县上年征兵额的 5 倍。1943 年成都 20 县的征兵额为 49774 名,则其 5 倍为 24 万多,即是此次工程预期一次性的征调额,与此同时被征各县每征 5 名民工,可豁免全年兵役配额 1名。⑥

　　当然,24 万多的征工额并非固定不变,而是随着工程的进程有所增减。如下列《1944 年四川特种工程征工人数统计表》所示,此次征工有一个显要特点:实征额总是大于应征额(除工程初期外)。这一现象和前面 24 万的预征值至少可以从侧面反映两个问题,一是民工成分问题,二是应征者对此次征工的态度问题。

---

　　① 美国哥伦比亚广播公司驻重庆特派员司徒华 1944 年在美国广播,吴相湘:《第二次中日战争史》(下),(台北)综合月刊社 1974 年版。

　　② 潘光晟:《抗战时期四川特种工程纪实》,(台北)《四川文献》81 卷,第 11 页,1969 年 5 月 1日。

　　③ 曾养甫、张群 1943 年 12 月 25 日致蒋介石函,四川省档案馆,民 116 全宗,第 394 号,第139 页。

　　④ 《四川省第三区专署奉令承办征工修筑白市驿机场计划大纲》,重庆市档案馆,碚加全宗第437 号,第 1 页。

　　⑤ 《四川省第三区专署奉令承办征工修筑白市驿机场计划大纲》,重庆市档案馆,碚加全宗第437 号,第 2 页。

　　⑥ 《新津等八处特种工程征调各县民工人数表》,四川省档案馆,民 116 全宗,第 93 号,第 43页。

1944 年四川特种工程征工人数统计表

日期	应征额	已征额
1 月 26 日	211,250	146,634
3 月 20 日	279,250	303,592
3 月 21 日	279,250	305,706
3 月 28 日	309,250	329,179
4 月 5 日	309,250	337,252
4 月 17 日	309,250	364,184
4 月 18 日	309,250	367,314
4 月 21 日	309,250	367,314
4 月 24 日	286,150	329,668
4 月 26 日	286,150	334,361
4 月 29 日	286,150	339,986
5 月 12 日	286,150	297,916

资料来源:据《征工总处 1—5 月征送民工人数统计表》,四川省档案馆,民 116 全宗,第 128 号。

征工的同时,国民政府还展开了机场建设的征地工作。征地方式根据实际情况做及时的调整。按何应钦 1943 年 12 月 30 日的指示,"征用土地只可作为借用,战后归还原主",[①]以期达到财政部"在经济之原则下办理"的希望,[②]但随后四川省进一步讨论研究后认为,征借的办法对政府来说既不省钱也不省事,而对土地拥有者、租佃耕种者来说则意味着损失与纠纷。

四川省政府解释说,若采取征借之法,政府不仅仍得支付农田的青苗费和住地、坟地等的拆迁费,而且以后每年还得按地价总值预付租费 20%,逐年累计下来花费仍巨,何况由此节省下来的"地价总值不足一万

---

①　何应钦 1943 年 12 月 30 日致航空委员会函,四川省档案馆,民 116 全宗,第 394 号,第 149 页。

②　周至柔 1944 年 1 月致何应钦函,四川省档案馆,民 116 全宗,第 394 号,第 142 页。

万元,仅合总预算约三十三分之一,为数匪巨",意即征借并没有为财政部节省多少开支。若战后把深填石料 30 万立公方的机场交还原主,已毫无耕种价值,且"土地、地权分割极为零碎,一旦辟场之后,经界沟渠、塘堰均已消泯,发还原主实属非易"。又因"机场内建筑之房屋抑折旧或拆料交还人民,其因此而发生之损失与纠纷似亦未可忽视",故四川省主张"此次所需收用之民地仍予发价征购,以恤民艰"。[①] 各地最终领得地价款如下表所示。

特种工程主要机场领得地价款(单位:万元)

机场别	成都	广汉	邛崃	新津	双流	小计
金　额	300	1500	3033	548	404	5785

资料来源:《征工总处会计室大事记》,四川省档案馆,民 166 全宗,第 384 号。

B-29 特种工程主要管理工程和民工两方面。在工地上的两个管理机构:工程处和民工管理处,分别负责工程设计、施工和民工管理、后勤补给工作。各工程处的工程师除 14 个美国人外,其余均为中国人。按美方要求,工程主要项目是修筑跑道、停机坪和机场附属建筑,其中最困难的工程是修筑跑道。

由于所建设机场将要起降停放的 B-29 满载时重量会达 75 吨,这就要求无论跑道、滑行道还是停机坪都得有相应的承重能力和长度。轰炸机跑道除保证 2600 米的长度、60 米的宽度外,还得保证 0.6 米的厚度。战斗机机场因停放较轻的 P-51 战斗机,规格又不同:2200 米长,40 米宽,0.4 米厚。川西 B-29 机场也就成了当时的世界最长跑道。

B-29 机场的分布与使用

经过中国人半年不舍昼夜的努力劳作,川西 B-29 机场群准时交付美方使用。最终成都附近机场情况如下图所示:邛崃、新津、彭山、广汉为 B-29 进驻机场,而双流、彭家场、凤凰山、简阳等地作为战斗机机场对其形成拱卫之势。

---

① 《史迪威建议新开辟及加强成都机场五处一案依照曾部长张主席原签呈各项会商决定》,四川省档案馆,民 116 全宗,第 394 号,第 142 页。

成都附近美军机场示意图

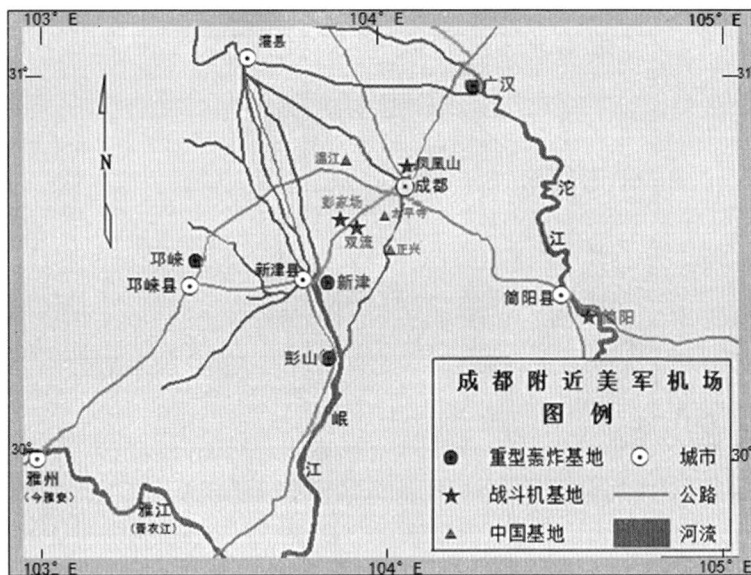

根据 W. F. Craven and James Lea Cater ，*The Army Air Forces in World War II* ，University of Chicago Press，1951，Volume 5，*The Pacific*：*Matterhorn to Nagasaki*，*June 1944 To August 1945*，p. 67.

　　按照华盛顿的设想，由于 B-29 飞行半径的约束，在成都起飞的 B-29 攻击行动无法覆盖日本全岛主要地区，故 B-29 将先行在成都基地行动，尤其是与美国海军在太平洋上的跳岛战略协调作战，夺取马里亚纳群岛等关键岛屿，作为 B-29 下一阶段进攻日本本土的基地。其大致情形如下图所示。

　　在布局 B-29 基地的同时，美国还考虑到保障 B-29 的用油等物资补给问题。1943 年 8 月底的魁北克美英参谋长联席会议提出马特霍恩计划后，自然就需要做进一步的部署协调，其中有两项直接议题关涉中国。一是决定改变此前东南亚行动中指挥权分散的状况，将中缅印战区的所有物资、设备、资源都交由英方蒙巴顿将军统一指挥，协调地面部队和空中力量的作战。另外一项就是关于马计划具体而重要的决定：

　　1. 将给予空运司令部最高优先权（giving the Air Transport Command top priority），以使驼峰航运对中国的运输量达到每月 10000 吨；

B-29 战略轰炸机以中国成都和马里亚纳群岛
为基地的对日轰炸范围示意图(1944 年 6 月—1945 年 8 月)

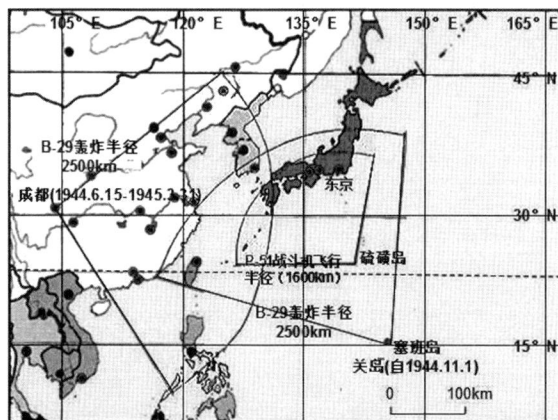

2. 1943 年秋天雨季结束的时候发动缅北战役;

3. 在已经动工修建的阿萨姆—缅甸—昆明的公路沿线中,美国将同时铺设输油管;[1]

4. 在加尔各答、阿萨姆之间铺设输油管道;

5. 通过驼峰航线输入中国的运输量届时将增至每月 20000 吨;

6. 所有事情进行时都尽可能促进从中国出发的 B-29 计划进程(everything possible would be done to expedite the operation of B-29's out of China)。[2]

魁北克会议决定修建的输油管道(1945 年 4 月—1945 年 11 月)
及中印公路(史迪威公路)示意图　(绘制:曾洁)

---

[1]　这就是后来的雷多公路。

[2]　H. H. Arnold, *Global Mission*, Harper & Row Publishers, New York, 1949, pp. 442-443.

B-29 进入中国的航线

在日军占据中国东部、东南和中国南部地区国家的情况下,B-29 进入中国的航线就只有从西部、西北部考虑。1942 年 5 月,从昆明到缅甸腊戍的滇缅公路被日军彻底切断,罗斯福在 1942 年 5 月 5 日写给阿诺德的秘密备忘录中提醒到:"我估计现在中国的空中补给线相当危险,而我们只能从空中补给中国……我希望你不惜一切代价尽可能开辟这样一条航线并调拨充足的飞机。"[①]早有应对策略的陆军航空司令阿诺德于是向罗斯福建议了三条通向中国的空中补给线:

线路 A　印度卡拉奇(Karachi)—新德里(Delhi)—阿拉哈巴德(Allahabad)—特兹浦(Tezpur)—萨迪亚(Sadiya)—中国

线路 B　伊朗的巴士拉或布什尔(Basra or Bushire)—土库曼斯坦的阿什卡巴德(Ashkabad)的航路—阿什卡巴德(Ashkabad)铁路—阿拉木图(Alma Ata)—兰州(Lanchow)和重庆的航路或陆路

线路 C　阿拉斯加(Alaska)—马尔科沃(Markova)—奥依米亚康(Oimekon)—雅库茨克(Yakutsk)博代博(Bodaibo)—伊尔库兹克(Irkutsk)—库仑(Urga,今乌兰巴托)—兰州(Lanchow)—重庆[②]

但土库曼斯坦、哈萨克斯坦、吉尔吉斯斯坦等五国其时还属于苏联,长距离地在苏联境内飞行,对 B-29 的技术的保密性来说是巨大的潜在威胁。陆军航空司令阿诺德经过权衡最终为 B-29 选择了 A 线路。如前面所提到的,1943 年 1 月卡萨布兰卡会议结束后,阿诺德为说服蒋介石参加缅甸战役到访中国时,便是从开罗出发,经卡拉奇、德里、新德里、汀江、驼峰北线到达昆明、重庆,走的几乎就是他所建议的 A 航线。

从下面两图可以看到,线路 B、C 航程较远、成本亦高,且仰赖苏联的合

---

① H. H. Arnold,*Global Mission*,Harper & Row Publishers,New York,1949,pp. 332-334.

② H. H. Arnold to FDR,Subject:*India-Burma-China Ferry Route*,May 7,1942. Franklin D. Roosevelt Presidential Library and Digital Archives,Safe Files,Box 2,China Index.

阿诺德向罗斯福推荐的三条进入中国的
航空通道中 A、B 线路　（绘制：曾洁）

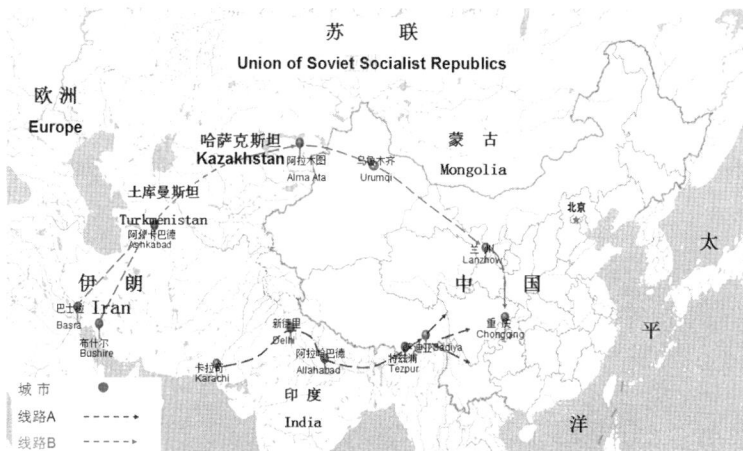

阿诺德向罗斯福推荐的第三条航空通道 C 线路
（线路 D 为美国副总统华莱士 1944 年访华路线）（绘制：曾洁）

作，仅具有潜在的战略价值，故被当作备用的客运路线。① 线路 A 运程相对较
短，且已运行，只不过有一定的技术难度：必须经过世界最高峰珠穆朗玛峰，对

---

① 1944 年 5 月，美国副总统华莱士为劝说蒋介石同意美国向延安等中共华北地区派驻"美军观察组"，在曾任蒋介石政治顾问的欧文·拉铁摩尔等人陪同下专访重庆。副总统的行程路线为：阿拉斯加—白令海峡附近西伯利亚东北角的苏联机场—雅库次克（Yakutsk）—鄂霍次克海边的马加丹（Magadan）—黑龙江边的科索摩斯克（Komsomolsk）、伊尔库茨克（Irkutsk）以及乌兰乌德（Ulan-Ude）—米奴金斯克（Minussinsk）—塞米巴拉金斯克（Semipalatinsk）—塔什干（Tashkent）—阿拉木图（Alma-Ata）—乌鲁木齐—成都—重庆（参见《蒋介石的美国顾问——欧文·拉铁摩尔回忆录》，复旦大学出版社 1996 年版，第 167—175 页）。此线路几乎就是阿诺德在 1942 年 5 月提出的三条进入中国的线路中的 C 线路和 B 线路，这应该就是阿诺德认为的战略意义所在——备用的客运航线。

于大飞机来说是具有挑战性的航线,尤其对不够成熟的 B-29 来说无疑是条危险的道路,不过美方最终还是选择了这条只是技术挑战的道路。二战时期中国西边的西亚国家的情形决定了美国的上述选择。如果选择 B 线路,经过的伊拉克、伊朗等地虽为英国势力范围,美国却对英国不会有太多的提防。

在战局不断变化的情况下,美国陆军航空司令部基于航空队实际飞行的探索,将 B-29 航空队进入中国的航线进行了更精准的分划。1943 年 5 月 4 日阿诺德在给罗斯福的备忘录中分析到:在缅甸,由于日本人已靠近缅北的曼德勒和腊戍,密支那机场很快就不能再用,航空线不得不从原来的飞行高度较低气候也较好的南线:卡拉奇(Karachi)—德里(Delhi)—阿拉哈巴德(Allahabad)—特兹浦(Tezpur)—萨迪亚(Sadiya)—缅甸的密支那(Myitkina)—云南驿(Yunnanyi,今云南省祥云县境内),改飞较为安全的北线:卡拉奇—德里—阿拉哈巴德—特兹浦(Tezpur)—萨迪亚—丽江(Likiang)—成都北面的郫县(Pihsien)等地。[1] B-29 进入中国的 A 航线最终细化为下图情形:

美国陆军航空兵第二十航空队 20 轰炸司令部实际进入中国的飞行航线

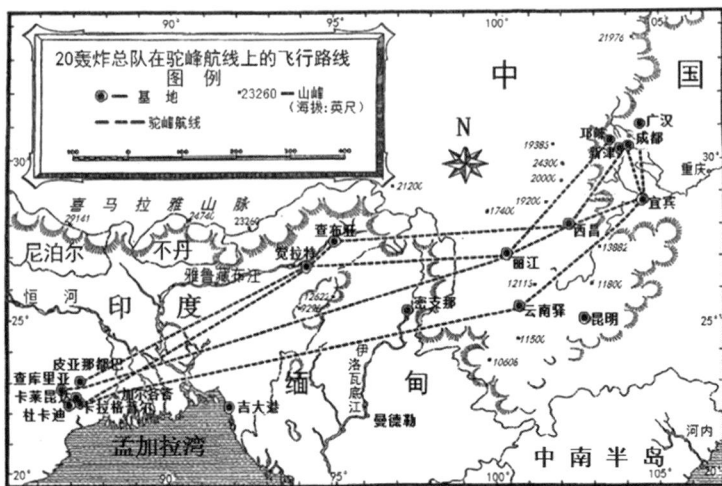

资料来源:W. F. Craven and James Lea Cater ,*The Army Air Forces in World War II*,*Volume* 5,*The Pacific*;*Matterhorn to Nagasaki*,University of Chicago Press,New Imprint by the Office Of Air Force History,Washington, D. C. , 1983,p. 82.

---

[1] 1942 年 5 月 4 日阿诺德给总统的备忘录(H. H. Arnold,*memorandum for the president*,May 4,1942),Franklin D. Roosevelt Presidential Library and Digital Archives,Safe Files,Box 2,China Index.

如上图所示,20 轰炸司令部所辖各大队最终具体飞行路线分为以下四路:

40 大队　查库里亚(Chakulia)—丽江—西昌—宜宾—新津

444 大队　杜卡迪(Dudhkundi)—云南驿—宜宾—广汉

462 大队　皮亚那都巴(Piardoba)—觉拉特(Jorhat)—丽江—邛崃

468 大队　卡拉格普尔(Kharagpur)—查布亚(Chabua)—西昌—彭山

"美国陆军航空兵第二十航空队 20 轰炸司令部驼峰飞行线"中的北线航程由于海拔升高至 19000—21000 英尺(feet),即便在天气晴朗时飞行也非常困难,再加上每年 5 月中旬至 10 月中旬航线沿途地区的强降雨气候,其难度和成本之高,显得这条航线的开通有些不计成本。但与前面阿诺德所列的三条线路中的另两条相比,除非美国放弃维持中国的抗战及中国武装力量的战略,否则此线确有"自古华山一条道"之势。

第二节　马计划的基本后勤保障

燃料等战略物资的运输

按阿诺德的最初设想,执行马计划的二十航空队将从印度加尔各答向成都运输自身的给养,然后从成都出发奔袭日本,这样既不会给阿萨姆供给线加压,又不会给驼峰航线增加额外的负担。

马计划运行的首要后勤物资是飞行和地勤运行所需的燃料。所需汽油主要渠道,一是由 B-29 自带;二是从空运司令部(ATC, Air Transport Command)的运输量中分拨;三是来自中国国内的玉门油田等其他渠道。

20 轰炸司令部每次准备从印度和中国向日本发动攻击之前,都会有满载物资、燃料和人员的船只先从美国出发,经过漫长、曲折的大西洋或太平洋航线到印度达卡拉奇或加尔各答,然后通过驼峰航线将燃料运至成都附近的机场。准备执行轰炸任务的 B-29 要装载着自身从成都奔袭日本来回所需的汽油和炸药从印度飞到成都,然后又回印度,携带上尽可能多的燃料(每次飞行携带约 7 吨燃料)经驼峰到达中国。[①] 为了准备一次对日轰炸行

---

① 马计划在中国的运行耗费了驼峰航线的大部分运量,参见 Carl Berger, B-29: The Super-fortress, New York, Ballantine Books, 1970, p. 75。在本书第四章中,将从马计划的重要性和优先性这一角度,分析马计划在驼峰航线的运量中所占具体比例。

动,不少 B-29 仅为自身的后勤供应就要 6 次飞越驼峰。从阿萨姆到成都地区的航距为 1200 英里,从成都到日本最近的轰炸目标约 1600 英里。所以,等这些飞机执行任务后回到印度至少已经完成 5600 英里的航程,且其间携带了 3500 加仑的汽油到中国。①

随着时间的推移,美陆军航空首脑们发现,由于技术上的不成熟,很多 B-29 飞机在还没有参加战斗的运输任务中,就因恶劣的飞行条件或飞行员的经验不足而不时发生事故,并造成人员损失。即便没有出现故障的 B-29,其发动机和机身的有效使用寿命也受到相当的影响。②

用 B-29 做运输机实在不是一种好的选择,最初靠 B-29 自带所需物资的打算已经不太可能。技术上更为稳定成熟的 B-24 因此充当了 B-29 的运输机,最终第二十航空队绝大多数补给物资是由美军运输队的 C-46 型运输机运来,这些物资实际上都来自阿萨姆基地,有一些是飞越驼峰经昆明运至成都的。

驼峰航线新增运量几乎全部转到了二十航空队。同在驼峰航线终端的陈纳德非常不满将"本该属于十四航空队"的燃油储备转给二十航空队,他抱怨说 1944 年 5 月份十四航空队只增加了 1500 吨燃油。而马特霍恩计划从开始到 1944 年 10 月短短 4 个月的时间,消耗物资累计高达 8000 吨。但"第二十航空队拒不正视中国物资供应的现实情况。当成都的汽油少得可怜、连防卫飞机都不能飞到目标区时,第二十航空队仍不放弃它事先拟定的计划,耗费大量汽油继续运送上千吨的美国食品和多余的人员来中国"。③

要想让 B-29 在全球运行起来,美国陆军航空首脑进行了各个方面的配套建设:设立飞行训练指挥部、航空运输指挥部等等。1942 年 7 月,美国陆军航空客运指挥部(Air Ferry Command)经过改组,更名为航空运输司令部(ATC, Air Transport Command),其运输网络覆盖全球各地。总指挥由哈罗德·李·乔治(Harold Lee George)将军担任,美国航空公司主席 C·R·史密斯先生为其副手,这种人员搭配充分发挥了航空公司对运输线路

---

① H. H. Arnold, *Global Mission*, Harper & Row Publishers, New York, 1949, p. 480.

② 美国官方现在对于驼峰航线的描述可参见裴孝贤(Donald M. Bishop)的 *The United States And China During Worle War II: An Operationgal Outline*,美国驻华大使馆网页 http:// beijing. usembassy—china. org. cn/ww2operationalout line. html, 2014 年 1 月 1 日。

③ [美]陈纳德:《论美国对华政策》,申报馆 1948 年版,第 30 页。亦可参阅[美]陈纳德:《飞虎将军陈纳德回忆录》,浙江文艺出版社 1998 年版,第 387 页。

比较熟悉的优势。ATC 的发展可以说与二战期间美国整个航空兵的发展紧密结合，因为航空力量的形成过程中，后勤补给和前方一样重要。ATC 故而很快壮大起来，由开始时的两名官员、一个员工、一个办公室，发展为两年后的 8.5 万多人，每天运输到世界各个战场的物资达到了 68 万磅。

马计划的燃料来源还有一种利用并不充分的方式，那就是中印公路沿线的中印输油管。1941 年夏季，在日军占领缅甸之前，壳牌公司的工程师曾经设计一种可以随时携带的输油管，主张沿旧缅甸公路敷设。这种设计曾送达至华盛顿的陆军工程师，但当时并未用于缅甸。自 1942 年 6 月日军完全控制了缅甸，至该年年底之前，史迪威的战区司令部人员并未考虑过输油管计划。该年年底，中国国防供应委员会曾向重庆的史迪威先头部队司令汉恩将军提起这个计划，建议将输油管建设包括在当时史迪威正在草拟的缅甸作战计划之内。[①] 1943 年 8 月的魁北克会议上，英美参谋长联席会议正式准备在加尔各答、阿萨姆之间，沿着从阿萨姆经缅甸公路到昆明的新修公路铺设输油管道。此次会议还决定将驼峰航运量增加到每月 2 万吨。据与会者阿诺德称"所有这些事情都是为加快 B-29 从中国出发袭击的行动计划"。[②]

沿着中印公路铺设的输油管是一种直径 10.16 厘米和 15.24 厘米的铁管，每节长 6.96 米，节与节之间焊接而成。油管从加尔各答起，经汀江、雷多、密支那、八莫、畹町至昆明，全长 3218 公里，是当时世界上最长的输油管，此管线随公路的开通于 1945 年 4 月开始输油。1945 年 11 月中印输油管停止输油。据统计，中印油管在短短的 7 个月内共输入航空汽油、柴油等油料 10 万多吨。[③]

原本希望能为马计划提供燃料的中印输油管尽管工程巨大费力不少，但实际上并没有及时对马计划发挥作用。为此输油管道的铺设，史迪威和陈纳德还发生过激烈的争执。最初在准备修建中印公路并同时铺设输油管时，史迪威坚决反对，放言"我不想要什么该死的管线，我想要的除了子弹还是子弹"。陈纳德认为史迪威是只借口打通中印公路运输线而发动为己雪

---

① ［美］陈纳德：《论美国对华政策》，申报馆 1948 年版，第 19 页。

② H. H. Arnold，*Global Mission*，Harper & Row Publishers，New York，1949，p. 443.

③ 胡文义：《中印油管》，《抗战时期西南的交通》，云南人民出版社 1992 年版，第 417－418 页。

耻的缅甸战役。

实际上,中印公路开通后"每月运往中国的货物只有 6000 吨,而那时美军运输队使用 600 架飞机和大批机场,每月飞越驼峰运送 7 万吨的物资。仅仅是 1945 年 8 月 1 日这一天就向中国运送了 5327 吨物资,几乎等于史迪威公路一个月的运输总量",也就是说,任何一支驼峰空中运输小队的承运能力都比史迪威公路的大。难怪陈纳德说史迪威将"将中印缅战区 90%的物资,连同两亿美元筑路费,以及大量英国人、中国人、美国人的血汗,一起注入了缅甸这个无底洞"。[①] 不过,可能同样出于整体或长远的考虑,在华盛顿的坚持下,美军物资供应处主席布里恩·萨默维尔(Somervell)将军倾力执行,这条沿中印公路的输油管道线最终还是铺设了。

甘肃玉门油田对马计划的特殊贡献

甘肃玉门油田是早有史籍记载的油矿。[②] 1937 年 1 月,美国美孚石油公司的 J·M·韦勒应"中国煤油探矿公司筹备处"顾维钧等人之聘,与中方孙建初等人曾前往玉门等地进行石油矿藏考察。考察后韦勒曾言:"中国西北地区石油的开发如出于国防需求,当不惜一切代价以求其成……而开采第一个油井并建立以小型炼油厂,即使以最快的速度,最佳的机遇,至少也需要两年期限始克有成。"[③]鉴于即将爆发的中日战争,国民政府派翁文灏将玉门油田的开采权从顾维钧手中收回,开始加紧行动准备大规模开采,并于 1939 年春见到工业油流出。到 8 月,玉门油矿便以日产原油 10 吨的规模开始工业开采。

抗战前后,美国对中国西部的甘肃、新疆等进行了详细的人文及自然资源调查。美国战略情报局活动范围广布全球,在中国尤其活跃,为探清中国的资源状况,曾于 1943 年 10 月炮制出《在中国和东南亚实施的 S. I. 计划草案》(S. I. Plan For China and Southeast Asia):

---

① [美]陈纳德:《飞虎将军陈纳德回忆录》,浙江文艺出版社 1998 年版,第 380 页。
② 张华的《博物志》、班固的《后汉书》及郦道元的《水经注》等,均有对该地石油、天然气苗燃烧现象的描述。《大明一统志》更明确记载:"石油,肃州南山出。"李学通:《抗日烽火中开发的玉门油矿》,《炎黄春秋》2003 年第 5 期,第 56 页。
③ [美]J·M·韦勒:《中美地质学家西北找油纪实(1937—1938)》,石油工业出版社 1992 年版,第 209 页。

在中国和东南亚实施的 S.I. 计划草案

A　概要

S.I. 行动总指挥部将设在重庆和新德里

1. 由重庆指挥的行动任务包括

华南行动

主要基地设在重庆，负责与昆明、桂林之间的联络

缅甸—泰国—印度支那—马来西亚行动

基地设在昆明

华北行动

尚未选定基地

满洲里和朝鲜

尚未选定基地

2. 新德里指挥的任务包括

缅甸—泰国—马来西亚行动

基地设在阿萨姆，由埃菲勒(Eifler)管理，将与昆明基地进行密切的合作。该基地的行动可能最终还是要由昆明指挥，但这要以后一些时候。苏门答腊岛行动基地将设在科伦坡。

B　最初的步骤

1. 派遣沃曼法官(Judge Allman)和诸蒙德(Drummond)、格里斯廷(Gleysteen)、撒仁特(Sarzent)等前往重庆，充当史迪威总部的经济、技术顾问。沃曼法官在重庆为华南行动建立总部，重庆的总部将很快与执行华南行动的昆明、桂林建立联系。他还对执行缅甸—泰国—印度支那—马来西亚行动的昆明总部有监管责任。

2. 派遣斯库兹(Scholz)与 Chartrand, Pittard, 格拉斯少校(Major Glass)，韦斯特海军上校(Capt. Wester)到埃菲勒(Eifler)和昆明。斯库兹将在埃菲勒、昆明共同建立基地……将训练很小数量的泰国人……

3. 派克可上尉(Lieut. Koke)与一个美国人和五个印度尼西亚人前往科伦坡，到瑞普里(Ripley)那儿报道，瑞普里将协同建设科伦坡总部……

4. 派哈奇森(Hutcheson)到新德里建立总部。

C　后续发展的时间表

可以预见,前面的计划一旦全面展开,将取得很快的进展,半年之内将需要招募180名军官,570名士兵,一定数量的平民和数百名当地人员。当然,事情的准确进展度和方向掌握在战区长官手中,并仰仗当地人员的建议、我军的运输能力。

注　释

详细的计划今晚将准备好。完备的计划将会把第十航空队和第十四航空队的无线电情报网计划纳入,这份计划是娄曼上校(Colonel Lowman)在戴维森(Davidson)将军要求下形成的。S. I. 计划在印度的总部可能由新德里移到阿萨姆的埃菲勒基地。

我们计划派10人以地质学家的身份到甘肃、新疆、陕西等省联系油田事宜。其中6人到兰州附近一个正在大肆扩张的油田,2人到中俄边界的乌鲁木齐,还有2人到离中共延安不太远的山西省。这些人到中国后将与空运司令部 ATC(Air Transport Command)的相关计划协同,为获得战斗和运输需要的航空汽油提供方便(to provide facilities for aviation gasoline, to meet transport and combat requirements)。[①]

从该草案正文可以看到战略情报局在亚洲的分布情况,"注释"则明白地印证了前面在谈到战略情报局在华活动时,与在印度、中国的第十航空队(Tenth Air Force)、第十四航空队协同收集、分享情报的关系。"S. I. 计划草案"还表明了美国对中国甘、新、陕等西北地区如此关注的一个重要原因:为获得战斗和运输需要的航空汽油提供新来源。

时在延安的共产国际联络员彼得·弗拉基米洛夫从另一方面印证了美国人意在石油的行动。在他的延安日记中,他曾这样写道,由于"特区拥有中国石油资源的50%,煤的30%",所以"美国人对特区的自然资源,特别是石油颇感兴趣。很多美国地质学家在估计延安和延长的石油蕴藏量"。"美国飞机每天穿梭于重庆、成都与延安之间,为特区,也为美国驻在这里的人

---

① *S. I. Plan for China and Southeast Asia*—10/6/43, Franklin D. Roosevelt Presidential Library and Digital Archives, Safe Files, Box4, Office of Strategic Services, March, 1944 Index.

员运送药品,还运输延安、延长附近的油田所需采油设备。"①可见,到延安的美国人不仅有军事观察组的情报人员,更有采油、采矿工程师,他们和美军观察组一样都为美军在华的重要航空行动提供后勤支援。

汽油之于战争,犹如血液之于人体。为了维持美军在中国战场的运行,美国空运司令部 ATC 曾想方设法提高驼峰航线的吨位。而在中国本地就有可资利用的油料,何以不用! 中国产油料即便纯度不高,但至少也还可用作航空地勤用油,从而缓解驼峰航运的压力。

为将甘肃玉门油田的汽油运至西南的成都、桂林、昆明等地,国民政府和美国政府还签订了运输合同。军事委员会下的战地服务团专门成立了一个油料储运处负责这一特殊的任务。战地服务团拥有一辆美国道奇三吨卡车,可载油 18 大桶,每桶为 53 加仑。卡车自身沿途用油 8 桶,运到昆明就只有 10 桶了。②为节省"不必要"的油耗,并降低成本,人们甚至使用畜力、水力等"原始"的运输方式,代替耗费燃料的"先进"运输方式。

1941 年夏,玉门油矿局总经理孙越崎曾专程赶到兰州,与有关方面洽谈用兰州皮筏从嘉陵江中下游向重庆运送汽油事宜。嘉陵江上源有白龙江、西汉水,因西汉水流经陕西省凤县东北嘉陵谷,所以到陕西省略阳县两河口以下称嘉陵江,与白龙江相汇于四川省广元县昭化。昭化以上为上游,昭化至合川段为中游,合川以下为下游。自中游始,水面开阔,适宜航运。试航成功后,甘肃人王信臣应孙越崎的要求组建了一支 20 多人的"皮筏航运队",将汽油从兰新公路的玉门运至四川广元,然后改用羊皮筏子走水路直达重庆。这样可以减少约 800 公里的公路里程,节约了汽油消耗。③

每次玉门汽油约半月到达重庆。重庆方面将汽油卸掉后,还会将羊皮筏子放掉空气折叠起来与空油桶一起由汽车运回广元重复应用,节省费用。即使在有日机轰炸的险境中被炸毁,成本相对于汽车运输来说也不算高。④有资料显示,用羊皮筏子运送货物,比木质船舶省时 50%,较汽车运输省运

---

①　[苏]彼得·弗拉基米洛夫著,吕文镜等译:《延安日记》(1944 年 5 月 15 日及 5 月 20 日),现代史料编刊社 1980 年版。

②　侯明皋:《蒋介石的内廷供奉机构励志社内幕》,《我做蒋介石"特勤总管"四十年:黄仁霖回忆录》,团结出版社 2006 年版,第 249 页。

③　孙越崎:《孙越崎文选》,团结出版社 1992 年版,第 51 页。

④　孙越崎:《孙越崎文选》,团结出版社 1992 年版,第 51 页。

费80％。[①]中美双方共同努力将为数不少的珍贵汽油运至西南作为美军的地勤用油。从1941年到抗战胜利，自玉门运出的汽油共计28.7万多加仑，[②]为反法西斯战争做出了特殊的贡献。

医疗及"空—地救援"组织

新型远程重型轰炸机B-29在飞行技术方面的不断突破，使之能够飞到前所未有的高度，但也因此带来了新的航空医学挑战。B-29轰炸机1.9万英尺的最新飞行高度面临的首要问题是氧气量的不足。

为处理好机组人员的高空缺氧症，航空工程人员与医疗人员进行了共同的研究。他们发现，高空缺氧症有四个临界飞行高度：在1万英尺的高度，缺氧会产生疲劳感，视力下降、神经敏感度降低；在1.8万至2万英尺的高度缺氧，机组人员会有短时失去知觉的现象，这些症状用当时的一些技术手段还可以克服，但如果到达3.8万英尺的海拔高度此法就无效了。[③]

为同时保障驾驶舱机组人员的氧气需求和轰炸舱在空中打开时内外气压的平衡，B-29并未对整个机舱都加压，而是只对机首驾驶室、机尾后枪手部分加压，中间用小隧道连接。B-29机组人员再不用像B-17等其他飞机那样飞行到一定高度就必须戴上氧气罩，并且忍受高空低温。B-29因此成为世界上首款加压飞行器。

B-29另一项领先世界的技术"通用电子全遥控炮塔"（RTC，general electric fully remote-controlled turret），其开发动因也在于让炮手能够在上万米的高空中不再为零下50℃的低温和缺氧问题所困。因为位于机鼻中央活力控制台的一个炮手，和飞机的其他4个炮手，可在加压环境内通过遥控器、射击瞄准器、投弹瞄准器，就能控制（除尾炮以外的）机身机背前后四个炮台。

在应付以上问题的同时，在印、中两地实施的马计划医疗系统和其他

①　西迪：《抗战军运中的兰州皮筏》，《档案》2005年第2期，第36页。
②　侯明皋：《蒋介石的内廷供奉机构励志社内幕》，《我做蒋介石"特勤总管"四十年：黄仁霖回忆录》，团结出版社2006年版，第115、116、249页。
③　Mae Mills Link and Hzlbert A. Coleman, *Medical Support of The Army Air Forces In World War II*, Office of the Surgeon General, USAF, Washington, D. C. ,1955, p. 924.

后勤系统一样,也要面对该战区最为现实的问题——运输。1943 年夏秋之际,医疗问题作为整个 B-29 工程的一小部分,还处于秘密进行状态。按照罗斯福对 B-29 行动的急迫愿望,医疗队研究、提高和训练,尤其是设备和战术组织计划等问题都必须同时解决。结果是,在缺乏必要训练的情况下,就匆忙地将它们投入使用,也来不及测试一些特殊的设备。从医学的观点看,这意味着很高的生命成本,这实际上就是强行使用没有安全保障的飞机,B-29 在后来几个月中都被机组人员看作是"烫手的山芋"。①

1944 年 8 月,原计划移驻印度洽拉(Charra)、卡莱昆达(Kalaikunda)基地的第 73 重型轰炸机联队(73d Bombarment Wing),被安排了到太平洋战区的马里亚那群岛,无法同中缅印战区的 58 轰炸联队共用一个医疗服务组织,这使得 58 轰炸联队也必须在其成都基地组建自己的医疗组织。航空服务司令部(ASC,Air Service Command)1944 年年初就曾计划在成都建立医院提供医疗服务,但 20 轰炸司令部在成都地区的首任医疗代表杰克少校(Maj. Jack Bollerud)认为,由于 ASC 既不能保证相关的医护人员数量,又不能提供必要的设备来完成建立成都空军医疗站的任务,而在成都已经有了四个前方诊疗所,而且 58 轰炸联队和 20 轰炸司令部在前方已经成立了联合指挥部(combined headquarters),故建议 20 轰炸司令部所需医疗物资均由其自身运输。B-29 于是像普通运输机那样,在为自身运送燃料的同时,也开始为自己转运医疗物资。

为了减轻驼峰航线的负担,美方在中国前线的医护人员数量一直保持在最低数量。通常每个基地的人员控制在 200 人左右,只有在每次执行任务时增加到 700 人。四个 B-29 轰炸机机场分别派驻一个航空医疗队,每次执行战斗任务时,为派到中国的人员和战术人员提供医疗服务。可能是因为中方只能够提供房屋、床位、床垫等其他杂物,一个在中国前方的医疗诊所所有物资减少到了 1.3 万磅(包括相关人员及行李)。②

1944 年 7 月后,20 轰炸司令部前线医疗分遣队指挥官的主要任务就是

---

① Mae Mills Link and Hzlbert A. Coleman,*Medical Support of The Army Air Forces In World War II*,Office of the Surgeon General,USAF,Washington,D. C.,1955,p. 926.

② Mae Mills Link and Hzlbert A. Coleman, *Medical Support of The Army Air Forces In World War II*,Office of the Surgeon General,USAF,Washington,D. C.,1955,pp. 933—936.

搜救工作,以及视察和咨询。袭击日本本土的飞机在执行任务之后,往往降落在中国的日本占领区。由于这些地方没有医药及时救助,好几次出现被救人员牺牲在被救回飞途中的情况。

救援队后来采用 C-47 大型运输机飞往前线中心阵地。这些带着医疗设备的运输机就在执行任务期间一直跟随,及时将战斗中的伤亡人员送往基地。每个诊疗所也会对由美方汽车、飞机事故造成伤害的中国士兵和平民进行救治。

战地航空诊疗所的司令扮演着外科医生、营养师的角色。还要监管中方提供驻地的卫生,严防疟疾等流行疾病的爆发。由于专业人员紧缺,美方还以放映电影、讲课、做实验等方式,在基地附近的村庄培训中国学生,以期应对医护人员短缺的情况。每两个月都要对受雇的中方人员进行检查,美方人员则每月检查。

由于四个 B-29 基地的诊疗所离最近的飞机跑道有至少 6 英里的距离,且这段路程在雨天往往泥泞难行,为了及时救治从战场上救回的伤员,航空服务司令部在前线设立了一些医疗点,监视前线失事飞机情况。

和海空救援(Air－Sea Rescue)以及在华北中共控制地区的空－地救援(Air－Ground Rescue Activities)有些不同,B-29 在中国偏远少数民族地区的空－地救援行动不得不面对另一种困难。中国境内尽管还有西部较大范围地区未被日军火力覆盖,但这些地方几乎所有海拔 8003 英尺以下的地势平坦的地方都被当地稠密的人口耕种了,余下多是崎岖不平、地形复杂的区域,这使回程 B-29 飞机的搜救工作变得极为艰难。再加上各地区少数民族语言不通和国民政府权利鞭长莫及等问题,空－地救援行动不得不付出更多的努力。

1944 年 10 月,在西康省彝族地区,一支 6 人的小分队为搜救坠落的 B-29 飞机,在陆军航空队军医格林伍德少校(Robert C. Greenwood)的率领下,乘 C-47 运输机从成都飞抵西昌,然后向川康边界地区这个重庆政府难以保证安全的地方寻找飞机残骸、救助可能被当地彝族俘虏或其他原因受困的飞行员。在这个白雪覆盖的荒野地区,由于对地形不够了解,加之语言不通,极有可能被当地彝族当作鲁莽的外来入侵者受到袭击,搜救人员因此求救于当地能够与彝人各部沟通的头面人物,以及通汉、彝、英三种语言的向导。

在一名叫岭光电[①]的彝族土司和陈姓翻译的带领下，这支小分队从西昌乘车到达泸沽，然后换乘马匹前往冕山，途经中所坝进入越嶲县城、甘洛县田坝乡。在田坝和富林镇之间终于发现了侦察机侦查到的 B-29 坠落确切地点。然而小分队并没有很快发现飞机的残骸，[②]因为附近的彝族在 B-29 这个巨大的"怪物"坠落后很快将遗洒物全部藏了起来。在岭光电这位很有影响的彝族土司的协助下，附近的彝族才将东西拿出来，并协助小分队搜寻失落的机组人员。但由于交通阻塞——重要的寻救通道乃托河索桥在经历了上百年的历史后"赶巧"在美军需要的时候垮掉，小分队因此"没有别的方法可以到达黑保保地区。即便有其它方式"又因"小分队没有相应的野外设备"，此行到此被迫结束，没有再继续搜救机组人员。[③]

由于马计划的实施，1944 年在华美军人员数量急剧增长，国民政府为配合大批美军的后勤服务需求，于 1944 年 3 月 1 日与美方签订协议，由国民政府军事委员会管辖下的战地服务团在川、滇两地设立美军招待所若干。招待所内的美军食宿费用均由中国政府拨付，招待所的设备、修缮、更新物品则由美军办理。战地服务总团驻重庆，由黄仁霖任总团团长。下设重庆、成都、昆明、西安四个地区办事处。接待二十航空队和十四航空队的任务主要由成都、昆明两地办事处担任。史襄哉、厉志山、伍守宫先后担任位于成都东城根街吴景伯公馆内的成都办事处的主任。办事处日常服务事务由区办主任与市政府、警察局、外交特派员公署等机关具体协调联系，每周四下午在励志社召开中美各方的碰头协调会。[④]

1944 年 4 月下旬，第一次中美协调会议在成都商业街励志社召开。中方出席会议的机关有：战地服务总团、成都行辕、川康外交特派员公署、省党部、川康绥靖公署、成都市政府、航空委员会等；美方人员有以南达尔（兰度）

---

① 岭光电（1913—1989），彝族，彝名牛牛慕理，四川凉山彝族自治州甘洛县胜利乡人，斯补土千户（土司的一个级别）后裔，曾就读于国民政府中央陆军军官学校第十期。此人善调解族群矛盾，重彝族教育，著有《保情述论》（成都开明书店 1943 年版）等反映彝族生活的文章。见四川省甘洛县地方志编纂委员会编：《甘洛县志》，四川人民出版社 1996 年版。

② Rennold L. Lowy, Aderventures in Lololand, *The National Geographic Magazine*, Jan, 1947. 这里的"Lololand"即指彝族地区，当时的彝族被称为保保。

③ Rennold L. Lowy, Aderventures in Lololand, *The National Geographic Magazine*, Jan, 1947. 搜救人员为什么不像《拯救大兵瑞恩》所宣扬的那样，以人为本地继续搜救失事的机组人员？对这种反常的"非人道"做法及原因，本章第三节将有进一步解释。

④ 四川省地方志编纂委员会：《四川省外事志》，巴蜀书社 2000 年版，第 292—293 页。

将军为首的各机场地勤官员、美新闻处等。会议讨论了为进驻川西地区的美军提供副食供应、译员、娱乐、导游、兑换外币等项服务的具体方法。

成都方面的各机场招待所负责统计提供每天来去的美军人数,市政府及警察局负责向市民宣传如何帮助美方人员等相关事务。并在中山公园内设盟军询问处,经办各机场入城美军人员的参观、导游及兑换外币事宜。成都警察局不仅在各名胜古迹风景点设英文路标,还将成都八宝街一妓院和复兴街协和宾馆正式辟为盟军"游乐场所"。1944 年夏应对方请求,成都方面还在灌县离堆公园内开设军官疗养院。①

战地服务团对在华美军提供的服务除日常的食饮、住宿、办公场所、贵宾接待、译员培训、西医工作外,还负责中国政府与美军的联络、演讲会、中文补习班、中美同乐会,以及供应玉门汽油等杂项工作。②

国民政府军委会战地服务团(War Area Service Corp)
为驻川第58轰炸联队提供招待所概况表③

招待所名称	成立日期	床位	所在地	接待部队
新津第三招待所④	1944 年 5 月 31 日	500	四川新津县	第 40 轰炸大队
新津第四招待所	1944 年 5 月 31 日	400	四川新津县	第 40 轰炸大队
新津第五招待所	1944 年 5 月 31 日	500	四川新津县	第 40 轰炸大队
新津第六招待所	1944 年 4 月 16 日	600	四川新津县	第 40 轰炸大队
广汉⑤第一招待所	1944 年 4 月 3 日	450	四川广汉县	第 444 轰炸大队
广汉第二招待所	1944 年 4 月 3 日	1000	四川广汉县	第 444 轰炸大队
广汉第三招待所	1944 年 4 月 3 日	500	四川广汉县	第 444 轰炸大队
广汉第四招待所	1944 年 4 月 3 日	600	四川广汉县	第 444 轰炸大队
邛崃第一招待所	1944 年 4 月 1 日	100	四川邛崃县	第 462 轰炸大队

---

① 四川省地方志编纂委员会:《四川省外事志》,巴蜀书社 2000 年版,第 292—293 页。

② 黄仁霖:《我做蒋介石的"特勤总管"四十年:黄仁霖回忆录》,团结出版社 2006 年版,第 202—203 页.

③ 黄仁霖:《我做蒋介石的"特勤总管"四十年:黄仁霖回忆录》,团结出版社 2006 年版,第 203—204 页;表中接待部队情况根据李肖伟《超堡队:B-29 In China》(三),天马图书有限公司 2007 年版,第 422 页 。

④ 另有新津第一和第二招待所,都建立于 1942 年,因此处仅涉及 58 轰炸联队的招待所,故未将两处列入。

⑤ 原书为"广南招待所",疑为广汉招待所。

（续）

招待所名称	成立日期	床位	所在地	接待部队
邛崃第二招待所	1944 年 4 月 1 日	250	四川邛崃县	第 462 轰炸大队
邛崃第三招待所	1944 年 5 月 1 日	180	四川邛崃县	第 462 轰炸大队
彭山第一招待所	1944 年 4 月 4 日	260	四川彭山县	第 468 轰炸大队
彭山第二招待所	1944 年 4 月 4 日	350	四川彭山县	第 468 轰炸大队
彭山第三招待所	1944 年 4 月 4 日	250	四川彭山县	第 468 轰炸大队

另有陈纳德手下的第 312 战斗机联队也驻扎在川,以保护附近的 B-29 基地。战地服务团为之提供招待所概况如下表所示。

战地服务团为陈纳德驻川战斗机群提供招待所概况表

招待所名称	成立日期	床位	所在地	接待部队
双流第一招待所	1944 年 4 月 1 日	500	四川双流县	第 33 战斗机大队
双流第二招待所	1944 年 4 月 1 日	500	四川双流县	第 33 战斗机大队
彭家场第一招待所	1944 年 3 月 30 日	400	四川双流县	第 311 战斗机大队
彭家场第二招待所	1944 年 3 月 30 日	250	四川双流县	第 311 战斗机大队
凤凰山第一招待所	1944 年 3 月 10 日	300	四川成都市	第 81 战斗机大队
凤凰山第二招待所	1944 年 4 月 1 日	280	四川成都市	第 81 战斗机大队

第三节　美军观察组与马计划

观察组到延安

还在华莱士访华期间,中共方面已经得到观察组将要到来的消息,并作出了积极的响应。中共中央于 1944 年 6 月 29 日召开一次特别会议,讨论美国军事代表团即将来访的事情。"毛泽东详细说明了在即将同美国全权代表进行的谈判中,共产党的领导所应采取的既定立场。首要的是要得到美国的武器,第一步,先得到四个正规的步兵师所需的武器。作为交换,毛泽东准备答应在战争期间和胜利后,同美国人合作,并允许他们使用特区的军事力量和经济力量。"①

不久后的 7 月 15 日,延安收到董必武从重庆发来的电文:

> 美观察组头一批 9 人,定于 20 日飞延。包瑞德武官率领医生卡斯伯格、二十航空队的多伦、美军司令部的谢伟思、十四航空队的斯特尔,及四名军事人员。任务是与中国新力量合作。他们主要商量在边区及敌后根据地建设机场问题,了解我实际情况,观察我与苏联的真实关系。人员包括有陆军、航空、电讯、医药等方面的人,希望每月通航一次。②

7 月 22 日,美军观察组第一批成员到达延安。他们中很多人都和包瑞德一样,"左肩上都有美国在华陆军军事顾问的徽章——一面小旗,旗的上部是国民党的青天白日和美国星徽,下半部是蓝白相间的竖条"。③ 周恩来、叶剑英、杨尚昆等人代表中共党政两方前往机场迎接。首批抵达的观察组成员有:

戴维·D·包瑞德,陆军上校,来自中缅印战区司令官参谋部,观察组组长;

约翰·斯图尔特·谢伟思,美国驻重庆大使馆二等秘书,隶属中缅印战区司令官参谋部;

雷·克罗姆利(Ray Gromley),陆军航空部队上校,战略情报局;

梅尔文·A·卡斯伯格(Melvin A. Casburg),陆军少校,医疗队员;

保罗·C·多姆克(Paul C. Domke),陆军上尉,陆军通信兵部队,在观察组中任通讯官、物资供应官员;

① 〔苏〕彼得·弗拉基米洛夫著,吕文镜等译:《延安日记》,现代史料编刊社 1980 年版,第 236—237 页。

② 孙连全:《统战工作 500 例》(上、下),中国展望出版社 1987 年版,第 583 页。

③ 〔苏〕伏拉狄米落夫著,奚明远等译:《延安日记》(Yenan, China: 1942—1945, By Peter Vladimirov〔Sun Ping〕),黎明文化事业公司 1976 年版,第 135 页;以及〔苏〕彼得·弗拉基米洛夫著,吕文镜等译:《延安日记》,现代史料编刊社 1980 年版,第 243 页。从弗拉基米洛夫"日记"中译本看,无论台湾还是大陆版本,都说观察组臂章下部是蓝白相间。但照他本人所说"左肩上都有美国在华陆军军事顾问的徽章",这即是说观察组成员佩戴的徽章就是中缅印战区的徽章,而这种徽章的下半部分并非蓝白相间。作者未见《延安日记》的俄文或英文版本,不知这是翻译中的错误,还是弗拉基米洛夫的笔误。

亨利·C·惠特塞(Henry C. Whittlesey),陆军航空队中尉,空军地面救援组织(Air Ground Aid Service)负责人;

约翰·C·高林(John C. Colling),陆军步兵上尉,来自战略情报局在缅甸的101分遣队;

查尔斯·G·斯特尔(Charles G. Stelle),陆军航空队上尉,来自战略情报局;

安东·H·雷蒙尼(Anton H. Remenih),陆军军士,陆军航空通信部队和战略情报局。

第二批观察组人员于8月7日到达延安,其成员包括:

雷蒙德·P·卢登(Raymond P. Ludden),重庆大使馆二等秘书,隶属中缅印战区司令官参谋部;

雷吉纳尔德·E·福斯(Reginald E. Foss),陆军航空队中校,来自二十航空队第20轰炸司令部,为其部队收集空军情报;

威尔伯·J·彼得金(Wilber J. Peterkin),陆军步兵少校,战略情报局;

布鲁克·多兰(Brooke Dolan),陆军步兵上尉,战略情报局;

查理斯·R·多尔(Charles R. Dole),陆军航空队少校。到延安后进行气象观测,并培训、利用中共气象工作人员,建立并负责延安的战区气象中心;

西蒙·H·希契(Herbert H. Hitch),美国海军上尉。驻重庆助理海军武官,曾在中美合作所(SACO)工作;

路易斯·M·琼斯(Louis M. Jones),美国陆军航空队少尉;

沃尔特·格雷斯(Walter Gress),陆军通信兵部队中士;

乔治·I·中村(George I. Nakamura),四级技师,特派士兵。[1]

还在观察组成员还没有到达的7月17日,中共《解放日报》就刊发了长篇社论《欢迎美军观察组的战友们》。社论指出:

① 根据[美]约翰·高林:《延安精神——战时中美友好篇章》,华艺出版社1992年版;[苏]彼得·弗拉基米洛夫著,吕文镜等译:《延安日记》,现代史料编刊社1980年版,第248页;[美]包瑞德:《美军观察组在延安》,解放军出版社1984年版,第9页;以及 The Origins of the Dixie Mission (Carolle J. Carter, *Mission to Yenan: American Liaison with the Chinese Communists*, 1944 — 1947, The University Press of Kentuckey, 1997)。

美国驻中缅印战区总司令部(即史迪威将军总部)所派遣的美军观察组,现在到达延安。这是中国抗战以来最令人兴奋的一件大事,我们谨向远道来此的观察组全体人员致热烈欢迎之礼节。

我们欢迎美军观察组诸位战友,不能不想到美国在世界反法西斯战争中的光辉战绩和美国人民见义勇为不怕牺牲的伟大精神,不论在欧洲、非洲和亚洲,现在都有英勇的美国将士效命疆场,为解放法西斯铁蹄下的人民而流血战斗,在我们中国的抗日战场上,美国也有直接和我国人民并肩作战,成为最亲密的战友。在这个欢迎美军观察组朋友的时候,我们向美国政府、人民、海陆空军将士及其英明领导者罗斯福总统,表示衷心的感谢。

美军观察组战友们的来到延安,对于争取抗日战争胜利实有重大意义,七年以来,近五十万的八路军新四军和八千余万被解放了的人民,在华北、华中、华南三大敌后战场上英勇作战。很久以来,事实上敌后战场成了中国抗战的最重要的战场,在这里抗击在华敌伪全部兵力的六分之五,在这里几乎一切中国的大城市均被八路军新四军所包围,在这里大部分敌占海岸线均被我们控制了。这种情形,一向为盟国朋友所不明了……

现在不但外国记者团到了延安,而且美军观察组也到了延安,我们相信该组的战友一定会对此间情况作相当深刻的观察,并对于双方如何亲密合作以战胜日寇,能多所筹划,国民党想要一手遮天已经困难了。

我们预祝美军观察组的工作成功。我们希望这一成功,会使美军统帅部对于中国共产党始终坚持团结抗战、实行民主的政策和共产党领导下的敌后抗战力量获得真实的了解,并据以决定正确的政策。我们希望这一成功,会增进中美两大盟邦的团结,并加速最后战胜日寇的进程。[1]

社论首先表达出中共抗战以来最大的"兴奋",和对美国这位"亲密战友"的感谢;然后分析了中共在抗战中的重要价值;最后提出希望,期待观察

---

[1] 见《新华日报》(太行版)1944年7月17日转载《解放日报》相同内容的社论。

组工作成功,为美军统帅部的正确决策提供决策基础,并对美军观察组寄予厚望。

延安对观察组到来所表现出的喜悦之情,在戴维斯等人看来,那是因为"美军观察组的出现等于美国官方的某种承认:中国共产党人至少在军事上受到认真的对待"。① 在此种"承认"的鼓舞之下,毛泽东继而提出进一步的设想。在 7 月 26 日欢迎美国人的宴会上,毛问谢伟思"是否可能在延安建立一个美国领事馆","很明白,这就等于事实上承认中共政权。毛说他需要领事馆,作为抗日战争结束和美军观察组撤离以后,美国代表继续存在的一种形式——那时会存在着国民党进攻和打内战的最大危险"。②

让中共感到很遗憾的是,这种对延安事实上的承认,为盟国的主要支持对象——蒋介石政府所坚决反对。华盛顿对重庆政府合法性所持的认可态度使得谢伟思尽管期待与中共进一步联系,但"对中国同志屡次提出的由美国在延安设一常驻机构的建议,噤若寒蝉。在这个问题上他好像奉有严格命令"。③

关于建立延安领事馆之事,谢伟思闪烁其词的态度让毛泽东意识到问答题的复杂性。8 月 23 日在与谢伟思长达 8 小时的长谈中,毛退而求其次地指出:"我们以前不会向美国提出承认延安这个问题。在正式的意义上说时机不成熟。我们现在只要求美国要努力引导国民党改革自己。这会是第一阶段。这可能是唯一必须做的事,如果取得成功,就不会有内战的威胁了。但是假如说国民党不实行改革,那时必须有美国政策的第二阶段。那时,就必须提出美国对共产党的政策这个问题。"④

来自于美国驻华使馆(重庆)的谢伟思几乎包揽了在延安收集政治情报的事情,并将其汇报给史迪威和国务院;包瑞德则负责收集军事情报,然后向史迪威和华盛顿陆军总参谋部情报局 G-2(Military Intelligence Division,War Department General Staff)汇报。

---

① 〔美〕约翰·佩顿·戴维斯:《抓住龙尾——戴维斯在华回忆录》,商务印书馆 1996 年版,第 287 页。

② 〔美〕约翰·佩顿·戴维斯:《抓住龙尾——戴维斯在华回忆录》,商务印书馆 1996 年版,第 287 页。

③ 〔苏〕彼得·弗拉基米洛夫著,吕文镜等译:《延安日记》,现代史料编刊社 1980 年版,第 288 页。

④ 〔美〕约翰·佩顿·戴维斯:《抓住龙尾——戴维斯在华回忆录》,商务印书馆 1996 年版,第 289 页。

观察组对马计划的气象情报支持

航空气象情报是航空军事的重要环节。气象情报主要包括空气温度、湿度、大气压力、风向、风速、云和能见度等的实测数据，这些情报是实施气象保障的基本依据。

对马特霍恩计划来说，首先需要的是成都地区几个前进基地的航空气象信息。B-29 部队进驻中缅印战区后，发现很多中国要塞已被日军占领，防空预警形势发生了逆转，对盟军方面极为不利。所以美军首先"在成都建立了一套新的气象系统。这样一来，太平洋上的美国海军潜艇可以为 B-29 提供中国、日本沿海一带的最新气象信息。反过来，成都的 B-29 气象队也可为太平洋舰队提供他们所关心的中国内陆气象信息"。[①]

而对于辽宁、八幡等轰炸目的地的气象预测，还需仰赖对华北地区的气象观测。因为从技术上说，日本的气象"活动通常是在亚洲大陆开始发生，然后由西北朝向东南推进"，也就是说，"在西太平洋的气象变动，都是从中国开始发端的"，[②]因此，要想获得日本南部准确的气象信息必须有中国西北内陆，如新疆、陕西等地的观测数据——这就是罗斯福坚持派驻观察组驻扎陕西延安的充分而必要的理由。

在成都、昆明等国统区建立气象站尚能得到重庆政府的支持。像早期就进入中国为美国海军收集气象情报的梅乐斯中美合作所，他们的气象观测活动得到了重庆的大力支持，为之提供了三种气象信息来源：中国气象局、航空委员联合组织、中航公司，[③]同时允许梅乐斯的组织在包括西北在内的中国各地设立气象观测站，但前提是不得与中共接触。所以要大张旗鼓地到延安，与中共深度合作建立气象观测站，这让美国人费尽了周折。

陆军二十航空队在中国各地，尤其是靠近中亚地区的中共区域建立气象观测站，并派驻军事观察组，就成了自美国海军中国组（后为"中美特种技

---

① Edited By W. F. Craven and James Lea Sllea Gate,*The Army Air Forces In World War II*,Volume Seven,*services around the world*,University of Chicago Press,New Imprint by the Office of Air Force History,Washington D.C.，1983，p. 325.

② ［美］梅乐斯：《另一种战争》(*A Different Kind Of War*)上册，(台北)新生报编辑部 1969 年版，第 6，161 页。

③ ［美］梅乐斯：《另一种战争》(*A Different Kind Of War*)上册，(台北)新生报编辑部 1969 年版，第 228 页。

术合作所")之后,进入西北等敏感地区的又一美国军事组织。"派驻到西北的观察组"便成了二十航空队自身重要的气象信息来源。同时和海军中国组一样,二十航空队所需气象情报,除自己的气象站外,也享有中国气象局、航空委员联合组织、中航公司等三种信息来源。①

就像华莱士为促成美军观察组进行的访华行动,容易被美国的前线军官、国民政府、中共等方面认为是调解国共关系或中苏关系那样,美军观察组在延安的活动也很容易被全部看作是美国为国共合作、中苏关系等政治目的进行的努力。尤其是当谢伟思等人为自身政治见解而努力践行,与中共急切追求其设想的政治目标时,美军观察组在延安收集军事情报的具体任务似乎就被谢伟思铺天盖地的政治情报掩盖了。战后谢伟思、包瑞德、戴维斯等号称"中国通"的美国人士在冷战思维狂飙的年代,由于"美亚文件"事件的牵连都遭到了不同程度的影响,这帮中国通的命运便和华莱士访华、观察组延安行动一样泛政治化了。

国共双方在观察组上的相反态度是由两党不同的政治地位所决定,而陈纳德等人与谢伟思、史迪威等地面部队的人在观察组上的相反态度,实际上是由二者对中国政治、军事的同样错误认识所导致的。和史迪威部相反,陈纳德对派团之事持反对态度,认为向延安派观察组是与之有利害冲突②的史迪威部同中共之间的"公开调情"。他不仅认为共产党在重庆设立一个代表团是对付"抗日中央政府的一种表面掩饰",是个"刺探消息的机关和宣传中心",还认为"美国的战地参谋部在延安成立的美国军事代表团"某种意义上也和中共在重庆设立的代表团一样是个表里不一的东西。陈纳德认为派驻延安的观察组其"唯一可能的辩护,就是在一个本身缺乏军事情报的地区供给军事情报",③这好像是否认了延安情报的价值。

---

① [美]梅乐斯:《另一种战争》(*A Different Kind Of War*)上册,(台北)新生报编辑部1969年版,第228页。

② 史迪威和陈纳德之间不仅是军事见解上的不同,他们之间的具体冲突在于蒋介石不止一次地"忽略"史迪威的存在,要求美国方面给予陈纳德在中国战区独立的指挥权。尤其是在阿诺德1943年初访问重庆时,蒋介石进一步要求美国给予陈纳德全权的指挥权,这种对陈纳德的无限信任和对史迪威的"漠视",使得连阿诺德都担心这样赤裸裸的要求"会让史迪威因被晾在一边而极不痛快"(H. H. Arnold, *Global Mission*, Harper & Row Publishers, New York, 1949, pp. 415—417)。极为有趣的是,陈纳德1948年那本名为《论美国对华政策》的书,其中内容并非像书名给人的印象那样专门论述对华政策,而几乎全是对史迪威的潜在"指控"和美国对华政策失误的"免责声明"。

③ [美]陈纳德:《论美国对华政策》,申报馆1948年版,第8页。

　　然而，观察组具体而现实的气象收集功能并不能因此而被抹杀。事实表明，陈纳德并非真正否认延安军事情报的价值。陈纳德作为"一名战斗机驾驶员而不是空战将军"[①]非常理解气象信息的重要性。为此他曾经"迫使战区司令部给予权力，以成立自己的情报系统"，而"这个系统在史迪威被召回的时候，乃是美国在华唯一有效的情报机构"。[②]可见陈纳德在客观上是很需要军事情报的。

　　陈纳德之所以对观察组的实际军事侦察功能产生怀疑，很大程度上是出于对史迪威等人政治目的的不满。所以，他对观察组的军事情报之否认的态度仍是泛政治化的表现。在陈纳德看来，"美国驻延安代表团实不止以提供情报为限，它使共产党便于获悉我们的军事措施，并使美国记者以及留驻在华的国务院人员可以不时到延安跑一趟，以宣扬共产主义的主张。在重庆的战地司令部与延安之间，既有空中交通的便利，所以任何人要到共产党这个展览地区去旅行一次，是相当容易找到一个适当借口的"。[③]

　　尽管美军观察组的情报收集工作从头到尾都被或反对、或怀疑、或欢迎的各方人士看成是个借口、托词，但美军观察组成员确实做着一些实实在在的军事情报收集工作：从延安的日本战俘营收集关于日军的报告；中共军队军事情形；在中共的协助下为美国陆军驻华航空队（主要是成都的 B-29 二十航空队，当然也提供给在昆明、咸阳、衡阳等地活动的第十四航空队）和海军提供"极其重要"的气象信息；救助执行马特霍恩计划的 B-29 回程机组人员。

　　其中前两项主要在观察组到达延安初期，得益于善于"利用中共力量"的谢伟思、包瑞德等人的努力。而后两项气象信息的收集和搜救 B-29 机组人员是最为持久和具有实质意义的任务。包瑞德在到延安之前，未曾得到

---

　　①　这是戴维斯对陈纳德的评价，说他"不耐烦地面作战，正如史迪威更像一名战士而不像战区指挥官那样，陈纳德是一名战斗机驾驶员而不是空战将军"（《抓住龙尾——戴维斯在华回忆录》，第 208 页）。

　　②　［美］陈纳德：《论美国对华政策》，申报馆 1948 年版，第 18 页。但陈纳德这本书中并没有进一步谈到"他自己的情报系统"的情况。陈纳德这个所谓自己的情报系统可能就是 1944 年 4 月成立的"空地部队装备技术组"（AGFRTS，Air and Ground Forces Resources Technical Staff）。该组织挂靠美国陆军总参谋部情报局 G-2，在陈纳德的指挥下为桂林、昆明的十四航空队提供情报。美国给他一个冗长的名字叫第 5329 空地部队装备技术组。参见埃尔默·戴维斯（Elmer Davis）与多诺万（Donovan）之间的通信，Franklin D. Roosevelt Presidential Library and Digital Archives，Safe Files，Box 4，*Office of Strategic Services April* 1944—1945 *Index*，以及《延安使命》第 227 页。

　　③　［美］陈纳德：《论美国对华政策》，申报馆 1948 年版，第 8 页。

任何一个白纸黑字的正式命令,在他感到奇怪、茫然的情况下才主动询问具体命令,中缅印战区司令部情报处的迪克伊上校也才临时给他打印出一张图表,这张没有任何人签署意见的"指令"上写着:

美国陆军中国—缅甸—印度战区司令部

1944 年 7 月 21 日

给戴维·D·包瑞德上校的备忘录

派往中国共产党控制地区的观察组请注意下列各项目的情况,希望得到特别重视:

敌军战斗序列

敌军空军战斗序列

汪伪军队的战斗序列

共产党军队的力量、位置、作战部署、装备状况、训练状况、战斗力

共产党在敌军内部和敌占领区中情报能力的利用和发展

共产党官员的全部名单。敌军在中国北部地区的机场和空防力量

情报目标

敌军轰炸的损失状况

气候状况

经济情况

共产党军队的作战行动

敌军的作战行动

共产党对战争所能做出的贡献的估价

共产党控制地区目前的扩展状况(要附带地图加以说明)

援助共产党军队,以增强他们战斗力的价值最有效的方法

海军情报

共产党军队的战斗序列

共产党战斗能力的潜在贡献的估计①

这份由一个上校"下达"的指令没有签署人姓名,但却罗列出一些不成

---

① 〔美〕包瑞德:《美军观察组在延安》,解放军出版社 1984 年版,第 31—32 页。

体系的任务,不知是能代表中缅印战区还是只代表迪克伊上校本人,不过其中很明显表达出对与中共进行"军事合作"的浓厚兴趣。正是在这样一份被包瑞德自己都认为"史无前例的指令"的影响下,包瑞德才在延安实施着除收集气象信息外,"更有意义"的对中共军事潜力的观察。

包瑞德不仅通过与中共"首都"的毛泽东、周恩来等领导人密切接触,获得这种更像政治情报的军事情报,还将触角伸到了延安以外的广大华北地区。据时为观察组成员的陆军航空队路易斯·M·琼斯少尉回忆,包瑞德曾命令包括琼斯在内的8人小分队做一次野外调查以评估共产党军的力量(to evaluate the communist military forces)。[①] 中共方面在叶剑英的安排之下,派丁甘如副处长与观察组成员分批赴太行、山东、华中等抗日根据地考察,历时四个半月,行程2000英里。[②] 这次考察为包瑞德关于中共的"政治、军事报告"提供了一手的材料。

正当包瑞德雄心勃勃准备在广阔的华北抗日根据地做更进一步的调查时,他于9月23日突然收到了一个"不得因为访问任何一个抗日根据地的目的而离开延安"[③]的命令。这道命令具体来自何处? 包瑞德没有交代,但可见观察组在中共领域的这些行动并不受美国上层(当然不是指中缅印战区的人)的认可。也就是说有可能华盛顿的人希望观察组的活动仅限于在延安,而不希望他们进行那狄克伊上校开具的"指令"上所列的具有"重要意义"的行动。观察组成员们只好继续着相形之下意义不算"宏远",但却很具体、实在而必然的行动——气象信息收集和救助落在中共控制范围内的美国飞行员。

由于中共方面的大力支持,和对中共情报网的利用,美军观察组的空—地救援工作(AGAS,Air Ground Aid Service)卓有成效。在观察组到达延安一周后,惠特塞和琼斯负责的空—地救援小组草拟了一个在八路军总部建立收集空中情报组织的详细计划。这个计划包括识别飞机,收集敌军机场及其兵力的情报,飞行员脱逃的程序,组织救援网以及怎样预报天气等内

---

① Louis M. Jones, *The "Dixie Mission" To The Communist Chinese*, 40th Bomb Group Association Memories, Issue14, March, 1987.

② 访问丁甘如谈话记录,1987年11月,转引自《叶剑英传》,当代中国出版社2007年版,第192页。丁甘如时为中共中央军委参谋部一局(作战部)情报处处长,负责与美军观察组进行军事联络。

③ [美]包瑞德:《美军观察组在延安》,解放军出版社1984年版,第56页。

容。计划实施后不久,中共的情报网就"识别出五个可供美军轰炸的重要日军目标,三起有关被击落的美军飞机位置或敌军飞机调动的无线通讯报告"。①

经过与中共多次谈判,美军观察组还与中共达成组建电台的协议:由中共指派人员组建,美国协助并提供设备。在中共和包括英国人林迈可在内的外籍人士的合作下,美军观察组将许多小型无线电台和指挥行动的仪器送往共产党控制区的各个区域,②并于1944年秋在延安北关陕甘宁晋绥联防司令部驻地设立气象台。该气象台只有六七人,他们主要任务是每天进行地面气象观测,无线电探空,无线电测风,制作航站预报。播送天气预报的活动,如描述某一方向的云彩形状如"积云"、"卷云"、甚至"不多不少"等等全都被记下来,与来自阜平、河北、延庆等的天气报告汇总到延安后一并发送到成都。③ 双方合作获得的气象信息为双方共享:既为美航空队所用,也为往来延安的双方人员提供气象保障。这些设在前线的仪器将华北各区的气象情报送往延安,然后又由延安发给成都、重庆地区的美军航空队。中共得到的回报是在美军使用电台的间歇使用同一电台。

1944年9月,观察组首任负责人包瑞德离开之后,④还有几个特别有名气的气象专家被派到这个小组。这些专家每天放一些气球,把它们和无线电连在一起,使其在空中自动报告天气情况。⑤

在进行气象监测等常规工作的同时,美军观察组还应中共之请,由观察

① 〔美〕约翰·高林:《延安精神——战时中美友好篇章》,华艺出版社1992年版,第86页。

② 林迈可(Michael Lindsay)曾为朱德第十八集团军通讯部的无线电通讯顾问。见〔英〕林迈可著,杨重光译:《八路军抗日根据地见闻录——一个英国人不平凡经历的记述》,国际文化出版社1987年版,第103—104页。

③ 凌青:《从延安到联合国》,福建人民出版社2008年版,第35页;武娟:《延安——中国气象事业的发祥地》,《圣地季刊》2000年第3期;Carolle J. Carter 的 *Mission to Yenan: American Liaison with the Chinese Communists, 1944—1947*, University Press of Kentuckey, 1997, p. 84.

④ 包瑞德最终是于1944年12月被免除观察组负责人职务的,而这个任职期限其实早有安排。据时在延安的彼得·弗拉基米洛夫回忆,他从"来访者的谈话中了解到,观察组将在延安呆十个月左右"(《延安日记》,现代史料编刊社1980年版,第261页),这就从另一方面表明包瑞德所指导的观察组将在12月左右完成使命(而这正是马特霍恩计划结束的时间)。所以,当包瑞德离任后"迪克西使团"竟然没有结束,这让他感到异常"吃惊"(《美军观察组在延安》,第107页)。为什么观察组没有按"原计划"撤出?观察组最初的计划时间是不是仅与将在中国待到1944年底左右的B-29航空队同步,而到时候又感到既然花了大代价好不容易建起来的联系就这样放弃可惜,所以观察组在延安待到1945年虽已不受中共欢迎,仍旧没有结束?这是一个值得进一步关注的问题。

⑤ 〔美〕包瑞德:《美军观察组在延安》,解放军出版社1984年版,第42页。

组的陆军航空队的多尔等人为中共培养了一批气象技术人员。1945 年 3
月，"中央军委三局气象训练队"在延安清凉山下开学，通信训练队也同期开
办。该通信训练队和气象训练队分别由中共方面的高平、刘克东兼任队长，
教员则由美军气象人员和毕业于清华大学气象专业的张乃召等人担任。20
多个学员经过短期的培训被分配到定边、米脂和庆阳观、涉县赤岸、冀鲁豫
军区清丰县观测站、太行军区观测站等地从事气象工作。这些经过初步培
训的人员很快展开气象观测基本工作，每天早晚两次将气象情报用密码电
报发给延安的八路军总部和美军观察组。这批受训学员后来实际成为"我
党我军第一批气象工作者"。① 美军观察组在延安的气象情报的收集行动，
尽管在主观上并非为着"组建我党我军历史上第一个气象台——延安八路
军总部气象台"的目标，但在客观上确实起到了独特的促进作用。

　　美军观察组所取得的气象情报的价值究竟如何？ 如果陈纳德"自己的
情报系统"AGFRTS（空地部队装备技术组）对于他的十四航空队来说是
"美国在华唯一有效的情报机构"，②那么对二十航空队来说，美军观察组的
情报更是一个至关重要的情报源。延安的美军气象观测站，对二十航空队
在华期间的对日行动起到了关键性的作用，③即便二十航空队离开中国到
了马里亚纳群岛上，延安的美军观察组也是不可或缺的情报来源，甚至在投
放原子弹的时候也同样发挥了重要作用。美国人知道，1945 年 8 月 5 日，

---

　　① 武娟：《延安——中国气象事业的发祥地》，《圣地季刊》2000 年第 3 期。张乃召后为新中
国国家气象局第一任党组书记、常务副局长。训练组里的邹竞蒙即邹韬奋之子、邹家华之弟，后成
为中央气象局局长。详见凌青：《从延安到联合国》，福建人民出版社 2008 年版，第 35 页。

　　② ［美］陈纳德：《论美国对华政策》，申报馆 1948 年版，第 18 页。

　　③ 时至今日，日本气象厅长期预报的 11 个测报范围（北海道、东北、关东、甲信、北陆、东海、
近盛、中国、四国、九州北部、九州南部、冲绳，见龚贤创《日本的气象业务》，《湖北气象》2002 年第 2
期，第 42 页）中，仍将中国作为重要的观测点。日本在 JICA（Japan International cooperation Agen-
cy，负责日本政府外务省开发援助中"技术合作"、"无偿资金援助"的实施促进业务开展的独立行政
法人。"JICA 中国事务所"1982 年成立）等所谓合作、援助的名义下，与中国从中央到各省的气象部
门广泛"交流"，获得了西藏、新疆、云南、四川、陕西、宁夏、青海、贵州、广西、江西、重庆、湖北、海
南、上海、广东……等全中国的气象情报资料。日方通过这些"合作"、"资助"项目获得的情报，既可
民用更可军用：为日本自卫队提供较为准确的风向、风速等发射导弹等"自卫"业务所需重要数据。
中国方面直到最近似乎才意识到气象情报的敏感性，于 2007 年 7 月、8 月根据《气象法》处理了三起
"涉外气象探测违法案件"（新疆、上海、西双版纳）。然而，目前有许多 JICA 气象"合作"项目仍在进
行中。另有其他日本和美国人以考古、旅游、探险队等各种名义进行着各种涉及国家安全的非法测
绘（可参阅《三起日本人来华非法测绘案被查出》，《京华时报》2007 年 7 月 10 日，第 A02 版）。其中
新疆是一个日方特别"关注"的地方，不仅有私人名义的非法测绘，更有与地方政府、科研单位之间
种种貌似合法的"资助"与"交流"活动。

即在广岛投放原子弹的头一天,"根据毛泽东的命令,中国北方的无线电台通报了未来24小时之内有关日本天气的关键性报告"。①

柯蒂斯·E·李梅(Curtis E. LeMay)是二十航空队58轰炸联队的负责人,他在回忆录中谈到,B-29作战时由于"拿不到日本气象资料,俄国也拒绝提供",所以气象情报方面所依靠的就是"驻共军联络员,美海军戈壁分遣队,以及放飞到日本的气象观测球"②等几方面发回的气象信息。

美军观察组在延安的另一项具体而重要的任务就是营救二十航空队的回程机组人员。营救二十航空队B-29机组人员的方法是将他们送往有机场的地方,然后在机场附近隐蔽起来等待救援飞机的到来,乘机回到成都基地。

等待期间,来自美军观察组的救助者和被救的机组人员除了担忧天气情况外,还得高度警惕。他们要密切关注日本军队的活动方向,以防日军袭击。这样的等待是非常难熬的。曾任美军观察组指挥官的路易斯·琼斯曾回忆,有一次救助第二十航空队第58轰炸联队第40轰炸大队第395中队的乔治·瓦洛夫(George Varoff)机组人员,就是美军观察组无数次在紧张防备和乏味等待中盼望营救的其中的一次。来自观察组的救助者和等待救援的B-29机组人员在飞机跑道附近等待近两周之后,仍没有飞机前来营救,这群紧张但又无聊的人不得不前往附近的村庄寻找食品。进入村庄后,这群美国兵立刻被共产党奉为上宾受到热情款待。然而等他们回到机场跑道附近,前来营救他们的飞机刚刚飞离跑道。

事实上,这些前来营救的飞机非常担心不远处的日本兵不知什么时候前来袭击,故从不过多停留,一旦发现跑道上没有人会立刻飞走。路易斯·琼斯和乔治·瓦洛夫等人因在村庄逗留而错过了前来营救的飞机,只好恳求共产党给予协助,帮助他们继续等待,直至下一次营救飞机的到来。耐心的等待终于等到前来搭救的飞机——二十航空队指挥官李梅将军私人飞机

---

① [美]戈登·托马斯、马克斯·莫根-维茨:《银盘记》,新华出版社1980年版,第278页。由于日本列岛的气候不仅受太平洋的影响,还要受亚洲大陆气团的季节性变化的影响,其气象预测往往需要中国西北部提供的亚洲内陆气象数据,所以华北中共提供的这一气象情报是非常必要而宝贵的。

② General Curtis E. LeMay and Bill Yenne, *Superfortress: The Story of the B-29 and American Air Power*, McGraw-Hill Companies, 1988.

B-25，才将 11 个机组人员全部救回成都基地。①

　　在延安为具有最高优先权的马特霍恩计划行动救助飞行员，即便至今也被看作美军观察组的重要成果之一。观察组最年轻的成员约翰·高林认为，"迪克西使团在战略意义上做出最有益的贡献之一，是建立一个救援系统，使在敌后共产党地域内被击落的美国飞行人员便于逃生"。② 这个由出生在四川的美国人惠特塞负责的空—地救援小组与中共建立了一个有效的救援系统，该系统对 B-29 轰炸计划来说是一个必要的部分。因为 B-29 轰炸机及其护航战斗机在完成对日轰炸任务飞回基地时，必须经过中国的沦陷区上空。在这些地区，飞机经常发生烧光油料的现象。除了对这些飞机的驾驶员必须救援外，他们还能提供大量有关日本城市的情报，他们也确实提供了这方面的情报。这个由琼斯和惠特塞领导的空—地救援小组共挽救了大约 300 名美国人的生命。③

美军观察组历届指挥官概况表

姓　　名	在任时间	备　　注
包瑞德 （David D. Barrett）	1944 年 7—12 月	上校，来自陆军总部军事情报局 G-2
莫里斯·迪巴斯 （Morris I. DePass）④	1944 年 12 月—1945 年 2 月	上校，与戴笠关系密切，不受中共欢迎，后被调到中国南部一个基地
路易斯·M·琼斯 （Louis M. Jones）		陆军少尉，航空兵

---

　　① Louis M. Jones, *The "Dixie Mission" To The Communist Chinese*, *40th Bomb Group Association Memories*, March, 1987.

　　② ［美］约翰·高林：《延安精神——战时中美友好篇章》，华艺出版社 1992 年版，第 85 页。

　　③ 300 人这一数值是观察组成员约翰·高林在其回忆录（《延安精神——战时中美友好篇章》，华艺出版社 1992 年版，第 85 页）中提到的。这比美联社驻中国记者约翰·罗德里克（1945—1948 年，1946 年到延安采访，是第二次世界大战后报道中国解放区情况的第一批美国记者之一）所说的 100 多人〔见《毛泽东和共产党人在迪克西使团与美国人相遇》，2004 年 8 月 29 日《洛杉矶时报》（*Los Angeles Times*），孙越生、陈书梅主编：《美国中国学手册》（增订本），中国社会科学出版社 1993 年版，第 369 页〕要多 200 人。

　　④ Carolle J. Carter 记述的继任者是彼得金（*Mission to Yenan：American Liaison with the Chinese Communists*, 1944—1947, The University Press of Kentuckey, 1997）。而据包瑞德的回忆，继任者为莫里斯·迪巴斯（《美军观察组在延安》，第 33 页），但包瑞德回忆录中列出的两批到达延安的观察组成员名单中有没有莫里斯·迪巴斯这样一个人。包瑞德之后究竟是谁继任，此处暂用包瑞德的说法，准确的情况有待核实。

（续）

姓　名	在任时间	备　注
彼得金 （Wilber J. Peterkin）	1945 年 3 月 4 日—7 月	少校，后升中校，战略情报局
叶顿 （Ivan D. Yeaton）①	1945 年 7 月—1946 年 4 月	上校，曾任美国驻莫斯科武官，建议美国不要全力支援苏联

资料来源：Carolle J. Carter，*Mission to Yenan：American Liaison with the Chinese Communists，1944－1947*，The University Press of Kentucky 1997，pp. 9-13.

观察组的撤离及其组织背景

美军观察组的撤离本不是值得进一步讨论的问题。然而，仅仅是观察组的撤离时间就存在几种互不照应的表述，而且表述者都是"值得信赖"的当事人或见证者。在本不应有太大争议的问题上竟然出现如此多的差异，让人不得不关注这种表象背后的原因。

延安中共的政治理论报《解放日报》1947 年 2 月 2 日曾报道，据中央社北平（1 月）30 日电，军调部美方最高当局发言人 30 日下午接见记者发表谈话中称，"随美方人员之撤退，在延安之美军观察组及哈尔滨联络小组亦决定撤销"。作为历史的重要见证者，《解放日报》的这一表述很容易让人以为"美军观察组"一直支撑到中共撤离延安的 1947 年初。②

---

① Carolle J. Carter 在叶顿之后还列了四位"迪克西使团"的负责人：杨照辉（Clifford Yong）、詹姆斯•巴特勒（James Butler）和约翰•塞尔斯（John Sells）（见 *Mission to Yenan：American Liaison with the Chinese Communists，1944－1947*，Introduction，The University Press of Kentucky 1997，p. 13）。1944 年 7 月至 1947 年美国人都驻扎在延安，但这些美国人的使命是有所变换的，所以真正意义上的"美军观察组"也就仅在某一阶段，叶顿之后的驻延美军是否还是最早意义上的美军观察组就值得考虑了。这张表中因此没有列出后面四位可能属于"延安联络组"的负责人。关于住在延安的"美军观察组"性质的变换，下文将有进一步论述。

② Carolle J. Carter 的 *Mission to Yenan：American Liaison with the Chinese Communists，1944—1947*（University Press of Kentucky，1997），其书名如果直译应是《延安使命：美国与中共的联络（1944—1947）》。但被译成中文后，书名变成了《延安使命：1944—1947 美军观察组延安 963 天》，就是将 1944—1947 年"美国与中共的联络"换成了内涵更窄的美军观察组。而"美国与中共的联络"和美军观察组是具有不同内涵的两个概念。中译本书名中的"963 天"应该是从美军观察组 1944 年 7 月 22 日第一批观察组成员到延安算起，终止日期算来应是 1947 年 3 月 11 日。而 1947 年 3 月 11 日这一时间，是"延安联络组"（英文本第 198 页，中译本第 274 页）成员撤走的时间，非美军观察组成员撤走的时间。由此看来，美军观察组究竟什么时候撤离延安这个问题上的表述差异，反映出译者对"美军观察组"终止时间的模糊认识。不知这是受《解放日报》的影响，还是没有将观察组和"延安联络组"区分开来所致。

而另一位历史当事人,中共延安交际处负责人金城则称"1946年冬,美军观察组全部撤离延安"。[①] 又有美军观察组的摄影师约翰·高林在其回忆录中则称"1945年8月16日,迪克西使团正式被撤走"。[②] 就这样一个问题为什么会有几种完全不同的表述?

1946年3月底,中共便为即将离任的美军观察组举行了饯行晚宴,美国人则将他们的7辆汽车、无线电设备等转交中共,成员陆续离开。4月1日,观察组最后一任负责人叶顿整理了美国在延安的财产清单,将气象观测站全部转交中共。11日,叶顿离延抵沪,标志着美军观察组的正式结束。[③]

几乎就在观察组关闭的同时,一个名为"延安联络组"的组织诞生了。新组建的"联络组"已完全不同于"美军观察组",尽管后者与之有种种联系。联络组是在国共内战一触即发的情况下,美国表达其战后对华政策、介入国共和谈的接洽组织。该联络组的终止时间便是中共中央撤离延安的1947年3月。

中共《解放日报》1947年2月2日的那篇报道与金城的回忆录,同为来自中共方面的信息,其表述为什么会有如此大的差异? 也许原因在于前者当时对美军情况了解的有限性,因为中共"对美国政策摸底有一个过程",[④]所以那篇报道并不是很清楚美军观察组已结束使命变成了"延安联络组"。再加上联络组部分成员本身就是原来的观察组的成员,这确实很容易让人认为美军观察组一直到中共撤离时才离开。

金城的回忆录虽写于建国后,但其对观察组的认识可能仍和抗战时期《解放日报》一样,只看到这帮美国人还在延安,却不很清楚其内部变化。胡乔木、金城等中共人士建国后虽能明确认识到"观察组和赫尔利是两个不同的问题",[⑤]但具体到"观察组"和后来的"延安联络组"这两个组织的转化时,他们并未清楚地将其区分开来,从而导致至今相关研究在这个问题上的不一致。

---

① 金城:《我党外交工作的开端》,见《延安交际处回忆录》,中国青年出版社1986年版。

② [美]约翰·高林:《延安精神——战时中美友好篇章》,华艺出版社1992年版,第1页。

③ Carolle J. Carter, *Mission to Yenan: American Liaison with the Chinese Communists, 1944—1947*, university Press of Kentucky, 1997, p.191.

④ 《胡乔木关于延安美军观察组和赫尔利斡旋的谈话》,胡乔木:《胡乔木回忆毛泽东》,人民出版社1994年版,第78页。

⑤ 《胡乔木关于延安美军观察组和赫尔利斡旋的谈话》,胡乔木:《胡乔木回忆毛泽东》,人民出版社1994年版,第79页。

就观察组而言，从其成员的构成情况可以看出，观察组虽小却异常复杂。这不仅表现在成员构成不确定，还表现在各个成员使命的相对独立。造成这种局面的重要原因之一在于小组成员来源的相对独立。观察组中既有代表国务院的谢伟思、卢登；也有美陆军驻中缅印战区总部的包瑞德、陆军航空队第20轰炸司令部的空军气象人员；还有至少7名（惠特塞、高林、斯特尔、雷蒙尼、彼得金、多兰、克罗姆利）来自战略情报局的陆军谍报人员；以及曾在中美特种技术合作所SACO（Sino-American Cooperative Organization）供职的海军上尉希契。在7名战略情报局人员中，除斯特尔、克罗姆利是陆军航空队上校外，其余5名还有陆军步兵军衔。可以看出，20多人①的观察组背后，竟有陆军总参谋部情报局 G-2、战略情报局 OSS，以及海军情报局 ONI（Office of Naval Intelligence）三种势力的存在和角力。

事实上，延安美军观察组的人员并不只限于上述所列，但仅上述列出人员中有近一半的人与战略情报局 OSS 有瓜葛，足见 OSS 势力的强大。OSS 在观察组中为何布以如此强大的阵容？它与陆军航空队什么关系？这和 OSS 的特定的历史使命和性质有着密切的关系。

成立于 1942 年 6 月的战略情报局直属参谋长联席会议，是参谋长联席会议"研究秘密情报和颠覆活动"的辅助机构。OSS 内部组织严密、分工明确，下设机构有特别情报处（秘密情报处）、反间谍处、研究分析处、外国人处、心理战处、特别行动处、地图处等。其中的特别行动处是战略情报局最具特色也是带有军事化倾向的组织，其主要任务是向军队提供训练有素的人员，以在敌占区从事破坏活动和游击战。特别行动处下设行动部队科，其中最为著名的是活跃于东南亚一带的 101 分遣队（总部设在印度阿萨姆邦北部的纳扎拉）。美军观察组中的约翰·C·高林就来自该部队。多诺万的 OSS 在中印缅战区比在其他战区活跃得多，呆的时间也长，尤其在中国显得十分活跃。直到 1945 年 4 月，中国战场都被看作是"比在其它任何战场和战争期间的任何时候都更多的机会"②的地方。

与麦克阿瑟、尼米兹对 OSS 的态度不同，深有被史迪威等人排挤之感的陈纳德正需要建立一套独立于驻华美军总部的情报系统，所以他与一心

---

①　前文的名单中仅有 18 人，但由于观察组中途有人员增减，而且随行士兵的名单并没有列出，所以观察组人员数目并不止 18 人。

②　[美]布雷德利·F·史密斯：《美国战略情报局始末》，国际文化出版社 1988 年版，第 298 页。

渗入各战区的 OSS 一拍即合。[①] 1944 年末，[②]在华的 OSS 与陈纳德合作，在第十四航空队中建立战略情报局的一个新单位 AGFRTS(空地部队装备技术组)。该组织直到战争结束的前 7 个月都非常活跃。

尽管 OSS 作为二战时期美国惟一的国家级情报机构，在行政级别上高于美国陆军总参谋部情报局 G-2、陆军情报局 OWI，以及海军的情报组织 ONI，但由于 OSS 对其他情报机构并无领导权限，而且战略情报局成立初期本身权限受到严格限制：一方面要听从战场司令官的指挥，另一方面，其任何计划都要先由情报联席委员会或心理战联席委员会通过，然后才能提交参谋长联席会议审议，[③]这就造成 OSS 与其他情报机关在某一战区并存竞争的局面。麦克阿瑟、尼米兹等海军部人士对战略情报局不信任和排斥，他们一直寻求保持海军情报局 ONI 的独立性。[④] 1942 年，美国海军首脑欧内斯特·金(Ernest J. King)将广泛参与中国事务的米尔顿·E·梅乐斯(Milton E. Miles)派往重庆的美国驻华大使馆出任"海军观察员"一职。在一系列书面命令的同时，金还给梅乐斯口头下达了一系列秘密命令：

---

① 由于 OSS 和"中国的盖世太保"戴笠有联系，而且其成员被称为"暴徒、毛头小子、百万富翁、教授、公司律师、职业军人和不称职的人的组合"(*Mission to Yenan：American Liaison with the Chinese Communists*，1944－1947，The University Press of Kentucky，1997，p. 163)，足见其名声不论在中国还是在美国都不太好。但这个与名声不太好的 OSS 合作的情报组织，却曾是陈纳德倚重的情报机构。陈纳德战后解释说，"为了维持空中的作战，我不得不迫使战区司令部给我权力，以成立我的情报系统。这个系统在史迪威被召回的时候，乃是美国在华唯一有效的情报机构"(陈纳德：《论美国对华政策》，申报馆 1948 年版，第 17 页)。

② ［美］布雷德利·F·史密斯：《美国战略情报局始末》，国际文化出版社 1988 年版，第 359 页。但 Carolle J. Carter 的这个时间是 4 月(*Mission to Yenan：American Liaison with the Chinese Communists*，1944－1947，The University Press of Kentucky，1997，p. 163)。

③ 王宇宏：《探析美国中央情报局的前身——战略情报局》，《军事历史》2007 年第 5 期，第 48 页。

④ 美国人费正清(John King Faribank)不仅有教授的身份，更兼具美国情报人员、陆军中校等身份。1941 年 8 月，费正清进入情报协调局远东组，次年被情报协调局(1942 年 6 月改名为战略情报局)派往重庆，并在梅乐斯手下的美国海军中国组(Naval Group，China，改组后称中美合作所 SACO)中任职。1943 年底调陆军情报局远东部，1945 年 9 月又到中国为美国新闻处工作，直到 1946 年才回到哈佛。费正清的多重角色和特殊经历使他对二战期间美国情报机构等战事的评价多了几分真实性。关于麦克阿瑟，费正清指出，"麦克阿瑟的美国恺撒主义有两个辉煌时期：1941－1945 年，指挥西南太平洋战区；1945－1951 年，担任驻日盟军最高统帅。他在担任这两个职务时，控制人员流动，并试图控制新闻报道，计划军事行动，使部下最有效率地工作。总之，作为军事指挥官，他支配一切。因此，他完全把战略情报局排除战区之外。而且，他完全控制了陆军情报部在指挥部的代表，以致这位代表被召回华盛顿开会时，什么也说不出来"(见《道格拉斯·麦克阿瑟与美国军国主义》，费正清：《观察中国》，世界知识出版社 2003 年版)。费正清的认识从侧面透露出，战略情报局与麦克阿瑟或海军部之间存在相互渗透与排斥的关系。

尽快建立一些基地。主要的意思是,尽你所能替美国海军准备着三四年内在中国的沿海地方登陆。同时,尽力协助海军骚扰日军。[①]

尽管金告诉梅乐斯"这是给你的命令,机密命令。不能告诉任何人是些什么事",但梅乐斯深感迷惑,认为任凭金上将军阶有多高,可这样"机密"的命令还是要有"见诸文书的命令才能行动"。在其要求之下,金的手下才为他打印了一份书面命令,这份命令要他"前往中国向美国驻华大使报道,身份是美国海军驻重庆的观察员;应该与大使本人及使馆的官员们保持良好的接触",而这份"书面命令"实际上仍维持在金的口头命令上,因为该命令要求他"执行其已经奉到的口头命令"。[②]

为完成金上将交代的口头命令,培训游击队队员和情报机构人员,建立气象站和无线电截取站,梅乐斯与戴笠的军统于1943年4月创立了中美特种技术合作所。而中美合作所的重要使命之一,就是为太平洋岛上的美国海军绘图太平洋西部气象图,这个任务要求获得来自亚洲大陆的气象站的气象数据。[③] 国统区气象站的数据可以通过与重庆政府交换而获得,而想观察到西伯利亚和戈壁的气象模式,则需派专员前往中共所在地西北部地区,中美合作所因此在美军观察组组成之前就曾与中共有联系,[④]派遣了一些经过训练的中国人到西北偏远的气象站,采集预测日本、太平洋气象必不可少的亚洲内陆气象信息。由陆军情报局和OSS组成的军事观察组进驻延安当然是也是一个为海军获得气象情报的绝好机会,所以观察组中有了一名海军上尉希契,为海军在观察组这个复杂的情报机构中取得一席之地。

---

① 〔美〕梅乐斯:《另一种战争》(*A Different Kind Of War*)上册,(台北)新生报编辑部1969年版,第6、37、40页;也可参考 Barton, Charles, "The Rice Paddy Navy," *The Retired Officer*, Jan. 1989,见 http://www.insigne.org/SACO-I.htm,2000年1月23日。

② 〔美〕梅乐斯:《另一种战争》(*A Different Kind of War*)上册,(台北)新生报编辑部1969年版,第37、40页。

③ 〔美〕魏斐德:《间谍王:戴笠与中国特工》,团结出版社2004年版,第280页。

④ 国民党的"间谍王"戴笠非常欣赏中美合作所中多诺万手下的人员,但他同时反对这些人以建立西北气象站的理由与中共联系。对这些同时与中共和"藏独分子"(情报局派出的托尔斯泰—多兰在西藏的行为令戴笠非常恼火)保持接触的情报局人员越来越不信任(Miles, *A Different War*, p. 161;Oliver J. Caldwell, *A Secret War: Americans in China, 1944—1945*, Southern Illinois University Press, 1972, p. 218,转引自《间谍王:戴笠与中国特工》,第313页)。

海军部的梅乐斯对陆军航空队的在华行动并不清楚，[①]同在中国的陆军航空队对于海军在华行动也不甚明了。二十航空队的李梅在谈到 B-29 所需的气象信息时曾说："气象情报是空袭日本时最欠缺的部分，日本气象报告外面看不到，苏联也拒绝提供任何气象资讯。倒是我派驻在中国西北部毛泽东军部的人，提供我一些气象报告；偶尔我还会接收到美国海军派驻在戈壁沙漠分遣队所发来的气象资料，至于美国海军为何在戈壁沙漠设有分遣队，我委实不知。"[②]可见美军不同部门之间并不是很清楚其他在华美军的行动。

延安美军观察组中还有一个来自 OSS 的著名人物，那就是曾与俄国大文豪托尔斯泰之孙伊利亚·托尔斯泰上尉（Ilya Tolstoy）一道，前往中国西藏"探索"而受到西藏近现代史学者关注的布鲁克·多兰上尉。1942 年，由于通往中国的滇缅国际交通线被日本切断，美国为寻找从印度通往中国西藏的陆上交通线，派员前往西藏打探。这个"由印度进入西藏的侦察任务（Reconnaissance mission via India to Tibet）"代号为 FE－2 计划，由罗斯福总统于 1942 年 5 月 12 日批准，目的是"寻找一条穿越西藏进入中国重庆的道路；观察藏人的想法；寻找盟友，发现敌人；绘出战略目标位置，对将来可能开展行动的藏区进行测量"。[③]

精通藏语、汉语及佛教的多兰，曾在中国四川、西藏等西部地区和东北部中国进行考察。他和托尔斯泰同行，带着罗斯福写给"宗教领袖"而非"世俗人政治领袖"[④]的达赖喇嘛的信件、礼物前往拉萨。在这里，两个美国人不仅将美国政府对国民政府在西藏问题上的公开承诺和表态抛在一边，还故意释放对西藏独立愿望的极度同情，主动为西藏人购建无线电设备、藏文

---

①　在珍珠港事件爆发之前的两三个月，陆军方面曾派出马格鲁德（John Magruder）准将率领的"马格鲁德代表团"。当时海军方面的李海将军曾经要求派一个海军观察员随陆军的那个代表团同往中国，结果没有成功。梅乐斯也曾打听究竟那个代表团的任务何在，以及它有些什么成就。但打探到结果是一场徒劳（梅乐斯：《另一种战争》上册，第 40 页），可见两军种间的竞争猜忌情绪至少存在于在中国战场。

②　Curtis E. Lemay and Bill Yenne, *Superfortress: The Story of the B-29 and American Air Power*, McGraw-Hill Companies, 1988.

③　Office of Strategic Services (OSS), *Background Report*, September 30, 1943, 美国国家档案馆（National Archives of the United States）RG 226, E092, box 200, folder 39；程早霞：《美国插手西藏问题历史探源》，《安徽史学》2006 年第 2 期，第 40—41 页。

④　*Foreign Relations of the United States*, 1942, China, 1956, Published by Government Printing office, Washington, D. C., p. 103。

打字机。① 西藏地方势力因此一改此前反对美国人入藏的态度,准许多兰上尉一行经由那曲和玉树进入新疆、甘肃、四川等地。从现有中方资料看不出多兰一行人此行在内地的"调查"要达成什么重要目标,但可以肯定的是,"打通印度、西藏陆上交通"这个公开宣称的预期目标并未实现。②

　　OSS、G-2、ONI 以及 SACO 这几个部门之间的竞争和在延安的共存,也许可以解释一些让包括观察组成员在内都感到不解的疑惑。包瑞德作为美军观察组的首任负责人,他在赴延安之前就知道观察组大约将在 1944 年底结束。然而让他感到吃惊的是,到 1944 年 12 月,其观察组负责人的职务被罢免后美军观察组却并没有结束。③ 由于 1944 年年底到次年年初,正是马计划结束、20 轰炸司令部从中国成都撤离的预定时期,包瑞德之所以感到意外也就可以解释为:包瑞德在任时观察组的主要使命是为马计划收集情报、搜救飞行员。观察组初期这一使命性质在观察组成员路易斯·琼斯的回忆录中可以看得很清楚:

　　　　轰炸司令部的福斯上校(Col. Foss)有一天打电话告诉我,我被选派为 20 轰炸司令部的代表,到中共总部地区搜集情报。我的主要任务是充当中共和 20 轰炸司令部的联络人。我必须确定 B-29 机组人员可能在中共控制区域降落的范围,以保证对他们的搜救。④

---

　　① 〔美〕梅·戈尔斯坦:《喇嘛王国的覆灭》,中国藏学出版社 2005 年版,第 320—321 页。

　　② 美国学者汤姆·戈伦夫指出,当时的空中侦察及与在拉萨的英国官员的讨论都已经表明,修建一条经由西藏的战时公路不可行。所以有中美两国的学者认为,托尔斯泰—多兰的拉萨之行本身并不必要,OSS 的此种安排意在"寻求美国与西藏之间建立日益紧密的联系"(程早霞:《美国插手西藏问题历史探源》,《安徽史学》2006 年第 2 期,第 42 页)。两人长达一年之久的西藏等地之行仅仅是为了考察那里的交通状况? 不仅史学家感到疑惑,即便是当时的一些历史人物亦感到不解。来自海军的梅乐斯就曾疑问:"两人长达一年之久的西藏旅行也不过明白了那边的交通不怎么方便。而这样的情报战略处的人只需打个电话给纽约的美国自然历史博物馆的安卓斯先生或莫丹先生就可以很容易查明真相。"(梅乐斯:《另一种战争》(A Different Kind Of War)上册,台北新生报编辑部 1969 年版,第 253 页)梅乐斯的不满从侧面表明了,两人去西藏的上述理由令人生疑。

　　③ 〔美〕包瑞德:《美军观察组在延安》,解放军出版社 1984 年版,第 107 页。包瑞德并没有交代这一期限的消息来源,只是当他得知这一期限仍未结束感到惊讶时才侧面反映出,他曾经得到过这样的信息。不过,从时在延安的另一位当事人孙平的日记中可以得到一定程度的印证:他"根据来访者的谈话判断,代表团将在这里呆四个月左右"(《延安日记》,7 月 22 日),即观察组的运行将运行到 12 月左右。孙平的日记至少可以表明包瑞德确实曾经得到过这样的"暗示"、"安排"或"交代"。

　　④ Louis M. Jones, *The "Dixie Mission" To The Communist Chinese*, 40th Bomb Group Association Memories, Issue 14, March, 1987.

马计划结束后,美国人并没有像包瑞德以为的那样从中共地区撤出,还有不少战略情报局的人员继续留驻。1944 年 10 月,华盛顿的 OSS 负责人多诺万直接提醒总统罗斯福,OSS 的"特别执行处不久也要在美军观察组活动的同一地区展开活动"。① 同样的信息在史迪威 10 月离华后,其接替者魏德迈与 OSS 驻中国负责人赫普纳(Richard P. Heppner)的一次谈话中就透露出来:他"并不反对 OSS 在中国战区的存在,而且他还同意 OSS 的特别行动处和秘密情报处在华活动……他或许会让 OSS 取代美军观察组……"②

OSS 领导下的"观察组"此后开始在延安积极活动,酝酿实施"延安四号"计划:以延安为中心,在晋绥、晋察冀、晋冀鲁豫根据地各设一个情报搜集电台,也就是为 OSS 在全中共区域建立通讯、情报网。③ 至此,这支美军队伍虽有同样的名称——美军观察组,但内部组织结构、性质已由被 G-2 领导、为 G-2 效劳的状态,转为由在华 OSS 领导,并为之效力的状态。包瑞德可能并不是很清楚战略情报局的这种安排,以为观察组是一个使命单一的临时军事组织,没有料到"观察组"在延安呆了如此长的时间。④

"延安美军观察组"从 G-2 手中转到 OSS 手中,最后又变成负责联络协调国共和谈的"延安联络组",这种组织性质上的变迁,由于前后连贯地发生在同一地区,故几个组织的不同性质往往被一些历史当事人和观史者不约而同地忽略了。

---

① [美]布雷德利·F·史密斯:《美国战略情报局始末》,国际文化出版社 1988 年版,第 360 页。

② Carolle J. Carter, *Mission to Yenan: American Liaison with the Chinese Communists*, 1944—1947, The University Press of Kentuckey, 1997, p. 168.

③ 中共对此"延安四号"计划自然有所保留:要求美方所建通讯网只能作为局部问题来操作,同时要服从我方的整个战略方针的行动;我方必须知道美方在我区域范围的整个计划,有理由要求与魏德迈讨论整个计划。实际上,这个"延安四号"计划最终并未得以实施。凌青:《从延安到联合国》,福建人民出版社 2008 年版,第 36 页。

④ 到 1946 年 4 月以后到 1947 年,继续留在延安的"观察组"成员又开始执行维持国共谈判渠道的新任务,故此时的观察组只能被称为"延安联络组"。如果不理解"观察组"的这种变迁,就很容易像中译本的《延安使命:1944—1947 美军观察组延安 963 天》那样,将"美军观察组"在延安的时间延长。

第三章　马特霍恩计划的实施

如果说二战时期美国的对外关系，如海权论者马汉（Alfred Thayer Mahan）所说那样是做"买卖"，那么对内，可称得上是一场国家管理模式的大升级。[1] 马特霍恩计划从指挥系统到后勤保障都有相应的制度保障，尤其在全球战略思想的引导下，AAF 对马计划的指挥系统做了前所未有的大变革，将调遣 B-29 航空队这种具有全球战略意义的指挥权限保留在华盛顿，任何战区司令不得染指。既为战略航空部队，当 B-29 部队进入实战时，其战果也是只能从战略高度加以衡量了，否则马计划真的就成了"高成本、没实效"，"政治意义大于军事意义"的"失败"行动了。

第一节　马计划指挥系统

所谓"B-29 指挥权问题"

自华盛顿决定在中缅印战区实施马特霍恩计划后，该战区很多指挥官都认为他们最应该拥有新型武器 B-29 的指挥权。陈纳德、蒙巴顿、史迪威、蒋介石，甚至太平洋战区的麦克阿瑟、尼米兹等人都曾有过对 B-29 部队指挥权的诉求，这便是所谓"B-29 指挥权问题"（The B-29 Command Problem）。[2]

陈纳德带领的美国航空志愿队改组为第十四航空队以后，已成为美国陆军航空队在华重要力量，且深受中方信赖。陈纳德自视甚高，深信他身在前线，对中国战场空中力量的了解胜过华盛顿。尤其是当美陆军航空部准

---

[1] "历史学家米尔斯说，二次世界大战是靠管理完成的。我们必须以特殊的努力把战争看成一个整体，做全局的考虑"，[美]魏德迈：《魏德迈报告》，（高雄）光复书局 1959 年版，第 1 页。

[2] 罗曼纳斯和桑德兰虽提出"B-29 指挥权问题"并作专门论述（*Stilwell's Command Problems*，Office of the chief of military history department of army，1956，pp. 109-116），但该书只论述了中缅印战区陈纳德、史迪威、蒙巴顿之间的纷争，没有涉及到太平洋战区的情况。B-29 指挥权的争夺其实非常激烈且广泛，诚如美国陆军航空首领阿诺德所说，对 B-29 指挥权的争夺广泛存在于"海军、英国、中国，甚至英国首相"当中，他们"都尽其所能地要求将 B-29 重型轰炸机划拨到他们的战区"（H. H. Arnold，*Global Mission*，Harper & Row Publishers，New York，1949，p. 435）。

备将在中缅印战区实施马特霍恩计划时,陈纳德不仅认为华盛顿的战略方向存在"错误",更认为他是最该拥有其指挥权的人选。1944 年 1 月 26 日,他写给罗斯福的一封信将这种观点张扬到了极致。

陈纳德信中指出:"当前形势相当紧迫。我们必须抓紧时间在击败德国之后很快将力量集中到对日战斗中……我们在东南亚和西南太平洋的力量还不够强大稳定,但如果我们能聪明一点,从中国基地对日本本土进行侧面进攻,就能很快击垮日本的外防御圈。当美军全部力量集中到该战区时,这种进攻能直接使美国对日进攻时间大为提前。"①陈纳德因此认为,美日在中国将有一场大战役,这与华盛顿仅将中国作为必要过渡战场,最终从太平洋岛屿发起对日最后进攻的规划相去甚远。陈纳德的这种战略观被拉铁摩尔、马歇尔等人看作是他"最致命的错误"。②

由于这种错误的战略设想,陈纳德对即将在其战区范围内展开的马计划自然有着完全不同于华盛顿的主张。陈纳德按照他认为的优先次序列出一份"战略任务清单",该清单竟然将华盛顿极为重视的马计划列到了第三位。陈纳德以为"道理很简单,从欧洲战场的经验看,远程战略轰炸需要耗费很长时间才会产生决定性的效果……如果对日本在长江上的船运和空中力量进行打击便能在较短时间很快击败日本,因为这条船运线是日本占领的汉口和宜昌等地的补给线。以在中国战场的经验看,我们能够以大约 1∶9 的损耗比打击敌人,也能每月破坏敌方至少 150000 吨的航运物资。而日本这些物资被毁后,其在东南亚和西南太平洋的驻军很快就难以支撑……所以对日本在长江上的船运和航空力量进行袭击才是更有效的作战方式,而远程轰炸应该用作对日进攻的最后一击"。③

根据这种战略设想,陈纳德又给罗斯福列出第二份清单:

将这样的袭击④作为美国海外战略的一部分:

---

① 陈纳德 1944 年 1 月 26 日致罗斯福电(*Chennault*－－＞*FDR*－1/26/44 ,Franklin D. Roosevelt Presidential Library and Digital Archives,Safe Files,Box 1,Army Air Forces Index,原文见附录 2"1944 年 1 月 26 日陈纳德写给罗斯福的信",以下同此)。

② 拉铁摩尔对陈纳德的评论见《蒋介石的美国顾问——欧文·拉铁摩尔回忆录》,复旦大学出版社 1996 年版,第 97 页。

③ 陈纳德 1944 年 1 月 26 日致罗斯福电。

④ 从该信上下文看,应是指从中国出发对日本发动的侧翼袭击(attack on the Japanese flank from the China base)。

　　扩编第十四航空队；

　　将马特霍恩计划任务划归第十四航空队执行；

　　加强后勤运输，尤其加强对中国设备的供给；

　　与蒋委员长达成协定在长江上游发起地空袭击。①

　　其中第三条便是对马特霍恩计划指挥权的直接要求。其理由也相当充分：据陈纳德"在中国的全部经验"，"马特霍恩计划在战术上很危险，而将马特霍恩计划和十四航空队的指挥权分开是一种错误"。② 这似乎暗示罗斯福只要将 B-29 的指挥权划到十四航空队这种危险就会随之消失。他强调其一贯主张："只要恰当合理运用美国的空中力量，中国队军队就可以有效抵御日本，但现在美国空中力量却全胶着在马特霍恩计划上。"③显见华盛顿军力分布态势与他认为很重要的中国战区的地位、以及应对策略很不相符。实际上，陈纳德最首要的主张就是获得 B-29 航空队的指挥权。他认为，中国战场的对日行动主要以中型轰炸机为主，也就是说他认为远程重型轰炸机并不必要。如果华盛顿要把 B-29 部队派到中国战区，就应该由他来指挥。

　　同在中缅印战区内的英军将领蒙巴顿，作为盟军在中缅印战区的另一位重要指挥官，与各方关系甚是微妙。蒙巴顿在战区内主要存在三种关系：首先是蒙巴顿与英国首席指挥官之间存在公开的敌意；与史迪威之间的关系又"非常敏感和怀疑"；和东方空军司令部（EAC, Eastern Air Command)④之间则存在合并的可能。

　　蒙巴顿在谨慎维护其权威的同时，还要应对各种变动。卡萨布兰卡会议后，东南亚战区司令部（SEAC, Southeast Asia Command)的成立曾引起一阵混乱，因为该司令部要和蒙巴顿分享从加尔各答港进入的后勤物资。

---

　　① 陈纳德 1944 年 1 月 26 日致罗斯福电，Chennault－－＞FDR－1/26/44，Franklin D. Roosevelt Presidential Library and Digital Archives，Safe Files，Box 1，Army Air Forces Index。这个建议如陈纳德所说，首先曾向阿诺德建议过，但可能没有得到阿诺德的认可，所以他不得不"在这种危急的情况下出于一种义务"，为罗斯福指点当时的军事政策。

　　② 陈纳德 1944 年 1 月 26 日致罗斯福电，Chennault－－＞FDR－1/26/44，Franklin D. Roosevelt Presidential Library and Digital Archives，Safe Files，Box 1，Army Air Forces Index。

　　③ 陈纳德 1944 年 1 月 26 日致罗斯福电，Chennault－－＞FDR－1/26/44，Franklin D. Roosevelt Presidential Library and Digital Archives，Safe Files，Box 1，Army Air Forces Index。

　　④ 美国陆军第十航空队与英国皇家空军（RAF, Royal Air Force)孟加拉司令部于 1943 年 12 月 12 日合并组为 EAC. *Stilwell's Command Problems*，Office of the chief of military history department of army，1956，p. 84.

马计划在该战区实施后,中缅印战区的指挥系统变得更加混乱,使得他也卷入了有关 B-29 指挥权的纷争之中。

蒙巴顿反对在他的战区存在一支独立的 B-29 部队,其最直接的原因在于 B-29 计划的实施也会加剧在物资供应上的紧张。他建议 B-29 在美英参谋长联席会议的总指挥下由他直接指挥。这样,CBI 每下达一道命令都必须经过 B-29 指挥部和该战区内的其他将要执行的司令部。也就是说,在这种指挥体系下,美方 B-29 的每一次任务都必须提交 JCS 英方参谋部的蒙巴顿甚至中方的蒋委员长审议获批准后才能执行,蒙巴顿认为这样可有效解决马特霍恩计划在本战区内和其他任务之间的优先权冲突问题。[①]

史迪威最初也打算将使用 B-29 的第 20 轰炸司令部置于他的指挥之下,然后由斯特拉梅耶实际代为执行。史迪威不想让陈纳德来指挥 B-29,因为他担心陈纳德将用这些重型轰炸机从桂林和其他中国基地发起其梦寐以求的对日本货轮的袭击。史迪威相信,这种袭击将激起日军的剧烈反攻,而中国的部队又无法招架,结果将引起中国战区的一片混乱。

在史迪威准备将 B-29 部队战地指挥权交给斯特拉梅耶后的第 11 天,20 轰炸司令部的司令官沃尔夫准将(Brig. Gen. Kenneth B. Wolfe)邀请史迪威讨论指挥权问题,两人达成一致,不让蒙巴顿和陈纳德参与 B-29 事务。史迪威又担心,由于第十航空队与英国皇家空军孟买司令部的合并实际上是迫于蒙巴顿的压力而形成,斯特拉梅耶会将 20 轰炸司令部的实际指挥权转给陈纳德。所以,在沃尔夫的配合与马歇尔部长的建议之下,史迪威于 1944 年 2 月 15 日再次构思了一个新的指挥结构:20 轰炸司令部在接受美国参谋长联席会议总指挥的前提下由史迪威直接控制。后勤供应方面,将按各基地所在区域的地理位置分为印度和中国两部分,斯特拉梅耶将作为沃尔夫准将的顾问,然后再推荐给史迪威。[②]

而美国太平洋战场上的麦克阿瑟和尼米兹(前者负责西南太平洋战区战事,当时主要战区在巴布亚新几内亚一带,尼米兹则在中太平洋方向,负

[①] Romanus and Sunderland, *Stilwell's Command Problems*, Office of the chief of military history department of army, 1956, pp. 113—114.

[②] 罗曼纳斯和桑德兰的著作在谈到 B-29 指挥权的最后形成时,侧重谈了在中缅印战区的纷争(*Stilwell's Command Problems*, Office of the chief of military history department of army, 1956, pp. 113—114),但对 B-29 指挥权结构起决定作用的力量是华盛顿的陆军航空部(AAF),或在阿诺德等人的手中,这一点在该书几乎一笔带过。

责吉尔伯特群岛、马里亚纳群岛等地区战事）早在 1942 年就有对 B-29 指挥权的诉求。该年 9 月，在阿诺德的太平洋战区巡视过程中，曾与尼米兹、麦克阿瑟就太平洋战区的航空战略进行多次会谈。阿诺德曾经对麦克阿瑟的知识、直觉，以及判断能力、处理事情的方法都非常信任，把他当作最优秀的军事将领，但此次麦克阿瑟所谈的东西给阿诺德留下的印象是"他非常厌战（battle-weary）"，而且"他不了解其他战区的具体情况，他没有对战局做一个全球性的总体考虑"。阿诺德怀疑麦克阿瑟的谈话是没有经过认真考虑的结果，所以，阿诺德认为"他所说的大部分可以忽略"。[1]

　　经过与麦克阿瑟等人的单独会谈后，阿诺德与海军上将尼米兹、罗伯特·李·戈姆利（Admiral Robert Lee Ghormley）及麦克阿瑟的参谋长萨瑟兰将军（General Sutherland）等人再次就太平洋战区的航空力量分配问题进行了会谈。最终的会谈结果是使阿诺德更加相信"如果我们要想使太平洋计划效益最大化，必须在该地区实行统一的指挥"。所以，他既"不能把指挥权交给麦克阿瑟，因为这样会使麦克阿瑟的行动超越于尼米兹指挥；也不能把指挥权交给尼米兹，因为那样他的行动范围又会延伸到麦克阿瑟的指挥范围里去"。阿诺德发现"每个战区的人都想拥有 B-29 航空队的统一指挥权"，[2]阿诺德最后不得不从全局考虑，将指挥权保留在华盛顿，由他亲自统筹指挥 B-29 第二十航空队在各战区的行动。

　　其实早在 B-29 这一重要先进武器进入中缅印战区之前，太平洋战区海军部的人就开始希望能得到 B-29 指挥权。1943 年 2 月初，阿诺德刚从中国回到美国后，一大堆备忘录让他很明显地认识到"海军部、英军、中国，甚至英国首相一样，都尽其所能地要求将重型轰炸机划拨到他们所在的战区"。阿诺德用"战区病"（theateritis）一词来形容战争时期这些人的状态：这是一种战区指挥官常犯的通病，此病在他们刚刚接任的时候往往犯得特别厉害。典型症状是持续不断地要求得到额外的人力支援和最新的装备，而不顾与其他战区协调的重要性、不顾美英参谋长联席会议 CCS 作出的统一安排、不顾对其他战区的影响。患上这种病的战区指挥官总是产生这样的错觉，以为他们可能会在某一天突然获得事实上根本不可能的数千架飞

---

① 　H. H. Arnold，*Global Mission*，Harper & Row Publishers，New York，1949，pp. 343—344.

② 　H. H. Arnold，*Global Mission*，Harper & Row Publishers，New York，1949，pp. 347—348.

机。此病的症状几乎完全相同,且无法治愈。①

在阿诺德等美国指挥官的眼中,尽管"战区病"表明这些战区指挥官对他们的工作非常投入,"但往往造成的一些不必要的信息让人头痛,甚至激怒(irritate)了华盛顿参谋部的大多数人,使华盛顿的高官们有时不得不分心来对付这些不必要的事端"。尤其在中国战区,陈纳德和蒋委员长的"战区病"肯定比其他任何战区指挥官都要严重,美国陆军航空队在重庆的麻烦主要就由这一顽症引起。陈纳德、蒋介石的"这一病症只有在中国战场赢得第一优先权的时候才可能消除,否则此症将继续下去"。②

B-29 部队的指挥权最终在阿诺德的大胆设想和罗斯福的支持之下保留在华盛顿,美陆军航空队驻中缅印战区司令斯特拉梅耶则是这种指挥权结构的实施者。3 月 28 日,JCS 力排众议决定,在印度和中国基地行动的 B-29 部队将由华盛顿的陆军航空部(AAF)指挥。这使得 B-29 航空队实际上就好像海军中某舰队,可能经常在不同的基地活动,但并不因此归属所在地的指挥。③ 史迪威和陈纳德因此都被限制在他们自身的权职范围之内。

斯特拉梅耶作为中缅印战区的陆军航空司令,其权力大小与中缅印战区总司令史迪威将军几乎相当,因为斯特拉梅耶实际上拥有许多事务性权利。比如,他在蒙巴顿的手下指挥与驻印英国皇家空军(RAF,Royal Air Force)联合起来的美国陆军第十航空队;此外他还将在中国战区司令蒋介石名下指挥在华的第十四航空队,而蒋介石往往只是在名誉上拥有对该航空队的指挥权。而史迪威在中缅印战区拥有的看似强大的空运物资分派权,其实仍被华盛顿直接控制。④

B-29 航空队的垂直指挥体系

战争年代部队序列往往根据战争进程进行不断的调整,甚至划时代的改革。二战时期美国军队兵种只有海军和陆军,尚未有独立的航空兵种。1941年6

---

①　H. H. Arnold,*Global Mission*,Harper & Row Publishers,New York,1949,pp. 429—430.

②　H. H. Arnold,*Global Mission*,Harper & Row Publishers,New York,1949,p. 430.

③　Edited By W. F. Craven and James Lea Cate,*The Army Air Forces In World War II*,Volume 5,*The Pacific*:*Matterhorn To Nagasaki*,*June 1944 To August 1945*,Princeton University,New Imprint by the Office of Air Force History,Washington,D. C. ,1983,pp. 45—52.

④　Maurice Matloff,*Strategic Planning for Coalition Warfare*(1943—1944),Office of the chief of military history department of army,Washington,D. C. ,1959,p. 442.

月才成立的陆军航空队能在战争结束后不久的1947年,从陆军部以师、军和集团军为核心建立起来的统一的诸兵种合成部队中脱颖而出,组建独立的航空兵种,这与二战期间美国官方对新兴战略航空思想的认可有着直接的关系。

B-29 航空队指挥系统方框图

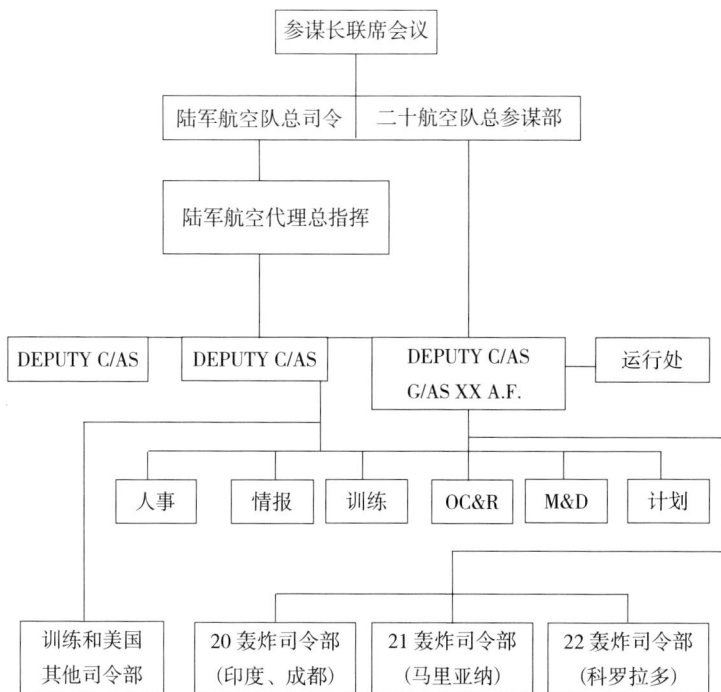

表中缩写字母含义:

Deputy C/AS (Chief Of Air Srtaff)陆军航空队代理总参谋

Deputy C/S XX A. F. (the Chief of Staff XX Air Force)二十航空队代理司令

OC&R(Operations,Commitments,and Requirements) 运行、委托与要求

MM&D(Materials Management & Distribution)物资管理与分配

图中有的名词译法恐未达意,故在文末将原文附上,如有不解可参考附录。

资料来源:美国国家档案馆图书馆〔*The National Archives and Records Administration*,Folder 322,Air Force(Twentieth),RG 18,Box 11〕。

在新兴的航空兵学说体系中,航空部队的目标除地面作战、大陆防空等战术目标外,最高目标和任务是战略轰炸。① 而利用远程重型轰炸机 B-29

---

① 参阅［美］肯特·格林菲尔德:《第二次世界大战中的美国战略》,解放军出版社 1985 年版。

从川西地区奔袭日本本土的马特霍恩计划可以说正是战略轰炸思想中的最高目标和任务。下面方框图显示的 B-29 航空队指挥系统结构正是在这种新兴战略航空思想影响下的结果，其形成、实施过程始终伴随着各界对新思维的异议与不解，该战略航空部队在初步形成这一格局后还存在不断的调整和变化，到 1944 年陆军航空队在陆军中的地位形成了方框图所示的格局。

二战期间美国陆军航空队与其他机构关系方框图

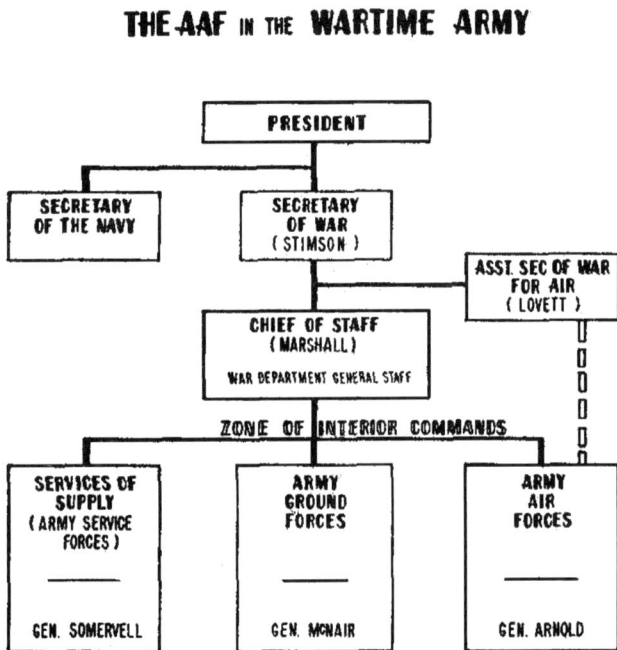

资料来源：Edited By W. F. Craven and James Lea Cater , *The Army Air Forces in World War II*, Volume 6, *Men And Planes*, University of Chicago Press, 1951, p. 31.

　　从上面《二战期间美国陆军航空队与其他机构关系方框图》中可看到美国陆军航空队与海军、陆军后勤、地面部队之间的管理层次。而《B-29 航空队指挥系统方框图》所反映的则是一种更具体的管理关系。使用 B-29 的第二十航空队有三个司令部：第 20 轰炸司令部（*XX* Bomber Command）和第21 轰炸司令部（*XXI* Bomber Command）以及第 22 轰炸司令部（*XXII* Bomber Command）；第 20 轰炸司令部指挥驻扎在中印地区的第 58 轰炸联队,该联队下又有分驻在新津、广汉、邛崃和彭山的第 40、444、462、468 轰炸大队;第 21 轰炸司令部指挥驻扎在马里亚纳群岛的第 73、313、314、315 轰炸大队。二十航空队另外还有一支相对独立的第 509 混合大队(Composite Group),广岛、长崎的原子弹后来即由该大队投放。

B-29 航空队并非一开始就形成二十航空队这种组织规模,而是首先由 1943 年 6 月在美国堪萨斯中部 B-29 生产地的一个培训组织,发展到中缅印战区的第 58 轰炸联队,即后来的第 20 轰炸司令部,再加上 1945 年在马里亚纳群岛上新组建的第 21 轰炸司令部、美国本土科罗拉多的第 22 轰炸司令部便组成了第二十航空队。[①]

二十航空队第 20、21、22 轰炸司令部的发展互有交叉,各自情况兹列如下,从中可见其变化和相互关系。

1. 第 20 轰炸司令部

1943 年 11 月 19 日在美国堪萨斯州萨林那(Salina)成立,11 月 20 日投入战斗,最初隶属已有的第二航空队。1944 年 1 月移驻印度、中国,1944 年 4 月 4 日,首批 B-29 到达印度基地两天后,二十航空队正式成立。第 20 轰炸司令部从 1944 年 6 月开始到 1945 年 3 月进行对日远程轰炸。1945 年 3 月 31 日第 20 轰炸司令部停止行动,第 58 轰炸联队划入第 21 轰炸司令部,于 1945 年 6—7 月转移到冲绳,1948 年 10 月 8 日解散。

第 20 轰炸司令部下辖机构有第 58 轰炸联队和第 73 轰炸联队。驻扎于成都的 58 轰炸联队是最早的 B-29 部队。1943 年 6 月,陆军航空部在堪萨斯州的基地组建作战训练部队(Operational Training Units),开始为 B-29 行动培训飞行员,让机组熟悉 B-29、并对其他人员和指挥官进行培训。1944 年 4 月正式成立的第二十航空队正是在此基础上成立的,第 58 轰炸联队是此时惟一的 B-29 航空队。58 轰炸联队下面还有四个轰炸大队。第 58 轰炸联队从印度、成都撤出后迁驻提尼安岛的西端基地(West Field, Tinian)。第 73 轰炸联队(1943—1944)下属的机构则是驻扎在马里亚纳群岛的第 73、313、314、315 轰炸大队。58 轰炸联队驻扎中国成都的分布情况为:

40th BG(驻新津)　　　　　　　　444th BG(驻广汉)

---

① H. H. Arnold, *Global Mission*, Harper & Row Publishers, New York, 1949, p. 478.

462nd BG(驻邛崃)　　　　　　　　468th BG(驻彭山)

第 20 轰炸司令部在美国的驻扎基地分布情况:

1943 年 11 月 20 日—1944 年 2 月 12 日驻扎在美国堪萨斯州烟山空军基地(Smoky Hill AAFld,Kan.);1944 年 3 月 28 日—1945 年 6 月 17 日驻扎于印度卡拉格普尔和中国成都;1945 年 7 月 7 日—16 日驻扎日本冲绳(Sakugawa)。

第 20 轰炸司令部历任指挥:

沃尔夫准将(Brig. Gen. Kenneth B. Wolfe),1943 年 11 月 27 日到任;

桑德斯准将(Brig. Gen. LaVern G. Saunders),1944 年 7 月 6 日到任;

李梅少校(Maj. Gen. Curtis E. LeMay),1944 年 8 月 29 日到任;

拉梅准将(Brig. Gen. Roger M. Ramey),1945 年 1 月 20 到任;

史密斯准将(Brig. Gen. Joseph Smith),1945 年 4 月 25 日—7 月 16 日。

2. 第 21 轰炸司令部

1944 年 3 月 1 日成立并开始运行,刚成立时隶属第二航空队,1944 年晚些时候转移到马里亚纳群岛后,隶属第二十航空队,开始执行远程轰炸任务直到 1945 年 7 月中旬。1945 年 7 月 16 日解散(也就是在那时,21 轰炸司令部各指挥部被重新改组为二十航空队的中队司令部 Headquarters Squadron)。这一终止 21 轰炸司令部的改组对二十航空队没有什么影响。

第 21 轰炸司令部下属联队:

58 联队,1945 年　　　　　　　　73 联队,1944—1945 年

313 联队,1944—1945 年　　　　　314 联队,1944—1945 年

315 联队,1945 年

第 21 轰炸司令部驻扎基地:

1944 年 3 月 1 日开始在堪萨斯州烟山空军基地;

1944 年 6 月 11 日—10 月 20 日美国科罗拉多州彼特森基地(Peterson Field);

1944 年 12 月 4 日—1945 年 7 月 16 日关岛哈蒙基地(Harmon Field)。

第 21 轰炸司令部历任指挥官:

约翰·蒙哥马利上校(Col. John B. Montgomery),1944 年 4 月 7 日到任;

拉梅准将(Brig. Gen. Roger M. Ramey),1944 年 6 月 15 日到任;

汉塞尔准将(Brig. Gen. Haywood S. Hansel)，1944 年 8 月 28 日到任；

李梅少校(Maj. Gen. Curtis E. LeMay)，1945 年 1 月 20 日—7 月 16日。

第 509 混合大队(509th Composite Group)

21 轰炸司令部名下还有一支相当特殊的队伍，这就是 509 大队。这是一支可以完全自我维持的部队(self-contained unit)，①但也并非完全独立。509 大队在美国国内和太平洋岛上时，先后隶属于第二航空队 315 航空大队〔第二航空队对 509 混合大队有行政管理权(exercised administrative control over the 509th)〕②和二十航空队 21 轰炸司令部。③

该航空队于 1944 年 12 月 9 日组建，17 日开始在温多佛基地训练，成为陆军航空队第一支专门为核战争而组织、装备、训练的航空大队。1945年 4—6 月出国工作；5 月 20 日左右先行梯队到达提尼安；7 月中旬，全队成员都到达二十航空队第 21 轰炸司令部。1945 年 8 月 6 日，该大队指挥官提贝茨(Paul W. Tibbets)上校驾驶 B-29 到广岛投下第一颗原子弹，三天后斯维尼上校(Charles W. Sweeney)又驾驶 B-29 前往日本长崎投下第二颗原子弹。

1945 年 10—11 月这支飞行队回国，次年 3 月 21 日被编入美国陆军战略空军司令部(U. S. Army Strategic Air Force)，成为美国核战略部队。1946 年 7 月 509 大队改组，参与马绍尔群岛的原子测试"歧路计划"(Operation Crossroads)。1948 年再次改组，1949—1959 年，该中队使用的 B-29改为 B-50。1952 年 6 月 16 日解散。

509 混合大队下辖中队：

第 320 运兵舰中队(320th Troop Carrier)，1944—1946

第 393 轰炸中队(393d Bombardment)，1944—1952

第 751 中队，1946—1952

---

①　二十航空队的 58 轰炸联队也曾隶属于美国陆军第二航空队，于 1943 年 6 月 1 日开始在乔治亚州 Marietta 贝尔制造厂工作训练过，58 轰炸联队中的 40、444、462、468 大队于 1944 年 3 月到印中基地，唯 472 轰炸大队后来专门负责 B-29 飞行员的培训。

②　H. H. Arnold, *Global Mission*, Harper & Row Publishers, New York, 1949, p. 283.

③　关于 509 混合大队的具体运作情况，在后面"B-29 工程"中有进一步的叙述。

第 830 中队,1946—1952

509 大队驻扎基地：

犹他州温多佛基地,1944 年 12 月 17 日—1945 年 4 月 26 日；

提尼安岛北部基地,1945 年 5 月 29 日—10 月 17 日；

新墨西哥州美国空军罗斯维尔基地,1945 年 11 月 6 日—1952 年 6 月 16。

509 大队历任指挥官：

保罗·提贝茨,1944 年 12 月 17 日；

威廉姆·布兰奇上校(Col. William H. Blanchard),1946 年 1 月 22 日；

约翰·瑞恩上校(Col. John D. Ryan),1948 年 9 月 15 日；

威廉姆·布兰奇上校,1951 年 7 月 21 日—1952 年 6 月 16 日。[①]

3. 第 22 轰炸司令部

1944 年 8 月 4 日成立,14 日运行。隶属第二航空队,1945 年 2 月 13 日解散。1944 年 8 月 28 日—1945 年 2 月 13 日,驻扎在科罗拉多州彼得森基地。

第 22 轰炸司令部历任指挥官：

罗伯森上校(Col. William R. Robertson),1944 年 8 月 28 日；

克拉克上校(Col. Alan D. Clark),1944 年 9 月 3 日；

艾伦上校(Col. Forrest G. Allen),1944 年 10 月 6 日；

沃登上校(Col. Robert F. Worden),1944 年 12 月 11 日；

卡特上校(Col. Merlin I. Carter),1944 年 12 月 28 日；

瑞斯顿上校(Col. Roscoe C. Wriston),1945 年 1 月 5 日—2 月 13 日。[②]

第二节　马计划重要战役

"糟糕的开局"

按照美国陆军航空队首脑们的设想,整个马特霍恩计划几乎就是一次

---

① Kit C. Carter & Robert Mueller, *Combat Chronology 1941 − 1945*, Center for Air Force History, Washington, D. C. 1991.

② *20th Air Force Mission Reports*, The National Archives and Records Administration, Air AG Bulky Files, 319. 1。

大规模实战试飞行动(a shakedown operation),不过马计划本身还是有专门的"试飞行动"。

在中、印实施马计划之前,陆军航空队为转移日本的注意力,故意在欧洲战场放了些"烟雾弹"。在第一架 B-29 于 1944 年 4 月 2 日飞临印度后,第二架 B-29 从迈阿密起飞高调飞往英国,允许大量公众参观拍照。美国就是希望让德国人以为 B-29 会增援到欧战,由此误导日军对 B-29 布局中缅印战区的真实意图。

20 轰炸司令部的参谋人员将 B-29 的战地试飞准备工作划分为三个阶段:首先是大规模飞到中缅印战区的加尔各答基地;接着用几个星期的时间在驼峰航线上运送 B-29 自身所需物资;最后才发起对目标的袭击进攻。1944 年 6 月 5 日,B-29 到曼谷执行第一次任务,[①]这是美国参战以来飞行距离最远的一次轰炸任务。

20 轰炸司令部将此次曼谷行动定位为演习,故曼谷之战对敌人造成的破坏很轻微。当然,此次行动又远远不只是演习或排练,而是一次重大行动的"序曲":通过艰险的驼峰航线飞行,获得大量关于 B-29 发动机在各种气候条件下的表现情况;这种实地飞行能达到比在美国国内的飞行训练基地更好的训练效果;更重要的是实验飞行的 B-29 同时将运输大量自身所需物资,从而解决马计划的物资问题。

正是在这样的预期下,来自美国国内堪萨斯州萨林那基地的第 58 轰炸联队在训练过程中发现,B-29 有一个严重的缺陷——没有足够的油量来维持任务的执行,尤其在高空编队、会合、射击和轰炸的飞行任务中。

沃尔夫因此建议第一次对日袭击任务于 5 月 23 日夜间单机执行,为欧洲战场上的登陆作辅助准备,但这项建议被华盛顿否决了。阿诺德坚持必须进行昼间高空精确轰炸才算达到训练目的。在此后 2867 小时的 B-29 飞行记录中,有 2378 小时是在进行运输,50 小时在执行各种稀奇古怪的任务,仅有 439 小时用于"真正"的飞行训练,240 名飞行人员平均飞行训练时

① Edited By W. F. Craven and James Lea Cate, *The Army Air Forces in World War II*, Volume 5, *The Pacific*; *Matterhorn to Nagasaki*, University of Chicago Press, 1951, p. 94.

间不足两小时。^①沃尔夫只好推迟第一次进攻时间,组织了一次短期的高强度集中训练。这些训练有时就在驼峰航线上编队飞行,训练损耗非常大,似乎很不经济。但事实上要想在短期内让刚下线的 B-29 形成战斗力,这可能就是惟一有效的办法了,因为只有这样才能快速找出 B-29 设计上的不足,并及时改进。

为了尽快发起对日军的战略轰炸,避免因为运油耽误时间,马计划的第一次行动没有跨越驼峰转道成都,而是直接从印度卡拉格普尔出发,对被日军占领的泰国曼谷玛卡森(Makasan)的铁路修理厂,和马拉甘(Malagan)铁路编组站发起了进攻。

刚下线出厂的 B-29 被立刻投入前线,自然会发生诸多因为技术不成熟而带来的问题,最要害的问题就是 R-3350 发动机^②高温起火。考虑到发动机高温起火的潜在危险,B-29 航空队为完成陆军航空队首领阿诺德要求的昼间高空精确轰炸的任务,B-29 机群在当地时间 6 月 5 日清晨气温还未升得太高的时候便从印度出发,98 架 B-29 轰炸机按照每分钟起飞一次的节奏向目的地进发。

98 架 B-29 轰炸机中,共有 14 架起飞失败,还有部分则因各种机械故障原因未能到达目的地。科勒少校(Maj. John B. Keller)的 B-29 在起飞的时候就失事,机组人员除一人生还外,其余全部牺牲。编队到达曼谷后,由于云层的覆盖,77 架飞机中有 48 架是靠雷达投弹。有小部分飞行人员没有保持队形,投弹高度从 27300 英尺(约 8190 米)到 17000 英尺(5100米)不等,所幸日军抵抗不力,未造成太多损失。为支持此次行动,中缅印战区的东方空军司令部(EAC)还出动了 B-24,但都因气候不佳未对目标形成有效打击。^③

---

① Edited By W. F. Craven and James Lea Cate, The Army Air Forces in World War II, Volume 5, *The Pacific : Matterhorn to Nagasaki , June 1944 To August 1945* , University of Chicago Press,1951, p. 95.

② 1941 年投入使用的莱特公司 R-3350 发动机是双排气冷星型发动机,主要用于 B-29 战略轰炸机。战后 R-3350 做了重大改进,使用涡轮组合发动机使其功率提高到 2535kW,耗油率降至 0.23kg/(kW·h)。1946 年 9 月,洛克希德飞机公司装有两台 R-3350 涡轮组合发动机的 P-2V1"海王星"飞机创下了 18090km 高空不加油的飞行距离世界纪录。

③ Edited By W. F. Craven and James Lea Cate, The Army Air Forces in World War II, Volume 5, *The Pacific : Matterhorn to Nagasaki , June 1944 To August 1945* , University of Chicago Press,1951, pp. 95-96.

回航的路上,恶劣的天气和机械故障让飞行员感到,这些不利因素比在泰国上空日军的袭击还要危险。因为飞机故障造成的损失远远大于日军袭击造成的损失:马隆少校(Maj. B. G. Malone)所在的轰炸机就是因为发动机故障不得不在昆明附近就弃机跳伞,幸得中国人的友好相助,最终被空—地救援小组的马伦上尉(Frank Mullen)等人接回基地;有一架 B-29 飞机在昆明迫降时坠毁;其他则降落在错误的地点,两架坠入孟加拉湾,有两架在印度吉大港迫降时发动机竟然飞了出来,最后是降落在海上,11 名机组人员中有 9 名被海上救援队救起。

在这次连机组人员都能感到是一次"短期设备试验"①的行动中,共损失 5 架 B-29,15 名机组人员牺牲,2 人失踪。此次行动仅遭遇 9 架日军战机抵抗,没有一架 B-29 是被敌方损坏(No B-29 were lost to enemy action),②也就是说行动所有损失均由自身因素造成。由于 B-29 的 R-3350 发动机、供油系统故障频繁,再加上恶劣的天气条件,使得最后的轰炸效果,若以常规战争的标准来说,既没有对目标造成有效打击,自身损失又如此之大,B-29 曼谷之战因此被一些人认为是马特霍恩计划一个糟糕的开局(a bad start)。③ 但在华盛顿看来,曼谷之战不仅是一次壮烈的"飞行测试",也是全球大棋局中重要的一步。④

6·15 八幡之战:"全球空战的开端"

就在曼谷行动后的第二天即 6 月 6 日,执行马特霍恩计划的第 58 轰炸

① Major John. Stewart Slack Jr. , *Journal Notes*, April. 22, 1944, http://www. b-29. com/military. htm.

② *Makasan Railyards*, A/C ♯360, http://www. b-29. com/new page1. htm, 2008 年 5 月 6 日。

③ *Operation Matterhorn*, *Boeing B-29 Superfortress-Chapter 9*, 加拿大西安大略湖大学(The University of Western Ontario)相关页面:http//:www. csd. uwo. ca/pettypi/elevon/baug her _us/。

④ Edited By W. F. Craven and James Lea Cate, *The Army Air Forces in World War II*, University of Chicago Press, 1951, Volume 5, *The Pacific*:*Matterhorn to Nagasaki*, *June 1944 To August 1945*, p. 98. 另外,B-29 曼谷行动的 6 月 5 日也正是欧洲诺曼底登陆的日子,两者之间的具体关系,有待相关资料的进一步支撑论证。

联队①的沃尔夫将军,还没来得及调整就接到华盛顿阿诺德将军新的紧急行动指示,要求沃尔夫尽快组织至少70架B-29,以中国成都为前进机场袭击日本八幡工业基地,以便减轻中国战场上因为长沙战役给陈纳德保卫成都基地增加的压力,同时支持太平洋上"另外一项重要的行动"。

因为刚刚结束曼谷行动,沃尔夫回复阿诺德希望等到人员和飞机都得到充分修整,后勤也得到充分补充后于6月23日行动。可阿诺德非常焦急地声明任务的紧急性,沃尔夫只好决定于15日出动。

要在曼谷行动后仅仅10天就再次出动如此多的B-29,涉及到的首要问题就是卡拉格普尔和成都的后勤补给尚未补足。沃尔夫只好组织B-29机群不间断地在危险的驼峰航线上来回运输物资,同时减少前方基地的耗油量,所有人员加班加点为6月15日的袭击做准备。6月13日,共有92架B-29从孟加拉起飞向中国方向前进。最后有79架到达成都基地,分别驻扎在新津(第40轰炸大队)、广汉(第444轰炸大队)、邛崃(第462轰炸大队)和彭山(第468轰炸大队)。

沃尔夫以为行动的目标本是汉塞尔看好的伪满鞍山日本钢铁厂,但华盛顿声称,行动目标的选择将配合太平洋上攻占塞班岛的行动。所以,第一袭击目标选在了钢产量占全日本24%的九州八幡钢铁厂。第二袭击目标是日军出产炼焦煤、锰矿、磷酸盐等重要战略物资的连云港(LaoYao Harbor)。

综合气象等其他诸多因素,6月15日的袭击目标最终定在日本八幡。是日16点16分,来自印度的68架满载炸弹的B-29机群在成都基地加油后,依次间隔一分钟向日本方向出发,有一架在起飞时坠落,幸无人员伤亡。经过大约3200英里的飞行,最后有47架满载炸弹的B-29,于中国时间23点38分陆续到达日本南部的九州八幡帝国钢铁厂。这批飞机分别在8000—10000英尺和14000到18000英尺的高度范围内进行夜间轰炸。

不巧的是,此时八幡上空的烟雾挡住了袭击目标,仅有15架飞机能目

---

① 使用B-29的二十航空队有两个司令部:第20轰炸司令部和第21轰炸司令部;第20轰炸司令部指挥驻扎在中印地区的58轰炸联队,其又有分驻在新津、广汉、邛崃和彭山的第40、444、462、468轰炸大队;第21轰炸司令部指挥驻扎在马里亚纳群岛的第73、313、314、315轰炸大队。二十航空队下另有一支相对独立的509混合大队(Composite Group),原子弹后即由该队投放。陆军航空队与中国军队的对应情形大致为:航空队(军,air force),联队(师,wing),大队(团,group),中队(营,squadron)。

测轰炸,其余 32 架均靠雷达袭击,21 架炸错了目标,只有 1 架全部击中预定目标。完全没有防备的日军在第一架 B-29 到达的时候拉起了防空警报,用重型高射炮进行抵抗,造成 1 架飞机的损失。返航过程中,有 4 架 B-29 坠毁。此次行动总共损失 7 架飞机和 55 人,此 55 人的阵亡均非敌方袭击造成。

再看此时太平洋上的局势,1944 年 6 月 15 日这天正是尼米兹手下的美国第 2、第 4 海军陆战师(2nd Marine Division,4th Marine Division)的第 2、第 4 舰队在马里亚纳群岛北部大规模进攻塞班岛的开始日。[①] 也许是华盛顿"声东击西"的战略起了作用,日本帝国陆军的一些部队已从中国调往日本内线岛屿防线。据美军"尤尔特拉"情报称,日军在马里亚纳群岛的防御强度还不及帕劳群岛,仅占第二位,塞班岛浅滩地带的滩头防御尚未部署就绪。[②]

当美军突击编队在 6 月 15 日这天驶抵马里亚纳群岛海域时,日本海军联合舰队司令丰田才判明美军的战略意图,美军几乎没受到什么强烈抵抗就于该日早晨 8 时许成功登陆。此后不久的 7 月占领全塞班岛,8 月 1 日占领全马里亚纳群岛,取得了战役和战略上的胜利:突破了日本的内防御圈,使日本人感到前所未有的"危机"。[③] 日本本土八幡行动和太平洋上的登陆行动虽在两个相距甚远的不同空间发生,但却有着一个共同的战略目标。

由此可见,参谋长联席会议要求 58 轰炸联队最迟在 6 月 15 出动配合的"太平洋上的另外一个重要行动",正是这场具有重要战略意义的塞班岛登陆行动。B-29 对日本本土的轰炸混淆了日本人对美军战略意图的判断,致使日军减轻了马里亚纳群岛的防御力量,尼米兹部得以顺利登陆。故从美国的整体战略看,即便 B-29 在八幡的直接轰炸效果极差,马特霍恩计划的此次行动仍算取得了预期军事成效,略有失之东隅、收之桑榆之意。

根据十四航空队 18 日航拍侦查照片显示的情况,八幡钢铁厂如日本媒

---

① Edited By W. F. Craven and James Lea Cate , *The Army Air Forces in World War II* , Volume 5, *The Pacific*: *Matterhorn to Nagasaki* , University of Chicago Press, 1951, p. 3.

② [英]John Costello:《太平洋战争》(*The Pacific War* , Raw, Wade Publishers. New York 1981)中译本下册,东方出版社 1985 年版,第 143 页。

③ 黄玉章等:《第二次世界大战》,世界知识出版社 1984 年版,第 402—403 页。

体自我安慰的那样确实基本未受损失。B-29 出动的第二次轰炸因此可以说也是收效甚微,但美国和中国的报纸都将其视为巨大的胜利。因为它是自 1942 年杜利特尔后的首次对日本本土轰炸,两国民众为之受到极大的精神鼓舞。

当前线指挥官为不太显著的轰炸效果感到遗憾的时候,陆军航空司令阿诺德却感到前所未有的兴奋,并给予 6·15 之战高度评价。这位正热衷于将战略轰炸思想和全球战略付诸现实的"追梦人"不仅指出此役的战略轰炸效果:对敌方的社会抵抗心理造成巨大冲击,使得日本愈来愈感到战火就要蔓延整个日本岛;而且他还以美军陆军部的名义于 17 日发表声明:"这次空袭标志着全球性空战的开始",同时向外界宣布了此前一直处于保密状态的二十航空队这个陆军航空队新编制。声明展现了华盛顿以阿诺德为首的军政要人对美国陆军航空兵种未来全球性的战略范围和独特的指挥系统等方面的基本设想。[①]

汉口战役:火攻战术的成功演绎

还在马计划处于准备阶段的 1943 年 11 月 25 日,以江西遂川为基地的美陆军航空队就用 B-25 轰炸机袭击了位于台湾新竹的日军航空基地。此事对日大本营造成巨大冲击。大本营此时就开始担心美军将正在研制的B-29 轰炸机用于实战,从中国的基地出发袭击日本本土。

同时,由于航行在中国东海的日本船只受到与日俱增的袭击,日本本土与东南亚地区的联络就有被腰斩的危险。日参谋本部作战课课长服部卓四郎大佐因此认为,要想改变日军在太平洋上一再受挫而低落的士气,应该在中国战场有更加积极的作战态势,以便将从釜山经"满洲",纵贯中国大陆,再经由法属印度支那、泰国、马来西亚到新加坡的陆上通道连接起来。[②] 日本于是推出了打通中国南北大陆交通线的"一号作战"(Operation Ichigo)。

"一号作战"首先从抵抗力量相对较弱的华南、华东战场突破,"占领华东,和湘桂、平汉、粤汉各铁路",驰援日本侵入南洋的孤军。然后占领衡阳,

---

① 　Wilbur H. Morrison, *Birds from Hell: History of the B-29*, Hellgate Press, 2001.

② 　[日]藤原彰:《中国战线从军记》,四川人民出版社 2005 年版,第 76—77 页。

继取桂林，进夺南宁，以摧毁第十四航空队的机场。总共使用兵力28万。①
"一号作战"的进攻于1944年4月18日从河南发起。在日军进攻过程中，国民党军队除少数战役进行了较激烈的抵抗外，大多数是一触即溃，国民党军战场出现大溃败的局面。

到12月初，日军击溃了国民党部队五六十万人，夺取了平汉、粤汉、湘桂三条铁路干线，占领了洛阳、长沙、桂林和福州4个省会以及郑州、许昌、宝庆等146个大小城市，取得了衡阳、零陵、柳州、丹竹、南宁等7个空军基地和36个飞机场，从而打通了中国大陆的交通线。

令蒋介石以及备受蒋信任的陈纳德等人深感不满的是，"一号作战"期间，满载炸弹的B-29每每途经华东、华北日占区，竟然无动于衷，没有投下一枚炸弹便径自飞离沸腾的中国战场，直奔远处的日本九州。蒋介石、陈纳德对中国战场上的颓败之势深感忧虑，强烈要求史迪威及其后的魏德迈与华盛顿，将正在中国对付日本本土的B-29用于挽回中国战场的败退大潮。

当日军1944年4月18日在河南发动最初的进攻时，陈纳德就于次日致电罗斯福：

　　……此间最主要的问题，乃春末夏初，日军极有可能发动两大攻势，此等攻势之准备进展甚快。例如军队与装备集结长江之运动，从未有如此者。由于日军资源有限，此一集结，显系战略目标，我个人相信，发动进攻，乃属必然，而且势必严重。

　　日军第一阶段是从汉口往北，黄河据点往南实行两面夹击，以占取平汉全线。此举在于为通往长江上游之据点，获取另一条交通线，而抵消长江运输受第十四航空队轰炸的威胁。一旦日军取得平汉路所通过的河南平原，则对四川平原的成都、重庆都造成直接的威胁。

　　日军第二个攻势将为保卫性质。以岳州、南昌为基地，占取长沙，其目的在于占领富庶的湖南。长沙是一个关键点，一旦敌人占领长沙，则可继续经由粤汉路，或衡阳、零陵、桂林、柳州顺利南进，而这些都是

①　郭荣赵编译：《蒋委员长与罗斯福总统战时通讯》，（台北）中国研究中心1978年版，第213页。

我们的前进基地所在……①

历史证明陈纳德对日军意图的预测是准确的,但他对华盛顿此时在华战略意图却没有准确地把握,不理解为什么马歇尔、阿诺德等人为何置中国明显的危急状况于不顾。见陈纳德劝说无效,蒋介石亲于次月31日致函罗斯福,建议美国采取以下措施:

一、加强美国第十四航空队。除少数绝对之需要者外,印度与昆明之间空运吨位应以运送十四航空队所需汽油、备件为主,陆军航空队必须将驼峰运量增至每月10000吨;

二、……立即将储存在成都供B-29使用的汽油、备件以及飞机,转交第十四航空队。所有美国航空队都应集中在平汉铁路作战;

三、如有可能还请加强中国空军;

四、加强地面部队。请求给予8000具火箭发射器,每具附以100枚火箭,并盼迅速拨交,俾使各战区国军之火力得以有效加强。②

蒋介石提出的这些要求充满着对B-29航空队的不解与对华盛顿的不满,此种情绪和陈纳德在该年1月26日写给罗斯福那封著名的信件中所提的要求有异曲同工之效。陈纳德在此信中直接建言罗斯福:

a. 充分认识到日本的这种沿北平—汉口沿线的进攻是一种有明确战略意图的行动;

b. 加强对十四航空队的供给;

c. 将马特霍恩计划归并到十四航空队;

d. 加强对中国的物资运输,尤其运输设备;

e. 与蒋委员长协商在扬子江上游进行地空袭击。

---

① 陈纳德1944年4月19日致罗斯福电,Box 3,War Dept,Chennault,PSF(The President's Secretary's File),1933—1945,Franklin D. Roosevelt Presidential Library & Museum.

② Romanus and Sunderland,*Stilwell's Command Problems*,Office of the Chief of Military History Department of Army,1956,p. 366.

　　蒋、陈二人写给罗斯福的信件，都表现出了对成都 B-29 航空队的觊觎。在应对日军"一号作战"的名义下，一个要求将 B-29 的物资转给十四航空队，一个干脆要求"将马特霍恩计划归并到十四航空队"，由其亲自指挥，以便将 B-29 这样最新威力武器用在两人认为最危急的地方。所以他们还要求管理驼峰物资的史迪威增加对其航空队的供应，以支持十四航空队发动反击"一号作战"的空中进攻，并要刚到中国战场的 B-29 航空队发动对汉口的攻击，"甚至把它当作超级空中堡垒的第一任务"，"虽然它们的预订工作是从中国西南部的前进根据地开始长距离轰炸"。[①] 对陈纳德，史迪威除了强调对方保卫成都 B-29 基地的重要性外，还说自己并无权决策实施陈纳德的建议。而对蒋介石，史迪威则不无讥讽地说"国军可自行从'飞越驼峰'补给物资中得到汽油"。[②]

　　随着日军南下推进直抵贵州，不远处的成都、重庆都受到威胁，史迪威还向华府提请使用 B-29 轰炸日军的供给中心汉口和扬子江江面的日军船只。陆军航空首脑阿诺德并没有理会陈纳德、史迪威提出的请求，因为照首脑们的预设，二十航空队并非属于某一个战区，战区长官自然也无权调动这支部队，而且这支部队只能执行战略性而非局部战术性的任务。向战区司令和华盛顿请求无效后，陈纳德干脆直接与二十航空队的沃尔夫沟通，请求他们出动 100 架 B-29 袭击汉口日军港口设备。

　　1944 年 10 月 31 日，"史迪威事件"之后，接替史迪威的魏德迈上任伊始就与接替二十航空队指挥职务的李梅将军讨论利用 B-29 轰炸汉口事宜，并告诉李梅，据其可靠情报，日军正在调集兵力准备进攻中国西部。届时重庆、成都的 B-29 基地都将受到严重威胁。李梅清楚，中国战区指挥官的这项提议与华盛顿的精神相悖，但魏德迈后来直接求助于参谋长联席会议。在魏德迈不懈的努力下，参谋长联席会议对陈纳德的这项提议作出了"姿态

---

　　① ［美］陈纳德：《论美国的对华政策》，申报馆 1948 年版，第 33 页。陈纳德对 B-29 航空队的看法和不解可参看 1944 年 1 月 26 日陈纳德致罗斯福函（Chennault－－＞FDR－1/26/44，Franklin D. Roosevelt Presidential Library and Digital Archives，Safe Files，Box 1，Army Air Forces Index，原文见附录 2"1944 年 1 月 26 日陈纳德写给罗斯福的信"）。罗斯福对 B-29 航空队的态度则参见罗斯福 1944 年 3 月 15 日给陈纳德的回复（FDR－－＞Chennault－3/15/44，Franklin D. Roosevelt Presidential Library and Digital Archives，Safe Files，Box 1，Army Air Forces Index，原文件附录 3"1944 年 3 月 15 日罗斯福给陈纳德的信件"）。

　　② 《1944 年 6 月 22 日下午蒋介石等人与罗斯福总统会谈内容摘要》，郭荣赵编译：《蒋委员长与罗斯福总统战时通讯》，（台北）中国研究中心 1978 年版，第 230 页。

性"(a gesture to Chennault)①的回应,于 12 月批准了这项战略航空部队与其他航空部队合作的战术性联合轰炸计划。经与魏德迈协商,定于 12 月 18 日出击汉口。

12 月 18 日清晨,94 架 B-29 从成都出发,在第十四航空队战斗机和 B-24 轰炸机的配合之下,从容地实施了轰炸汉口的战术性任务。是役,李梅采取了陈纳德相当看好的火攻战术——和 6 月 5 日的曼谷轰炸一样,大规模使用燃烧弹而非炸弹,对付汉口木质结构为主的城市建筑。84 架 B-29 投燃烧弹 511 吨。45 分钟之后,十四航空队 33 架 B-24 轰炸机和 149 架战斗机跟进袭击,汉口三英里长的长江码头陷入火海,三天三夜的大火烧毁了日军使用的码头、燃料仓库,摧毁了日军为 1945 年准备的大量空军器材和华南日军之冬季服装等战略物资,②使日本空军难以为继。

有观点认为汉口一役使中国战场溃败的局势"很快发生根本性扭转"。③ 此种观点潜在的认识前提是,如果没有汉口一役,日军"一号作战"造成的中国战场溃败之势将进一步恶化,以至于出现日军占领整个中国的后果。汉口行动对日军造成了巨大损失,但是否具有决定性的作用呢? 日军"一号作战"又是否会像陈纳德所担忧的那样,会让日本人夺得中国吗?

事实上,日军虽占领了地面重要的交通线,但没有取得中国战场的制空权。1943 年下半年就夺回制空权的中美防空部队可以随时发动对这些交通线的袭击,日军手中的陆上交通根本无法运行。再加上水路被美国海军封锁,东南亚的石油、橡胶等战争物资无法送达战场,日军占领铁路运输线其实没有太大的实际意义。同样,由于没有掌握制空权,日军占领的华东航空基地也没有充分发挥效用。日军发动"一号作战"拼命打通的大陆交通线、航空基地不仅没有发挥实质作用,而且还要耗费军力艰难维持。对此得不偿失的"战果",更兼太平洋战局的逐渐失利,连日军也感到困惑:在中国大陆进行大规模作战适宜吗? 日军只好三番五次调整作战目标,最后仅确立了消灭美军航空基地这一目标。④ 这实际上表明连日军自己也承认"一

---

① Edited By W. F. Craven and James Lea Cate,*The Army Air Forces in World War II*,Volume 5,*The Pacific*:*Matterhorn to Nagasaki*,Foreword,University of Chicago Press,1951,xxvii.

② 《驻华美军全部出动　联合予敌空前打击》,《党军日报》1944 年 12 月 20 日,第二版。

③ 王春祺:《血战中国天空——二战时期美国援华空军的战斗》,《环球飞行》2005 年第 9 期,第 86－87 页。

④ 〔日〕藤原彰:《中国战线从军记》,四川人民出版社 2005 年版,第 77－78 页。

号作战"并没有造成被中共和美国左派们所指责的中国的"失败"。而对这些被占的美军航空基地,如前所述,美军其实在选址成都作为 B-29 基地的时候就已预料到这一步。也就是说,那些被占的美军航空基地并没有包含在其防守底线之内。

当然,"一号作战"的"胜利"对日军还是有用的,那就是延迟了 B-29 从中国出发对日本本土进行大范围轰炸。因为日军占领华东、华南的航空基地后,美国只能将 B-29 基地选址在离日本本土更远的川西坝上,B-29 也就只能轰炸到日本南部,而不能将整个日本本土纳入 B-29 攻击范围。可就这惟一的"战果",也随着 1944 年 11 月 B-29 开始从太平洋上的马里亚纳群岛出发袭击日本全岛而消失殆尽了。日军在中国大陆的苟延维持无法挽回即便局部战略的被动趋势,仅从中国战场看,日军在中国进一步占领地盘无异于作茧自缚、饮鸩止渴,"一号作战"使之陷入更加被动的防守地位,"一号作战"也就成了日军在中国大陆取得的最后一次没有战略意义的"重大胜利"。

再从美方对日战略的全局来看,蒋介石、陈纳德所担心的 1944 年中国战场国军的溃败,只是一种暂时而局部的现象。真正使日军处于这种被动态势的决定性前提在于,盟军在整个太平洋战场、日本本土战略上的节节推进。也正是由于有这种总体战略上的主动,华盛顿才敢在 1944 年 4 月到 12 月如此之长的时期内置中国的危险势态于"坐视不救"。① 因为从盟国对日全盘战略来说,中国只要能维持抵抗状态不被日军全部占据,便达到了预期目标。对日的最后决战地——中太平洋地区此时已回到美军手中,盟军有把握从此发动对日决定性的攻击。而 6 月,正是美军集中力量攻取马里亚纳群岛的重要阶段,腾不出手来对付在中国战场作殊死挣扎的日军。等到 12 月份,太平洋局势基本稳定后,才让 B-29 战略航空队来解决中国战场一时猖獗的日军,也才有了汉口一役。故日军发动的所谓"一号作战",尽管对中国的士气有较大影响,但却无碍对日作战大局。从此意义上说,汉口之战也就算不上什么扭转局面的重要战役了,而陈纳德所说不可避免的"1944 年中国东部的悲剧",② 既不是中国的"悲剧",更不是美国的"悲剧",而只是蒋介石政权的悲剧。

真正令蒋介石感到惶恐并急切希望 B-29 援助的,并不是抗日战线的崩

---

① 《华东危机与美军坐视不救》,郭荣赵编译:《蒋委员长与罗斯福总统战时通讯》,(台北)中国研究中心 1978 年版,第 213 页。

② [美]陈纳德:《论美国的对华政策》,申报馆 1948 年版,第 35 页。

溃,而是"一号作战"期间,一面是国民党的溃败和腐败大曝光,另一面却是中共的迅速壮大和政治威望的提升。就在近 30 万日军南下发动豫湘桂战役期间,中共带领八路军、新四军乘虚在华东一系列地区陆续发动局部反攻,取得在这些地区的主动权。中共势力范围由此得到空前的扩展,为战后与蒋介石的较量奠下了根本的基础。

在晋察冀解放区,从 1 月到 10 月,中共发动了一系列的攻势,深入昌黎、博野等 24 县,两度攻入石家庄、保定、高阳甚至热河等主要城市。在晋冀鲁豫解放区,共产党带领的八路军部队先后攻入 19 个县城。四五月间,八路军组织豫西支队,从山西南部渡过黄河,建立了豫西解放区和 16 个县政府。在华中,新四军在 1944 年也广泛出击,积极反攻,将苏北、苏中根据地连成一片,为以后的大反攻创造了有利的条件。[①]被日军击溃本已是灾难,再加上中共在此期间势力的不断扩展,蒋介石政府雪上加霜。

此次以抵御日军"一号作战"为目的的汉口空战,被李梅看作仅为实现战术目的的一次行动。但对二十航空队而言,倒有一种别样的收获:是役证明,较之于炸弹,仅用燃烧弹的火攻轰炸是对付木制建筑更为有效且降低成本的作战方式。这一火攻方式后来被用到对日本大片区木结构房屋的无差别轰炸当中。1945 年 3 月 9 日对东京的袭击就是这样,燃烧弹使这个城市很快化作了一片废墟,再次证明火攻袭击确为对日进行无差别战略轰炸的一种有效方式。

执行马特霍恩计划的 B-29 这一当时最为先进的轰炸机,从中国成都出发发动的对日轰炸一直持续到 1945 年 3 月。此后,第 58 轰炸联队从成都撤回到印度基地,2 月又出现在马里亚纳群岛美军新建的 B-29 基地上,从而结束了持续半年多的马特霍恩计划。

第三节　马计划的战术分析

B-29 行动的目标选择

目标选择之所以成为军事行动的重要环节,在于它能够在既有的军事

---

① 参阅《中国共产党历史大事记（1919.5－2005.12）》1944 年的相关内容,中共党史出版社 2006 年版。

装备条件下充分发挥行动的效用。尤其对航空战略轰炸来说,科学地布局、选择轰炸目标可以说与战争全局有重大关联。

20 世纪初,美国已开始将军事目标选择作为一项重要的军事理论进行专门的研究。经过二战,尤其是 B-29 战略轰炸过程,其理论和实践都得到了巨大的提升。在实战中曾经实践过的目标选择方法、程序、模式经过反复总结后,被写入相关的法规文件,并由此逐渐形成了美国军事学中重要的一门学科——军事目标学理论。现代美军的轰炸目标选择一般经过目标研究、目标确认、目标提名、制定联合一体化目标打击清单、目标分配等程序。①

马特霍恩计划是美军历史上空间跨度最大的轰炸行动,需要在全军各军种、兵种间做全面的统筹协调,马计划的目标选择流程就成为美军现代目标选择流程的雏形。我们不妨从 B-29 在华期间的所有轰炸目标及袭击频次来观察其目标选择的思路或方向。

马特霍恩计划历次任务概况表

日　期	目标所在地
1944 年 6 月 5 日	泰国曼谷
6 月 15 日	日本九州八幡
6 月 29 日	中国辽宁鞍山、大连
7 月 7 日	日本海军基地佐世保、长崎、八幡
7 月 9 日	中国辽宁鞍山
7 月 29 日	鞍山、天津塘沽及郑州(迫降苏联,被扣)
8 月 10—11 日	长崎、印尼苏门答腊岛巨港
8 月 11 日	日本九州长崎
8 月 21 日	日本九州八幡
9 月 8 日	中国鞍山
9 月 26 日	中国鞍山、大连
10 月 14 日、16 日	中国台湾高雄、台北,日本本州冈山
10 月 25 日	日本长崎大村
11 月 3 日	泰国曼谷、缅甸马拉贡
11 月 5 日	新加坡
11 月 11 日	日本长崎、南京、上海等地(迫降苏联,被扣)

---

① 隋鑫:《美军目标选择程序和方法的研究》,《科技创新导报》2009 年第 18 期,第 239 页。

（续）

日　期	目标所在地
11 月 21 日	日本长崎（迫降苏联，被扣）
11 月 27 日	泰国曼谷
12 月 7 日	中国沈阳
12 月 14 日	泰国曼谷
12 月 18 日	中国汉口、日本长崎大村
12 月 19 日	中国南京、上海
12 月 21 日	中国沈阳、大连
1945 年 1 月 2 日、25 日、2 月 1 日	新加坡、泰国曼谷
1 月 6 日	日本长崎
1 月 9 日、14 日、17 日	中国台湾
1 月 25 日	越南西贡
2 月 7 日	缅甸仰光
2 月 11 日	泰国曼谷
2 月 19 日	马来西亚吉隆坡
2 月 24 日、3 月 2 日、12 日	新加坡
2 月 28 日	中国上海、马来西亚柔佛州
3 月 17 日、22 日	缅甸仰光
3 月 28—29 日	中国上海、越南西贡、新加坡

资料来源：美国国家档案馆（National Archives，Maryland），*20th Air Force Mission Reports*，Air AG Bulky Files，319.1；以及《大公报》1944 年 6 月 16 日—12 月 21 日相关报道；*U. S. Army Air Forces in World War II*，*Combat Chronology*，*1941—1945*，Compiled by Kit C. Carter & Robert Mueller，Center for Air Force History，Washington，D. C.，1991；美国航空史网站 http://www.historynet.com/ahi/bloperationmatterhorn/index2.html，2009 年 5 月 12 日。

马特霍恩计划轰炸目标及出击频次概况

目标名称	目标性质	袭击次数
日本长崎	海军飞机制造厂	8
泰国曼谷	铁路维修厂、铁路编组站	6
辽宁鞍山	钢铁厂	5

（续）

目标名称	目标性质	袭击次数
新加坡	海军基地、船舶维修厂、布雷区	4
上海	日战区军工厂等	4
日本八幡	日本最大的钢铁中心	3
台湾	冈山机场	2
沈阳	奉天站、奉天造兵所、关东军野战兵器厂	2
缅甸仰光	日战区（配合英军行动）	2
大连	造船厂、军港、煤铁基地	2
南京	码头、装卸设施、舰船	2
越南西贡、金兰湾	海域航空布雷	2
天津塘沽	造船厂	1
汉口	汉口机场	1
日本佐世保	军港	1

在美国的战略轰炸者看来，轰炸目标的选取并不是说在投弹途中随意地在投弹手视线内选择一个目标，或者是国内一些好心、积极的外行们想当然地提出的目标，而应该是经过科学研究找到的具有重大轰炸价值，且也有能力实施轰炸的目标。① 战略轰炸部队会在全局轰炸策略中对这些目标进行规划、用相关的系统来证明对哪个目标的破坏最能打击敌人的战争势头，这是美国全球空战中相当精确和复杂的决策过程。

华盛顿的相关机构在马计划实施期间不停地收集、整理着日本和亚洲的重要轰炸目标。不管谁提出的轰炸目标，要想列入 B-29 战略轰炸范围，都必须进入相当客观的论证程序。比如陈纳德不停建议的上海电厂，二十航空队就像对待其他目标一样把它纳入范围，评估对其轰炸能给敌人造成的影响，经客观权衡后才行动。

如果美军要轰炸一些重要的目标，决策者们会与厂里的工程师共同讨

---

① 关于轰炸目标的选择理论可以参见陆军航空司令阿诺德的自传《全球使命》（*Global Mission*）第 19 章。阿诺德作为美国全球轰炸战略的先驱，对战略轰炸有一整套完备的设想。

论,并设法获得轰炸目标相当精确的数据。这样一来,即便没有经验的投弹手在看到敌人工厂后,也能向他的指挥官和机组简要报告目标的最脆弱的轰炸点位置,就好像投弹手曾经在工厂里转过一样,能精确地找到目标最脆弱的地方。[①]

　　一般来说,轰炸目标的最终选定需要经过目标搜集、统筹分析、目标定位、审查、效果预估、效果评估、经验反馈等环节。为有效降低对方的战斗能力,会将对方维持战争的生产、运行、维修、基本生存设施作为轰炸对象。从《马特霍恩计划历次任务概况表》可以看到,B-29 在华期间主要以日本钢铁厂、飞机厂、炼油厂、油库、城市工业园区、铁路枢纽、货运站,以及日军在泰国、朝鲜、中国东北占领的港口码头等为袭击目标。

　　马计划的第一次行动目标选择日军在缅北作战的重要环节——泰国曼谷玛卡森的铁路修理厂。选址玛卡森的一个重要原因在于,B-29 可以直接从印度卡拉格普尔出发,无需为从成都出发做多次航空用油的运输准备,从而快速形成对日打击力量,而且仅仅飞行 2000 英里就可以进行一次抵抗不太激烈的实战飞行演习。泰国另外一个地方马拉甘之所以成为袭击目标,是因为这里的铁路编组是仰光的交通枢纽,对其轰炸将有助于扰乱日占区物资、兵力等方面的交通运输。[②]

　　从目标袭击的频率看,对日本本土轰炸频率最高的是长崎。长崎不仅是 B-29 在华期间轰炸频率最高的目标,而且还是核武器最终的袭击目标。为什么将长崎作为常规和核攻击的目标? 为达到从根本上摧毁敌方战斗力的战略目的,城市规模、制造业或工业价值成为了美国进行战略目标选择的重要指标。长崎 19.7 万人的人口规模尽管比广岛(21.8 万)小,但比起其他很多未被大规模破坏的日本城市来说已经是不小的了。更重要的是,长崎是日本的工业中心,对日本制造业具有相当重要的意义。

　　B-29 轰炸目标的选择随着原子弹的最终成功而显得更为严谨而切合实际。每次轰炸目标的选择,首先是由航空首脑根据平时的侦查资料来初步提供选择范围,最终目标的确定其实既不是总统,也不是陆军部长史汀生或航空司令阿诺德,而是由前线飞行员决定,其关键因素就是气候条件。

---

　　① H. H. Arnold,*Global Mission*,Harper & Row Publishers,New York,1949,p. 334.

　　② H. H. Arnold ,*Global Mission*, Harper & Row Publishers, New York, 1949,p. 503.

以 B-29 投放原子弹的行动为例,阿诺德之所以向史汀生推荐包括京都(Kyoto)在内的几个城市作为核武器的袭击目标,主要是考虑到这几个城市在 B-29 的定期作战行动中没有受到太大破坏,便于观测原子弹的威力。阿诺德认为京都有 75.3 万人的城市规模,且是重要的制造中心,应该是一个标准的袭击目标。但是史汀生提醒说京都是一个文化名城,有着显著的宗教意义,不能成为原子弹轰炸的目标。史汀生部长将京都从阿诺德提供的目标列表上剔除了。①

通过对上述指标的权衡,航空军最终挑选了四个城市作为原子弹轰炸的初始目标:广岛、新潟(Niigata)、长崎、小仓(Kokura)这四个工业中心。其中小仓处在连接本州岛和九州岛地下隧道的南端,阿诺德等军事首脑非常急于知道原子弹爆炸会对地下隧道产生怎样的影响:是否会让隧道内积满水,隧道会怎样开裂以及其程度如何,还有爆炸通过地下隧道是否会给北部的出口造成影响。②

1945 年 7 月 25 日,执行原子弹投放任务的斯帕兹将军收到目标城市的指令。但这只是一个目标范围,原子弹最终在哪个城市投放,既不是由总统最终决定,也不是由航空司令阿诺德决定,他们只是给出大的方向范围,具体地点将由斯帕兹根据当时的气候、战略环境,还有其他任何可能影响此次行动的因素来决定。

B-29 轰炸对日军的经济、军事和士气究竟产生何种程度的影响,美军委托了第三方在事后进行准确客观的分析。1944 年年末的时候,陆军航空队选择了保诚保险集团(Prudential Life Insurance Company)的主席富兰克林·欧尼尔(Franklin D'Olier)作为轰炸效果的分析人。在陆军航空司令阿诺德看来,此人在工作中所体现的非凡品质是能完全客观公正地作出自己的评判,这正是进行轰炸效果评估工作所需要的。

为了保证委员会对二十航空队、英国皇家空军,以及第八航空队和第十五航空队的轰炸成效进行客观充分的调查评估,经总统、陆军部长的授权,成立了一个专门机构在全球范围内就战略性轰炸进行调查。该组织在欧尼尔主席的带领下跟随军方在欧洲战场和太平洋战场一起行动同时展开调

---

① H. H. Arnold , *Global Mission* , Harper & Row Publishers , New York , 1949 , p. 492.

② H. H. Arnold , *Global Mission* , Harper & Row Publishers , New York , 1949 , p. 493.

查,记录了很多真实重要的战争场景。1945 年 9 月,该组织提交了著名的《美国战略轰炸调查报告》(U. S. Strategic Bombing Survey)。[1] 报告对二战时期美国历次战略轰炸进行了完整的分析,为后来的朝鲜战争、越南战争、海湾战争等行动积累了充分的战略轰炸经验。

　　作为世界上首次、也是惟一将原子弹用于实战的国家来说,美国军方特别关注轰炸效果,派出专门组织测量评估原子弹爆炸的破坏力,为核技术的发展取得了一手的研究与实战资料。

从"昼间高空精确轰炸"到原子弹投放

　　从成都到马里亚纳,B-29 的战地行动一直采取着两种看似有些脱离现实的轰炸技术,这就是"夜间饱和轰炸"(night saturation attacks)和"昼间高空精确轰炸"(daylight,high-altitude,precision attacks)。[2] 这两种看似矛盾的轰炸技术分别被英国皇家空军和美国陆军航空队所倚重。事实上,由于美英战略思想的不同,两种技术的冲突从欧洲战场的 B-17 就开始了,这种争议一直延续到中缅印及太平洋战区的 B-29 轰炸机上。

　　对于大规模轰炸(wholesale bombing)和精确轰炸这两种战术,英国和美国认识上最大的不同在于,英国无论前线战士还是高层指挥官甚至丘吉尔本人,都钟情于大规模的狂轰滥炸。而在美国,高层和前线飞行员对这两种战术的态度是完全不同的。美国的前线战士和英国皇家空军一样,因前线的操作条件所限而同样倚重俯冲低空轰炸;但在美国的高层指挥体系中,阿诺德力排众议坚持进行高空精确轰炸,而且得到马歇尔和罗斯福的有力支持。

　　英国皇家空军主张的"夜间低空轰炸"最初主要目的是通过采取对大都市的无差别轰炸,达到打击敌国国民士气的目的——这种主张主要来自英

---

　　① 据《美国国家档案馆联邦记录指南》(Robert B. Matchette ,*Guide to Federal Records in the National Archives of the United States*,Natl Archives & Record Service,1996)记载,1944 年 4 月 21 日阿诺德致信斯帕兹授权开始启动《美国战略轰炸调查报告》,6 月 6 日联合参谋部正式批准同意实施该调查。驻扎在伦敦的调查小组,被罗斯福总统定名为"美国轰炸研究团"(United States Bombing Research Mission,1944.06-1947.10.08)。该团设情报科(the Intelligence Branch)、舆情室(the Morale Division)、物理损毁室(the Physical Damage Division)等机构,对欧洲战场和太平洋战场的战略轰炸进行跟踪分析研究。

　　② Haulman,Daniel L. ,*Precision Aerial Bombardment of Strategic Targets*：*Its Rise*,*Fall*,*and Resurrection*,Air Power History,Vol. 55,No. 4,2008.

国空军在欧洲的经验。1941年,一个曾经24次飞临德国领空的英国飞行员就抱怨,说在B-17上即便使用了美国人提供的斯佩里瞄准器也不可能进行轰炸,因为德国的防空机枪火力、战斗机攻击都很猛烈。到达德国上空的轰炸机只能不断地躲避袭击,无法保持至少20秒的水平直线飞行以让投弹手精确瞄准。①

对此困境,英国人的主张是改为夜间轰炸,以避免敌人的高射炮和战斗机,而美国的主张则是提高飞行高度,并使用瞄准器进行精确定点轰炸——这正是美国战略轰炸思想的主要特征:重视并信赖轰炸机的性能和精准轰炸,从敌机和高射炮无法达到的高度,在敌国的要害地带重点精准而有效地实施轰炸。

美国陆军航空队从效率的角度,对比了欧洲战场上英军的夜间低空轰炸和美军的高空精确轰炸,结果发现皇家空军的夜间低空轰炸效果仅从外观来看也只是差强人意。而高空精确轰炸虽不会有立竿见影的效果,但从长远看具有非常高的价值。比如在欧战结束后,不少美军实施精确轰炸的地方并没有对当地造成毁灭性的打击,而仅仅是对一些战略目标产生较大打击,即间接但有效地摧毁了敌方的战斗力和潜在威胁。在阿诺德心目中,美军在意大利博洛尼亚(Bologna)的轰炸行动可谓这样的典范。因为战后大家都可以看到,这个城市几乎所有铁路、桥梁、机场和军火库都被完全摧毁了,但整个城市的建筑看上去并没有受到多大的打击。在阿诺德看来,美军干得尤其漂亮的是,这座城市拥有的世界上历史最悠久的现代大学、西方四大文化中心之首博洛尼亚大学,在袭击过程中只是稍稍受损,稍加休整就可恢复。②

阿诺德为什么如此有底气在欧洲战场、中缅印战场和太平洋战场都能开展高空精确轰炸? 这一方面得益于相关科学技术的发展,另一方面则是因为航空首领们的战略远见。一战前,美国就出现了飞机投弹器,经过战争的洗礼,投弹器逐渐演化为成熟的轰炸瞄准器。还在1911年,一名美国退役军官雷利·斯科特(Riley E. Scott)就发明了一种可以携带两枚炸弹的"投弹器"。这个装置有一个望远镜,它能测出飞机的速度;"投弹器"还有一

---

①　H. H. Arnold,*Global Mission*,Harper & Row Publishers,New York,1949,p. 225.

②　H. H. Arnold,*Global Mission*,Harper & Row Publishers,New York,1949,p. 554.

个数据箱,则可以给出飞机要袭击目标的适当速度和高度。有了这样的装置,飞机就可以在 400 英尺的高度投下一枚普通的 3 英寸带鳍炸弹。这种投弹方式比起直接向飞机外扔炸弹要更精确得多,更重要的是,这一技术由此开启了美国轰炸瞄准器的先河。

当然,这一革命并不顺利。因为投弹器在美国仅被像阿诺德这样具有航空远见的少数人看好,可惜这时候的阿诺德还只是一名陆军士兵。陆军部暂时没有意识到这一发明的革命性意义,反倒是在一战期间被德国采纳并用来对抗美军,而且发挥了不小的作用。

随着一战结束和技术的发展,二战中的美国陆军才逐渐意识到瞄准器的价值和意义,开始同斯佩里公司(Sperry Company)进行技术合作,在非加压的 B-17 和 B-24 装配人工操作的球形炮塔,并投入欧洲战场。

斯佩里公司一位生产陀螺水平仪的技术员卡尔·诺顿(Carl Norden)在斯佩里瞄准器的基础上进行了改进,推出了自己的品牌,即赫赫有名的诺顿瞄准器(Norden bombsight),陆军航空队将它用在 B-29 上,可谓如虎添翼。①

高空飞行技术最初是为了躲避地面防空火力,付出的代价是投弹精度降低,瞄准技术的出现和实用化则让阿诺德等人苦苦追求的高空精确轰炸成为可能。一定程度上说,正是高空密封加压、轰炸瞄准这两项关键技术的发展成就了二战中美国的全球战略轰炸主张。

当然,高空精确轰炸技术之所以能够抵御低空轰炸的"诱惑",在不能立刻见效的情况下得到罗斯福等人的认可,而让阿诺德进行几近疯狂的战地实验,有一个最根本的原因在于,B-29 将作为原子弹投放武器,必将进行远程高空精确投放训练。

西拉德(Leo Szilard)、爱因斯坦、阿诺德等科学家和军方人物,很早就开始筹划原子弹投放问题。② 作为原子弹既定的投放武器,B-29 下线后即刻投入马特霍恩计划,并获得大量宝贵的一手实验数据和经验。在此基础上,陆军航空队同时还组建了专门投放原子弹的第 20 轰炸司令部第 509 混

---

① Sherman,D. *The Secret Weapon*,*Air & Space*,March 1995,pp. 78-87.

② 1939 年 10 月 2 日爱因斯坦致罗斯福总统信件(*Albert Einstein's Letters to President Franklin Delano Roosevelt*,*2*,*Oct 1939*,Franklin D. Roosevelt Presidential Library and Digital Archives,Safe Files,Box 5,Sachs, Alexander Index)。

合大队。这支轰炸队是由 1944 年 9 月调往太平洋的 504 大队分离出的 393 重型轰炸机中队改编组成。509 混合大队拥有 15 架 B-29 轰炸机和 5 架 C-54 运输机,其运输、维修、后勤、通讯和训练,几乎完全不与其他部队发生关系,处于封闭、独立、保密状态。

阿诺德指派保罗·提贝茨为 509 混合大队指挥,该队在李梅的 20 轰炸司令部名下进行相对独立的高空精确轰炸技术专门训练。提贝茨在北非战场和欧洲战场的第 97 轰炸大队任过作战参谋,回美国后一直从事 B-29 的检验和制定 B-29 使用说明的工作,具有多年的军事飞行经验。

509 混合大队成立之初,训练基地选在美国国内犹他州温多弗机场,基地地处沙漠腹地,几乎与世隔绝。509 混合大队到达马里亚纳群岛后,与提尼安岛基地的其他 B-29 型轰炸机一样,参加对日本各城市的空袭。所不同的只是,他们每次只携带一颗炸弹,每次投弹都要求保持一定高度;与以前的训练课目一样,要求弹着点准确,并在肉眼视力范围内爆炸。经过自欧洲战场以来的实战训练,他们的这种高空轰炸技术已大为提高,并且熟练掌握了复杂气象条件下的飞行技术。在 9650 米的高度目视瞄准,投下 4500 千克的模拟炸弹,之后立即以 160 度的幅度转向,迅速脱离现场。

马里亚纳群岛上的第 21 轰炸机司令部以昼间高空精确轰炸为主,辅以中空昼夜轰炸日本城市工业设施。截止到 1945 年 3 月 9 日,美军从马里亚纳群岛共起飞了 48 批次轰炸机,其中有 16 次是昼间高空精确轰炸。

509 混合大队在原子弹到达之前反复演练这个看似简单而单调的动作:在近 1 万米的高空目视瞄准下精确(精度 100 米)投下 4500 公斤的模拟弹后,大角度转弯脱离袭击目标。509 混合大队每天进行着如此"务虚"的任务,却享受着超高的优先权待遇,队员们隐约感觉到这一切训练就是为着一个重要而神秘的目标。直至原子弹最后到达岛上后,队员们才完全意识到长久以来进行昼间高空精确轰炸训练的用意,以及核轰炸的独特投弹方式。

"夜间低空饱和轰炸"与"昼间高空精确轰炸"的冲突

高空精确轰炸尽管有诸多优越的潜力和重要的战略用意,但并不是所有场合都适合,尤其在马特霍恩计划期间,二十航空队似乎一直徘徊于两种战术之间,但经过理论和实践两方面积极艰苦的摸索,美军很熟练地同时运用起两种轰炸战术。

B-29 的每一次轰炸行动,究竟是采取夜间低空饱和轰炸,还是昼间高空精确轰炸,主要取决于目的地其时的气象条件。[1] 马计划的第一次和第二次行动就是这种轰炸战术选择的典型。

1944 年 6 月 15 日是 B-29 从中国出发对日本本土进行轰炸的第一次行动,如前所说,这天正是太平洋尼米兹部在马里亚纳群岛北部大规模进攻塞班岛的开始日。行动日期已经确定,阿诺德尽管很想采取高空精确轰炸战术,但究竟采取哪种战术,事实上只能仰赖于当天的天气情况。从这天的出行和到达目的地的时间看,应该是气象上预报到了八幡的天气不适合高空精确轰炸,所以改成了夜间低空轰炸。而且后来的情况也确实如此,八幡上空的云雾遮挡了预定目标,仅有 15 架飞能机勉强进行目测轰炸,其余 32 架是靠雷达投弹,全部飞机中仅有 1 架全部命中预定目标。日军的重型高射炮还造成 1 架飞机的损失。

不过在行动之前,B-29 究竟采取何种战术,决策者们经历了一个反复的论证过程。在 1944 年 5 月泰国的首次行动中,考虑到 B-29 发动机高温起火的致命缺陷,以及高空编队飞行、集结、瞄准或雷达射击轰炸的难度,二十航空队首领沃尔夫将军本打算在温度较低的夜间进行难度较低的单机轰炸行动,但陆军航空司令阿诺德坚持应该进行昼间精确(daylight precision)轰炸,以便在实战中检验、实现他长久以来的战略设想。二十航空队为此花费了大量的时间来筹备后勤物资。

最终的实际情况是,曼谷当时的气候条件不适合进行高空精确轰炸:轰炸编队在浓厚的云层中无法保持"钻石"队形,只得在 1500 米的高度单机飞行,到目标上空时,77 架飞机尽管都拉升到了 5000 米到 8000 多米的高度,基本不会受到日军地面抵抗力量的影响,但碍于云层阻隔,48 架 B-29 无法使用诺顿瞄准器,只能靠雷达投弹,也就是说超过 60% 的飞机既不能保持编队又不能依靠瞄准器进行精确轰炸。鉴于这样的战场情形,飞行员投下了不少的燃烧弹。

在阿诺德看来,白天行动包括白天轰炸是轰炸行动成功的关键,也是实

---

[1]　Edited By W. F. Craven and Jamese Laa Gate, *The Army Air Forces In World War II*, Volume Seven, *Services Around The World*, University of Chicago Press, New Imprint by the Office of Air Force History, Washington D. C. , 1983, Foreword XX.

施精确轰炸的惟一途径。[①] 所以马计划期间,B-29 究竟采取何种战术执行任务,华盛顿的陆军总部同前线军官之间一直存在尖锐而激烈的争议甚至斗争。从首次曼谷行动可以看到,前线指挥官总是想按照前线的情况选择战术,而陆军总部却按照既定的战略制定战术。沃尔夫后来被阿诺德调离二十航空队,到 B-29 生产厂,作为军方人物督促 B-29 生产这样"更重要"的岗位上去,可能和他在曼谷行动中的表现有关。

前线与高层指挥在战术上的冲突并没有随着沃尔夫的调离而结束,桑德斯作为沃尔夫将军的继任者,仍然同阿诺德进行着"较量"。桑德斯将军根据前线实际情况自然倾向于便于操作的夜间雷达轰炸,因为在他相信"夜间适度的雷达轰炸比昼间带上少量炸药的轰炸有效得多"(a moderate bomb load dropped by radar at night was more effective than a minimum load carried by day)。[②] 但由于阿诺德的强硬坚持,实际行动最终将两种战术结合起来了。

7 月 21 日,对九州长崎首先进行小规模的夜间燃烧弹攻击(night incendiary attack)。由于夜间无法瞄准,只有加大轰炸力度,即尽可能地投下更多的燃烧弹,这就是被称为夜间"饱和燃烧弹轰炸"(a saturation incendiary)的八幡一户畑行动;应陈纳德一再要求的汉口以及上海这样的城市轰炸行动,亦采取了"饱和燃烧弹轰炸"战术。而 8 月的鞍山、巨港行动因为有明确的轰炸目标,在气候条件允许的情况下则进行昼间高空精确轰炸。[③]

在根据前线具体情况决定不同战术的同时,华盛顿的总战略并非因此变得无足轻重了。同样是采取夜间袭击,不同的袭击程度体现着不同的战略意图。对苏门答腊巨港进行的夜间轰炸,袭击规模、力度就远逊于长崎轰炸,因为美军只是想对日军造成四面受敌的心理压力。

选择长崎作为高频次袭击对象,主要还是因为此地为日本重要的军工基地和船坞、码头所在地,再加上日本木质结构的建筑特色,此地几乎成为了 B-29 的实战训练场。根据天气情况,如果云层不厚能够目视目标,华盛

---

① 这是在整个战争过程中,阿诺德力图使空军的行动遵守的十大原则之一,其他原则参见 H. H. Arnold,*Global Mission*,Harper & Row Publishers,New York,1949,p. 291.

② Edited By W. F. Craven and James Lea Cate,*The Army Air Forces in World War II*,Volume 5,*The Pacific*:*Matterhorn to Nagasaki*,University of Chicago Press,1951,p. 113.

③ Edited By W. F. Craven and James Lea Cate,*The Army Air Forces in World War II*,Volume 5,*The Pacific*:*Matterhorn to Nagasaki*,University of Chicago Press,1951,p. 112.

顿要求前线一定进行编队高空精确轰炸；否则进行夜间低空饱和燃烧弹袭击。长崎最后还成为原子弹的袭击目标，则是因为尽管在此前已经被 B-29 交叉采取饱和轰炸或精确轰炸所打击，但整体上来说这个城市的破坏并不够严重，在常规轰炸的基础上再进行核轰炸有利于事后对原子弹破坏力的对比评价。①

①　Edited By W. F. Carven and James Lea Cate, *The Army Air Forces in World War II*, Volume 5, *The Pacific*: *Matterhorn to Nagasaki*, University of Chicago Press, 1951, p. 115.

第四章　马特霍恩计划的影响及历史地位

马计划在中缅印战区的实施,必然会对此战区内的各方产生不同程度的重大影响。这种影响首先表现在在华美国陆军部队身上。史迪威和陈纳德作为实施马计划的陆军地面力量和航空力量领袖,对马计划有着基于相同战略设想的反感态度,都认为 B-29 应该由其掌控。而国共两党也从不同的政治位置作出了共同的回应:希望在与美军的"合作"中获得利于自身生存的美援。

基于本书前面的叙述,马计划、B-29 工程、曼哈顿计划三者之间的关系已清晰可见。本章因此顺理成章地点出其中关系和马计划的特殊历史意义。

第一节　在华美军对马计划的反应

"一名战士"[①]:马计划及所谓"史迪威事件"

在华美军由于处于不同的军种、位置,对在中国实施的马特霍恩计划有着不同的反应。如对于为马计划收集情报的美军观察组,驻华美军司令官史迪威,以及十四航空队指挥官陈纳德两人不同甚至相反的态度颇能反映出这种由不同位置引起的不同政治态度,以及他们和华盛顿之间的斗争。

美军观察组的"职责随时间的改变而改变,尤其是在魏德迈继任中国战区指挥官后。一开始,使团奉命寻求与中国共产党人更进一步合作的途径。后来当与中共合作缺乏政治利益时,这一目标就让位于对中共的情报收集了……收集天气信息,帮助援救坠落的美国飞机,并尽可能在前线的突破点上收集关于日本的军事政治得失的情报"。[②] 这不仅表明美军观察组的重

---

① 戴维斯认为陈纳德"不耐烦地面作战,正如史迪威更像一名战士而不像战区指挥官那样,陈纳德是一名战斗机驾驶员而不是空战将军"(《抓住龙尾——戴维斯在华回忆录》,第 208 页)。

② [美]卡萝尔·J·卡特:《延安使命》,世界知识出版社 2004 年版,第 19—20 页。

要使命就是为二十航空队收集军事情报,而且从侧面反映了史迪威与魏德迈在美军观察组的使命上存在的认识差别。

史迪威以他对蒋介石一贯的反感态度认为,蒋之所以一再阻挠派往延安的美军观察组,就是因为蒋怕中共直接接触美国后的壮大,而事实也确实如此。史迪威将美国人对政府的一贯不信任转移到了重庆,并由此产生了对中共貌似同情的态度,希望美国关注、支持中共,以对抗腐败的国民政府。史迪威还认为华盛顿派往延安的观察组就是(或者应该是)出于对蒋的不满转而寻求于中共的。中共也在一定程度上有此看法。令中共迷茫的是,既然"美军观察组的派出,是史迪威将军和蒋介石冲突的结果",因为史迪威对"蒋介石把美国援华的军火不用于抗日而留着准备内战非常不满……美军(实际上是史迪威而非华盛顿)计划在中国的山东半岛、连云港和大亚湾等地登陆,但这些地方大部分是在八路军和新四军开辟的敌后抗日根据地范围内"。① 史迪威的种种"同情"之举使得中共无法理解,打算与之在"敌后根据地"共同发起对日总进攻做准备的美军观察组,为何在换为魏德迈之后,使命就突然变为具体而有限的"情报收集"了呢?

缅北战役计划是史迪威与华盛顿、重庆达成的难得的"一致",但这种战略倾向趋同的背后,事实上是这三方有着完全不同的考虑。史迪威之所以积极配合缅甸战役自然和他认为对日最后决战将从中国发起的设想一致;蒋介石出奇地配合美英计划的缅甸反攻战役则是因为这样对中国抗日态势有着重要的维持作用。

华盛顿又为何热衷于缅甸战役呢? 实际上"暂定于 1943 年秋发动的缅甸战役,目的在于支持空军从中国基地出击",② 而此时从中国出发袭击日本本土的美方空中力量正是使用 B-29 的二十航空队,对在华二十航空队的支持就是对马计划的配合。可见,史迪威、蒋介石在缅甸战役上的暂时的趋同,是从自己的战区区位角度考虑的,华盛顿的用意在于马计划,而不是为中国打通陆上后勤通道。

向以个性鲜明著称的史迪威无法理解罗斯福的种种战略主张,此时,他没有遵循军人服从上级的天命,反而变成一种抱怨甚至憎恨。"史迪威对罗

---

① 参阅《杨尚昆回忆录》第十、十一章,中央文献出版社 2001 年版。

② [美]约翰·佩顿·戴维斯:《抓住龙尾——戴维斯在华回忆录》,商务印书馆 1996 年版,第212 页。

斯福总统的做法感到特别恼火,他认为总统放弃了同蒋介石谈妥中国作战事宜的一切机会"。① 得知罗斯福通知蒋介石在中国部署 B-29 远程轰炸机计划以后,他感到:"罗斯福又砍了我一刀,所以我不能就此问题同他们讨价还价。"②史迪威在 11 月 9 日的日记中甚至用"橡皮腿"这样的词讽刺总统软弱、易变。更有甚者,史迪威确信"罗斯福一直在算计我"。③

正如拉铁摩尔所说,史迪威对中国战场的设想"既不同于蒋介石,更不同于华盛顿。不同于蒋介石也许并无大碍,但不同于华盛顿且固执己见便是史迪威的致命要害了。一个不重要但很要命的是,事实上他们都不能代表白宫或华盛顿的参谋长联席会议"。④

如果说史迪威对华盛顿总战略的不解是由其所处地位所决定,那么他所采取的对抗态度和被害心理,以及他对自己战略设想的过分自信造成了他以极其尴尬方式被召回的命运,即所谓"史迪威事件"。

所以,从这个角度看,史迪威的被召回并非因为他与蒋介石私人关系不良,而是因为他不仅在战术上与蒋介石对抗,战略上竟然还和华盛顿较劲。这种战略上的固执己见,而非私人关系的亲疏引起的人事变动,陈纳德的遭遇可谓很好的反证,因为陈、蒋关系虽深,但仍因与华盛顿较劲而无法避免同史迪威一样的命运。

"战斗机驾驶员"陈纳德与马计划

对美军观察组执行者,陈纳德的认识似乎比史迪威要清醒。他认为观察组在延安的种种出格行为,是"1944 年我国政策的执行者"即"美国重庆司令部","不断与中国叛乱和自治的共产党进行着的一种'公开的调情'"。⑤ 陈纳德很清楚地指出,这是执行者史迪威等人,而不是华盛顿的罗斯福与中共的"公开调情"。从这一点上说,陈纳德对观察组的评价并不偏颇。

但对于华盛顿派出观察组的目的,陈纳德的认识则同戴维斯等人的认

---

① ［美］巴巴拉·塔奇曼:《史迪威与美国在华经验》(下),商务印书馆 1984 年版,第 572—573 页。

② ［美］巴巴拉·塔奇曼:《史迪威与美国在华经验》(下),商务印书馆 1984 年版,第 573 页。

③ 1943 年 11 月 9 日日记,《史迪威日记》,世界知识出版社 1992 年版,第 221 页。

④ 《蒋介石的美国顾问——欧文·拉铁摩尔回忆录》,复旦大学出版社 1996 年版,第 98 页。

⑤ 《一九四四年的怪现象》,［美］陈纳德:《论美国对华政策》,申报馆 1948 年版,第 8 页。

识并没有太大的差别。虽然陈纳德没有认为华盛顿派出观察组的目的是为了联络中共，但他同时又认为华盛顿派出观察组"唯一可能的辩护，就是在一个本身显然缺乏军事情报的地区供给军事情报"。也就是说，当华盛顿这一动机也许很"单纯"的派遣，遭遇国共复杂多变的关系后也变得复杂起来，使得陈纳德也就不大相信华盛顿冒着如此的风险（可能造成国共两党不必要的误会：国民党以为真的要被放弃或让中共"变得骄傲起来"；而中共自以为华盛顿和在延安的下级官员那样同情中共），竟然只为获得军事情报如此单一或没有分量的目的。他之所以认为这种理由不够充分的重要原因，在于他对二十航空队及其背景的不了解，也说是马特霍恩计划的特殊性所致。

　　作为一个军阶并不太高的前线军官，陈纳德对马特霍恩计划重要性的不知情是可以理解的，但他在蒋介石的纵容之下变得过分的"自信"，使之对具有重要价值的马计划作出了非理性的对抗性反应，且其矛头也和史迪威一样几乎直指罗斯福。他在 1944 年 1 月 26 日不顾身份的落差①直接给罗斯福写了一封有些"执迷不悟"的信件。非常自信的陈纳德告诉罗斯福："我坚信，如果我们忽略从中国向日本进行侧面进攻的机会，战争就会不必要地被拖延。毫无疑问，如若你不介入，这一机会就会丧失……有限的海军基地、航空基地、港口引起的作战物资的不足，将影响美国在德国战败后将全部力量用以对付日本。但如果我们采取巧妙的战术从中国基地出发对日本进行侧翼袭击，日本很快就会被削弱。然后突破日本的外防御圈，就可加速美国对日本的最后袭击。但准备工作必须马上进行……需要做的事情并不困难。"鉴于此种情形，陈纳德给罗斯福列出一张清单：

　　　　1. 必须扩张空中力量，以建立起我们在整个华东地区的优势。
　　　　2. 由于日占基地的安全性，日本人从中国大陆上的水路、台湾岛以及中国沿海航线获得大量运输物资，我们应该用中型轰炸机（medi-

---

　　① 陈纳德在 1937 年到中国之前时还只是美国陆军中尉（First Lieutenant）；但由于受到蒋、宋的赏识，于 1942 年 2 月 3 日出任驻华空军指挥官，军衔由中尉越过中间的上尉、少校、中校、上校四级而直升为准将（Brigadier General），如此之快的升迁使陈从一个鲜为人知的退役陆军航空上尉，一跃成为世界各国的新闻人物。1943 年 3 月陈纳德进一步被提升为少将（Major General）；临去世前的 11 天，即 1958 年 7 月 8 日升为中将（Lieutenant General）。所以，陈纳德写这封信时还仅为提拔不到一年的少将。

um bomber)对这些地方进行猛烈的轰击。同时，应该用重型轰炸机(heavy bomber)在雷达或其他海上搜救装备的保护下，将这种袭击从中国沿海延伸到菲律宾……

3. 其间，为紧密配合对日本空中力量和海运的袭击，B-29重型轰炸机应该对日本本土、日本岛屿及在华北、朝鲜的工业设施进行轰炸。

4. 地面目标也不应该忽略。扬子江是日本从汉口到宜昌的主要运输渠道，如果这些地方被重型轰炸机袭击，再加上中国陆军的袭击，中国的压力就会相对减轻。……我自信这是正确的。①

从这份"清单"中可以看到，陈纳德对自己提出的对日侧翼袭击计划如此自信，他没把阿诺德等高层人士极为重视的B-29航空队放在眼里，以为阿诺德直接管辖的B-29航空队应以十四航空队的行动为中心，为之进行辅助性的配合袭击。

华盛顿"不公平"的决策令他不禁悲叹："不幸的是，自从放弃缅甸战役后，在中国的行动似乎只剩下对日长程轰炸的马特霍恩计划了。"他"不仅确信远程轰炸日本的行动效果不如袭击日本的船只和空防快，而且他相信马特霍恩计划在战术上是很危险的"。②

难怪拉铁摩尔评价陈纳德"是个头脑简单的人"。从上述信件中可以看到，"他犯了一个战略性的错误，认为对日战争结束后，凭借战争中训练出来的空军，蒋介石可以轻易地从空中'清除'中共。这是他试图向蒋介石兜售的政治军事路线，可就我与此事有关系的整个时期而言，这条路线从未获得非常彻底的成功"。③确实，陈纳德最致命的错误在于，他"认为美国要在中国进行一场大的决战，而且要由他带领的空军来完成。而美国在1944年的总战略是避免在中国进行大的战役，而是在中太平洋上发起对日最后进攻"。

可以看出，在对中共的态度上，陈纳德虽然采取的是与"戴谢集团"相左

---

① 陈纳德1944年1月26日致罗斯福函，*Chennault－－＞FDR－1/26/44*，Franklin D. Roosevelt Presidential Library and Digital Archives，Safe Files，Box 1，Army Air Forces Index. 英文原文可参见附录1。

② 陈纳德1944年1月26日致罗斯福函，*Chennault－－＞FDR－1/26/44*，Franklin D. Roosevelt Presidential Library and Digital Archives，Safe Files，Box 1，Army Air Forces Index.

③ 《蒋介石的美国顾问——欧文·拉铁摩尔回忆录》，复旦大学出版社1996年版，第97页。

的"清除"态度,但对于美国该阶段的亚洲、中国战略,陈纳德和戴维斯、谢伟思等人有着近乎相同的错误,都认为美国最终将在中国展开与日本的大决战。所不同的是,前者认为这一大决战将由陈纳德的空军担负重要角色,而后者以为将由史迪威的地面部队担任。后者甚至还策划了一场计划让中共信以为真的"华北(东)登陆计划"。

也许和陈纳德从前仕途坎坷的经历有关,他似乎一向不认可所谓权威的观点,尤其对陆军航空首领阿诺德的远程战略轰炸计划持不理解态度。而在中国,他得到的却是和他在美国相反的东西——蒋介石对他的绝对信任和依赖,这种落差使他本有些怀才不遇的心理变得更加执着。他坚信亚洲对日战争的最后胜利必将通过中国大陆的大规模空战实现。所以,陈纳德在马计划开始实施后不仅公开与阿诺德唱反调,甚至将这种矛盾捅到了罗斯福那里。

自马计划后,阿诺德要求陈纳德将工作重心转移到保卫成都的 B-29 机场,陈纳德于 6 月 25 日毫不客气地告诉阿诺德"在目前的情况下,我不能胜任保卫成都的任务",①表示不能配合华盛顿的马计划安排。

陈纳德曾主张"把堆积在成都附近以备 B-29 型应用的燃料暂时分派出来应用,并且假设未来的紧急局势有此需要的话,那么应该把中国境内战略攻击代替 B-29 准备发动的对中国周围地区的攻击"。他颇为担忧地告诉史迪威,除非按照上述办法之一采取行动,势须通知委员长一点,就是他不能再依赖十四航空队对他的军队给予有效支持,并同时通知华盛顿,说明整个中国的安全如何受到了严重的影响。史迪威回复道,应对内部的危机应是通过改进驼峰空运增加对华供应实现,蒋委员长不应该指望十四航空队做不可能的事情。

这次交换意见之后,陈纳德还接到了中缅印战区美国空军印缅区指挥官斯特拉梅耶将军的一封信,这封授意于史迪威的信件命令陈纳德要将"保卫成都地区作为第十四航空的首要任务,甚至放弃对敌人船只的攻击以及对中国地面部队的支持,亦所不惜"。这一命令被陈纳德称作"我从担任驻华美国高级空军长官以来最奇怪的命令之一"。②

① Edited By W. F. Craven and James Lea Cate, *The Army Air Forces in World War II*, Volume 5, *The Pacific*:*Matterhorn to Nagasaki*, University of Chicago Press, 1951, p. 89.

② [美]陈纳德:《论美国对华政策》,申报馆 1948 年版,第 30 页。

陈纳德认为，原本执行保卫空中运输线、东部机场，以及中国地面部队空中支持的十四航空队，现在单单负责成都基地防御，将威胁到整个中国战场的安全，中国的地面部队也将面临最大的考验。而且就算说要维持成都基地的安全，其实其时的安排已经足以保证了。因为，昆明第十四航空队司令部和驼峰航线的主要终点仅有一个战斗机大队的防卫力量，而成都基地就有两个战斗机队加以防卫，从现有的防卫力量分布看，成都的防卫已经要比昆明强了。[①] 陈纳德担心马特霍恩计划对中国的基本安全问题产生影响，所以马计划的实施须以中国的安全为前提。

从陈纳德的叙述看，他将这种分歧看作是与史迪威之间的分歧，但实际上这并非是两人空战决定论和陆战决定论的冲突，很大程度上是来自陈纳德对其局部空战观点的过度自信，或对高层战略安排的不服从。陈纳德的视角同时还从侧面清晰地反映出，华盛顿此时在中国战场的战略重心已完全转移到与此前战略完全不同的二十航空队的马特霍恩计划上来了。

一些关于史迪威、陈纳德的研究认为，陈、史之争，或蒋、史之争是美国内部两种对华政策倾向在中国的较量，即"由于史迪威实际上是代表了美国军方的思想，而战争时期外交政策常从属于军事目标，所以蒋介石和史迪威在对日作战方略上的冲突，就成了战时美国与中国国民政府的根本矛盾"。[②]

从史迪威的种种军事主张看，他的军事观点是否能代表"美国军方"还值得考虑。[③] 史迪威作为美国陆军部中缅印战区的前线总指挥，在1943—1944 年期间一直认为，中国战场上将会有一场美中联合的对日大决战，美军要进行这场联合作战，必将在中国登陆，而"要准备美国最终在

---

① ［美］陈纳德：《论美国对华政策》，申报馆 1948 年版，第 30 页。还可参阅［美］陈纳德：《飞虎将军陈纳德回忆录》，浙江文艺出版社 1998 年版，第 397 页。

② 罗志田：《从史迪威事件看第二次世界大战中美国与国民政府的矛盾》，《四川大学学报》哲学社会科学版 1984 年第 4 期，第 99 页。

③ 国内关于史迪威、陈纳德的研究中，所用的资料充斥着二者的辩护式的回忆录，或者在此基础上的各种研究：从 20 世纪 40 年代陈纳德的《论美国对华政策》，到现在的《飞虎将军陈纳德回忆录》（浙江文艺出版社 1998 年版）、《史迪威日记》（世界知识出版社 1992 年版）等几乎都是这种言路。相对而言，马歇尔、阿诺德等高层人士的"声音"就显得很微弱。尤其，关于"飞虎队"、"驼峰航运"等美国在华空军的历史，几乎就没有阿诺德的"声音"。对研究者来说，这种只闻史迪威、陈纳德之"声"，最高决策层"失声"的现象，很容易形成史、陈即代表美国陆军部的陆战部队和航空部队的"潜意识"。

华北登陆,共产党的帮助是必不可少的",①所以他一直试图与中共建立联系,以便迎来中国战场的"最后决战",并于5月底给马歇尔写了一封很长的批评蒋的信件。他大张旗鼓地指责蒋介石的国民党地面部队不能有效地抵抗日军的进攻,缓慢地打进缅甸的7.2万中国军人也缺乏生气。他在这封信中警告说,由于蒋抵抗无效,成都的B-29机场将遭到威胁,他建议参谋长联席会议必须作出一项决定,要么全部撤离,要么增派一支美国陆军。他再向马歇尔表示,他坚信美国"最终必将在亚洲大陆和日本佬作战"。

但美国陆军部的在华战略意图并非如此。陆军部长马歇尔告诉史迪威,事实上史迪威总的任务仅是维持中国的抗战状态,以使之成为盟国可靠的合作同伴和未来对日本本土大规模袭击的潜在基地。这虽涉及到为中国军队提供设备和训练中国军队,但并不需要大量美国军事力量的介入。② 所以,马歇尔在回复史迪威的信中明白指出,史迪威的战略观与华盛顿政策是完全对立的。他要史迪威明确美国将"无需在亚洲大陆对日军发动大规模战役的情况下打败日本,因此,史迪威当时的首要任务是保卫这些新的轰炸机基地"。③ 自B-29调入CBI以来,史迪威的任务可以说实际就是配合二十航空队的马特霍恩计划。美国的对华政策的连贯性表明,二战后期华盛顿已经明确在华的战略是不在中国发起任何大的进攻。

不仅史迪威的主张不能代表美国军方的观点,陈纳德同样也不能。事实上,在关于中国战场战略问题上的争论、较量中,并不仅仅是重庆政府与华盛顿之间单一的较量,还伴随着史迪威与陈纳德之间陆战战略与空中战略的角力、两人与华盛顿之间的分别较量以及蒋介石与史迪威之间的多重复杂博弈。

表面上看,史迪威和陈纳德这两个相互指责的在华美国军官是很不相同的人物:一个与蒋介石势不两立,一个与蒋亲如一家。但两人似乎有更多

① 《史迪威日记》,世界知识出版社1992年版,第282页。

② Edited By W. F. Craven and James Lea Cate, *The Army Aia Forces In World War II*, Volume 5, *The Pacific:Matterhorn To Nagasaki, June 1944 To August 1945*, Princeton University, New Imprint by the Office of Air Force History Washington, D. C. , 1983, p. 42.

③ 参见 John Costello, Harper Perennia, 1982, 以及中译本《太平洋战争》下册,东方出版社1985年版,第136页。

的共同性：他们都主张从中国发起对日本的最后进攻，只不过一个主张在陆地，一个主张从空中。而两人最大的共同点，就是他们因为都坚持自己的观点，而不顾华盛顿的战略规划，并因此获得了共同的政治归宿——被华盛顿召回。

应该说，陈、史矛盾是不同战术思想的矛盾，两人被先后召回则是对华盛顿在华战略的不了解和抵制所致。很多观点将这种矛盾归咎于主人翁的个性，认为"史迪威本性太过于直率，使得中美双方政府都误认为两国政府关系紧张是由蒋介石与史迪威两人个性冲突造成的：蒋介石不能容忍史迪威的种种不敬甚至侮辱，直接的后果是，他成功地要求美国政府将其召回"。这一观点的认识前提在于"美国希望中国为主战场的想法于 1944 年 10 月完全消失了"。① 可见这种观点并没有认识到，华盛顿其实早在 1943 年 5 月 5 日联合作战计划委员会《全球形势报告（1943－1944）》②中就已确定在太平洋发起对日本的最后的攻击，也就是早在 1943 年即便实施非常重要的马计划期间也没有将中国作为对日进攻的主战场。

同样被召回，为什么有沸沸扬扬的"史迪威事件"，而没有"陈纳德事件"呢？ 很大程度上在于两人与蒋介石截然不同的关系。与蒋的不和往往被看作史迪威被召回即所谓史迪威事件的很重要的原因，但他与华盛顿的不合却是一个不可忽视的更重要的因素。与蒋"亲如一家"的陈纳德仍在抗战胜利前夕被华盛顿召回，一定程度上表明了与蒋介石的关系亲疏，并非华盛顿对二人作出召回决定的根本原因。连史迪威自己都知道是"罗斯福要切断我的喉咙，把我抛开"，③在史迪威被撤的问题上，"罗斯福总统的让步是决定性的因素"。④ 确实，只有华盛顿罗斯福的决定才是史迪威去留的根本原因，而罗斯福的决定又是否仅仅源于蒋介石与史迪威的矛盾呢？ 史、陈二人对华盛顿在华战略共同的抵制态度，更有可能是两个与蒋关系如此不同的

---

① ［美］孔华润（Warren I. Cohen）：《美国对中国的反应——中美关系的历史剖析》，复旦大学出版社 1989 年版，第 140 页。

② Franklin D. Roosevelt Presidential Library and Digital Archives, Safe Files, Box 2 , Current Strategic Studies Book 1 In dex. 可见附录。

③ 1944 年 10 月 1 日日记，《史迪威日记》，世界知识出版社 1992 年版，第 294 页。

④ ［美］巴巴拉·塔奇曼：《史迪威与美国在华经验》（下），商务印书馆 1984 年版，第 722 页。

人获得相同命运的合理原因。①

<h2 style="text-align:center">注定夭折的"华北登陆计划"②</h2>

史迪威和陈纳德对马计划典型的不同反应在于对驻延安美军观察组的不同态度。史迪威不仅"同情"中共,还打算与中共合作实施"华北登陆计划"。因为与华盛顿战略相抵触注定无法实现的"华北登陆计划",不仅造成了国共两党强烈的不同反应,亦使华盛顿感到震惊,此事与史迪威的被撤多多少少也存在一定的因果关联。

前述延安美军观察组的最初形成时已谈到,戴维斯于 1944 年 1 月 15 日第二次提出向中共地区派观察员的建议中,列出了军事调查团应该完成的四种任务:

    1. 调查日本军事情报;

    2. 准备美军在共区作战之方法;

    3. 调查中共实力;

---

①　如"B-29 川西机场款案与 10 美元贷款案"中所提到的,美国驻华大使高斯对中国势态的把握与华盛顿中国政策也存在很大的出入,但却同史迪威在一些问题上持相同态度,以至于出现两人对中国政策的公共点似乎还多于他同华盛顿 JCS 之间的。究竟什么原因使得高斯在几乎同一时期被迫辞职? 也许在于两人对中国形势的共同误判。而出现这种误判则是由于战略的保密性,注定高斯、史迪威、陈纳德等在华人员终究无法与 JCS"同步"。战时美国国务院尴尬的地位可谓核武器等军事战略保密性的一种集中体现。平时,美国国务院要负责对外国际关系,如驻华美军的移动、增减都可以提出相关建议意见。但战争期间,国务院不得过问战事,也不能参加各种以军事名义召开但与国务院的外交事务有瓜葛的重要会议,与对外军事行动也不再有联系。国务卿赫尔对此很不以为然,质问罗斯福为什么不让他出席卡萨布兰卡会议、开罗会议或德黑兰会议等同时具有重大外交性质的会议,他"觉得,在许多重要的场合,很显然的,国务卿应该加入总统的作战委员会",因为那些会议所讨论的事情都具有明显的外交性质。赫尔以英国外相艾登与首相一并参加各种重要的军事会议为由,希望能像艾登那样参加各种重要的外事活动。但罗斯福告知"我们的制度跟英国不一样"(《赫尔回忆录》,南京中央日报社 1948 年版,第 146 页)。美国国内有很多人和赫尔一样,不满战争期间罗斯福更愿意作为军事将领将军政大权全部集其一身的做法,但从二战中美国核战略的高度保密性看,此举有其合理性。这种保密性可能也有助于理解来自国务院的高斯等人被迫辞职的原因。

②　作者的《美军沿海登陆计划与美军观察组》(《百年潮》2008 年第 1 期)一文的题目本为《华北登陆计划与美军观察组》,但《百年潮》建议改为上述标题,原因是美军事实上还在华北以外的诸如华东地区登陆。既然事实如此,作者便同意将"华北登陆"改为"沿海登陆"。后有网络在转载此文时又将标题改为《美军沿海登陆计划——国民党阻挠、苏联人担忧》,笔者才发现原来的"华北登陆"不宜改为"沿海登陆",因为美军曾在国民党的协同下在华东地区登陆,也就是说国民党不会无差别地阻挠"沿海登陆"的行动,国民党所要阻挠的仅仅是中共与美军协作下的华北登陆行动。所以此处仍用华北登陆计划来专门指代美军与中共之间的登陆计划。

4. 视察华北、东北有无变成苏联傀儡政权之可能等任务。①

其中第二项"任务"——"准备美军在共区作战之方法",可说是这批美国前线军官想象中的美国在华战略的典型体现。史迪威手下的戴维斯等人虽然对中共采取与陈纳德"清除"方式相反的貌似"同情"的态度,但在美国的在华战略问题上,如欧文·拉铁摩尔所指出,他们和陈纳德一样存在一系列的致命性错误,而"最致命的错误在于,认为美国要在中国进行一场大的决战"。②

这一判断的明显错误在于与美国总战略相悖,"美国的在 1944 年的总战略是避免在中国进行大的战役,而是在中太平洋上发起对日最后进攻"。③ 两派人物所不同的是,来自航空队的陈纳德以为这场大的决战不仅要用空军,而且"要由他带领的空军来完成";而戴维斯等陆军军官则以为要由将在华北地区登陆的"空降师"完成,所以他很早就开始"准备美军在共区作战之方法"。

戴维斯等军官所"预测"的"华北大决战"对延安来说,由于能因此得到租借物资,故是一个利好和求之不得的事,中共方面作出了积极的回应。

观察组到延安不久的 8 月 23 日,毛泽东就邀请"资历较浅"的谢伟思前往与之进行了长达 8 小时的会谈。毛泽东在这次演讲式的谈话中,论述了美国和中共的"关系",还强调美军在华北中共控制区域登陆的重要性:

> ……我们认为,美军必须在中国登陆。自然,它取决于日军的力量和战争的发展。但是日军主力是在长江流域和华北,更不要说满洲了。如果美军不在中国登陆,对中国来说那将是最不幸的事。国民党作为政府——而又没有能力成为政府——继续存在下去。
>
> 如果实行登陆,美军就必须和中国双方——国民党和共产党——

---

① 秦孝仪主编:《中华民国重要史料初编——对日抗战时期》第五编《中共活动真相》(六),中共对国内外的统战活动,(台北)中央文物供应社 1981 年版,第 104 页。

② 拉铁摩尔的相关评论见《蒋介石的美国顾问——欧文·拉铁摩尔回忆录》,复旦大学出版社 1996 年版,第 97 页。美国此时在中国、远东、太平洋的战略,详见附录 1 中 1943 年 5 月 5 日联合作战计划委员会《全球形势报告(1943－1944)》,Report By The Joint Staff Planners,*Global Estimate of the Situation* 1943－44,May 5,1943,Franklin D. Roosevelt Library Digital Archives,Safe Files,Box 2,Current Strategic Studies Book 1 Index.

③ 《蒋介石的美国顾问——欧文·拉铁摩尔回忆录》,复旦大学出版社 1996 年版,第 97 页。

部队合作。我们的部队目前包围着汉口、上海、南京和其它大城市。我军在内线，国民党军队在更远的后方。

　　如果要实行与共产党部队和国民党军队双方的这种合作，重要的是要允许我们两支军队在分开的地区作战。国民党太害怕和我们一起作战了。他们唯一关切的事是遏制我们。如果我们驻守在分开的地区，美军可以看到两支军队的差别。①

　　毛泽东既正面论述了登陆的必要性、可能性和现实性，还反面列出了放弃登陆的后果："如果美军不在中国登陆，对中国来说那将是最不幸的事。"其原因是在于"国民党作为政府——而又没有能力成为政府——继续存在下去"，即便美方想与国共双方合作，两支军队会有明显"差别"的。实际上，中共此时所希望的美军登陆计划已超出了普通的军事意义，俨然成为一道留给美国的政治选择题：战后美国必须在占据长江流域和华北优势的中共，与"没有能力"的国民政府之间作出非此即彼的选择。

　　谢伟思明明知道"战争可能用其它方式取得胜利，登陆是不必要的"，但面对毛泽东在"美军登陆"上的巨大热情，他仅仅是"暗示"，而不明确表态，这就给毛泽东的判断带来了干扰，足以使之认为"美军登陆"有相当的可能性。难怪陈纳德称这种行为是"我国政策的执行者不断与中国叛乱、自治的共产党进行着一种'公开的调情'"，史迪威部的这帮人"希望用美国武器来武装中共，并且带他们到国民政府地区来和日本人作战——而到那时候，中国国军司令毫不缺乏人力，且正在要求美国军器和弹药"。②

　　既然"负责政治情报"③的谢伟思都在与中共谈论双方的"军事合作"，包瑞德这位负责军事情报的美国军官就更是如此了。包瑞德本已在1944年9

---

　　①　[美]约瑟夫·W·埃谢里克：《在中国失掉的机会——美国前驻华外交官约翰·S·谢伟思第二次世界大战时期的报告》，国际文化出版公司1989年版，第257页；[美]约翰·佩顿·戴维斯：《抓住龙尾——戴维斯在华回忆录》，商务印书馆1996年版，第289—290页。

　　②　[美]陈纳德：《论美国对华政策》，申报馆1948年版，第7—8页。

　　③　谢伟思"负责政治情报"、包瑞德负责军事情报这一分工，事实上是包瑞德事后的"划分"，正如包瑞德到延安的"使命"那样，未有预订的明确分工，可能是随着两人的喜好不同，渐渐形成这样的"分工"。起码在苏联人弗拉基米洛夫的眼中并非一开始就有这种分工："在延安，开头几个星期，谢伟思不谈政治。好几次，当中国同志向他提出一些政治问题时，他躲躲闪闪，说他和观察组的所有其他成员一样，只关心军事方面的事情。但是现在，他已经作为美国的全权代表，大谈特谈起政治来了。"（《延安日记》，现代史料编刊社1980年版，第265页）

月离开使团,但 12 月,他又奉命再次前往延安。给他下达命令的并非中缅印战区新任指挥官魏德迈将军本人,而是他的参谋长罗伯特·B·麦克卢尔少将。当时魏德迈不在重庆,麦克卢尔口头告诉包瑞德,要他到延安通知中共的领导人,"击败德国后,那时正在欧洲服役的一个美军空降师可能要派到中国来,参加对日本列岛的最后攻击"。所以包瑞德要"询问共产党人,当该师在山东沿海共产党控制区建立滩头阵地之后,正常的美军补给线开始运转之前,他们能否照料该师的供应——这不包括弹药武器和其它作战军用品"。麦克卢尔又同时要他"必须向共产党人表明,同他们的会谈纯属探索性的,因为击败德国以后,这个美国师是否会派到中国,还未做出最后决定"。①

12 月 27 日包瑞德到达延安后,向毛泽东、周恩来、朱德、叶剑英提出了可能登陆的问题。中共领导人相当高兴,还询问如果这个美国师到达其他地区以后,他们可否就该师的作战计划接受咨询。包瑞德当然无法给出准确的答复,都只做了含糊其辞的回答。但共产党领导人却给了他明确的保证:如果美军登陆,他们可以向这个师提供供应品,直到美军的正规供应机关能够承担这一任务为止。

重庆方面很快获悉包瑞德此行的所作所为,"恼火"的宋子文要"震怒"的赫尔利将军作出解释。进一步的责任追究让魏德迈和麦克卢尔大吵了一场,②但他俩都平安无事,"只是执行命令"的包瑞德却遭遇了不幸。魏德迈原本要提拔包瑞德为准将,此事的出现让赫尔利阻止了这个提名,包瑞德眼看到手的星花就这样永远消失了。

包瑞德在回忆此事时曾说:"现在看来,我在 1944 年所犯的错误,是没有把中国共产党作为美国的敌人来考虑。"③真是这样吗? 从他此次延安之行来看,恐怕他的解职、停止提拔与擅自同中共联系所谓"华北登陆"有着直接的关系。要知道,包瑞德无论发到华盛顿的报告还是仅仅停留在延安的行动,要么传到华盛顿被那里的中国官员获悉,要么被延安的国民党耳目传到重庆。这些下级军官的行为不仅为国民党所难容忍,还"造成一些不必要的信息,让美国的首脑们时常感到头痛,甚至激怒(irritate)了华盛顿参谋部

---

① 〔美〕包瑞德:《美军观察组在延安》,解放军出版社 1984 年版,第 102 页。

② 两人的争吵似乎表明,麦克卢尔的行动是背着魏德迈的,麦克卢尔继承了前任领导史迪威的观点。

③ 〔美〕包瑞德:《美军观察组在延安》,解放军出版社 1984 年版,第 58 页。

的大多数人,因为他们时不时要从本已十分繁重的军务中分心来对付这些不必的事端"。① 本已下达的包瑞德升职命令被"突然"撤销就不足为怪了。

散布利用中共华北基地消息的人不止于美军观察组中"负责军事情报"的包瑞德和"负责政治情报"的谢伟思等人,美国的一些新闻报纸也加入此列。早在 1944 年 1 月 7 日,《美亚》杂志一篇题为《作为反攻基地的中国游击区》的文章为与中共的军事合作鼓吹:"许多军事当局的意见认为,如果边区的部队能得到充分的援助,这些区域可以成为缩短对日战争的有力的反攻基地。"②

1944 年 6 月 10 日美国的《星期六晚报》刊登了斯诺一篇题为《六千万被遗忘的同盟者》的报道。文章对于中国各个敌后抗日根据地和八路军、新四军的战略意义颇有见解甚至具有相当的"可靠性",斯诺在文章中说:"二月间尼米兹宣布美海军拟在中国海岸建立基地,以便从那里攻击台湾和日本、香港或广州。但是轰炸机由这些城市起飞到日本仍是遥远的距离,只是在更北面的中国地区,才是最接近日本,因此,那里的中国游击队对我们有很大的潜在重要性。"③

1944 年 7 月 1 日,《纽约时报》发表《中共领导下的军队是强大的》,与《六千万被遗忘的同盟者》有异曲同工之效:"无疑地,五年以来对外界的大部分人来说是非常神秘的共产党领导下的军队,在抗日战争中,是我们有价值的盟友。正当地利用他们,一定会加速胜利。"④

不管在中国北部沿海还是南部美国都有可能与中共"合作",中共方面也都乐于为美军登陆制造舆论。而且这些舆论的来源似乎极为可靠。1944 年 8 月 18 日的《新华日报》一篇名为《中国的基地很重要》的报道没有任何"新闻背景",开篇就是:

　　(中央社关岛十一日合众电)尼米兹海军上将说:马里亚纳群岛的战事,在盟军进攻太平洋很关重要。但是他说:日本军队即使被击溃,我们也不能单由海军作战打败日本。为了确保盟军的胜利起见,中国

----

① 这是阿诺德在描述一种所谓"战区病(theateritis)"时,对此病后果的一种评价。*Global Mission*,p429.

② 《解放日报》题为《欢迎美军观察组的战友》的社论文章,《新华日报》(太行版)1944 年 7 月 17 日转载。

③ 《欢迎美军观察组的战友》,《新华日报》(太行版)1944 年 7 月 17 日。

④ 《欢迎美军观察组的战友》,《新华日报》(太行版)1944 年 7 月 17 日。

方面的基地实在重要。他对记者说：他盼望能由欧洲战场得到增援，以便加速对日军作战。他说：塞班、狄宁和关岛是美军全部占领马里亚纳群岛和继续向前进展最优良的跳板，我们如果翻阅地图，就知道上述各岛的地位，具有战略价值，马里亚纳群岛和日本、中国、菲律宾、西南太平洋的关系也极重大。他盼望能充分发挥该岛的军事价值。他说：各岛将作为进攻日本军队的基地，当我们需要将关岛的亚普拉港口作为发展基地的阻碍消除时，我们迅即可将该地发展为海军基地……①

　　以前这方面的信息多来自陆军的一些下级军官，这一次登陆的消息则是来自军阶甚高的海军上将尼米兹。但这仍旧是一篇模棱两可而又让中共抱有巨大热情和希望的报道。不管这是尼米兹固执己见的一家之言，还是美国的一种情报策略②：针对日本人故意放出要从中国最后出击的信息以达声东击西之效，都对中共造成了巨大的影响，使他们很长一段时期内对观察组抱有极大的希望，以为他们可能带来美国的合作和租借物资。这种近似幻想的期待，伴随着观察组成员自主呈上的"包裹着糖衣的苦药"，与对美国总体政策理性的判断交替出现。直到 1944 年 12 月华盛顿再次明确"拒绝给八路军和新四军提供武器装备"，"白宫否认利用八路军和新四军作为突击力量来在中国打败日本人的设想"，毛泽东才"对观察组渐渐不感兴趣了"。③ 而"一号作战"期间中共力量的迅速崛起，及次年中共几乎完全靠自身的力量夺得华北各个要隘，更使之彻底丢弃"幻想"，清醒地意识到，美军观察组那些"热情的"下级军官只有建议权，而没有决策权，他们的建议不能代表华盛顿。

　　在当时的条件下，要求中共准确判断美国是否真正将在华北登陆也许是种脱离历史环境的苛求。至少存在两方面的因素决定了中共无法准确判断、决策：一是中共得到美方准确信息的渠道有限性；再就是美国战时战略的保密性。

　　能像国统区那样，也在延安建立一个美国领事馆是中共梦寐以求但却

---

　　① 《中国的基地很重要》，《新华日报》1944 年 8 月 18 日。
　　② 刘中刚、孟俭红在《抗战后期中共对美援的争取》（《抗日战争研究》2007 年第 1 期，第 21 页）中提到，"有学者认为，美方很早就确定不在中国登陆作战，而宣传上的坚持只是一种策略"，但笔者尚未见到相关论述。
　　③ ［苏］彼得·弗拉基米洛夫著，吕文镜等译：《延安日记》，现代史料编刊社 1980 年版，第 317—319 页。

无法实现的愿望。既然没有同美国建立正式联系渠道,中共通过其他渠道了解的美国的信息就不那么"正式"、"官方"。与国民党相比,中共对美国的了解相当有限。

美军观察组为马特霍恩计划收集情报,马计划又是为原子弹计划提供成熟的弹载机,因此马计划和原子弹计划一样处于顶级的保密状态。观察组为成都的 B-29 轰炸机提供作战情报,这一点即便作为美国盟友的国民党也无法相信,更何况于中共! 如胡乔木所说"美国政策到底怎样,我们原先并不清楚",①无法正确把握美方全球或对华总战略,再加上对马计划这一具体计划和战略目标的完全无知,使得中共判别失据。

在有限信息状态下,中共只能以自身的希望、目标,兼及美方下级军官的喜好、倾向作为决策基础,对种种利我的信息自然非常敏感,甚至成为这种有意无意的干扰信息的"受害者",不断将这些下级军官的非正式甚至"非法"言论臆断为美国的官方正式信息,并作出积极反应。1944 年 10 月至 12 月,《解放日报》不时发表一些关于美国登陆作战的照片,中共期望之殷切可见一斑。直到 1945 年 1 月 3 日,《解放日报》还正面报道美方高级官员称要在中国沿海登陆作战的消息。

如果说包瑞德到延安向中共"暗示"美军将在华北登陆,只是执行上级交代的任务,并非其本人的主意,那么谢伟思 1945 年 3 月到延安再次与中共提及登陆之事那就像是一种自主的行为,或内心认可了史迪威的"设想"。因为帕特里克·赫尔利时在华盛顿,谢伟思的延安之行是未经大使批准的。"在同叶剑英和周恩来举行秘密会谈时,这位美国大使馆的二秘告诉他们说,赫尔利是不大可能让他来延安的。"②这说明谢伟思还不像包瑞德所辩护的那样,尽管感到奇怪,但他不得已要"执行上级交代的任务"。很清楚,大使如果知道他到延安与中共谈"登陆"之事,是绝不会同意他到延安的。谢伟思的行动只能代表他自己(或史迪威)的想法,而非赫尔利或华盛顿的政策。

明知不可为还有意为之的人还不止包瑞德、谢伟思,极力提倡与中共接触的戴维斯也是这样,明明知道华盛顿并不主张登陆,还专门跑到延安就登

---

① 《胡乔木关于延安美军观察组和赫尔利斡旋的谈话》,胡乔木:《胡乔木回忆毛泽东》,人民出版社 1994 年版,第 78 页。

② [苏]彼得·弗拉基米洛夫著,吕文镜等译:《延安日记》,现代史料编刊社 1980 年版,第 386 页。

陆之事与中共"商议"。如戴维斯自陈,其实在 1943 年 9 月他在华盛顿逗留期间就已经明确意识到"陆军部对于在中国海岸进行一次登陆兴趣不大"。曾任共产国际联络员兼塔斯社记者的弗拉基米洛夫当时还在延安,他的日记印证了华盛顿在这个问题上毫不含糊的反对立场。在其 9 月 11 日的日记中出现了这样的记录:

> 谢伟思、卢登和包瑞德会见了周恩来和叶剑英,详细地谈论了黄山会议的结果。黄山会议上,将军们起草了一个对日作战计划(反攻计划)……
>
> 在黄山,美国人还告诫中国将军们说,不要根据 C·L·陈纳德将军的空军打击力量(驻在印度,仅用于配合作战)或者美国登陆部队,来制定反攻计划。美国不可能派大批陆军到中国来。①

这不仅表明,华盛顿最高决策层反对史迪威部制造的"登陆计划",而且,戴维斯等人和中共方面也清楚华盛顿的表态。然而戴维斯却开始考虑"这样一次登陆的政治副产品——美国和中共的一次军事合作,可能会阻止俄国在参加对日作战时占领华北",所以有了 10 月 22 日戴维斯与埃默森、有吉明等人的延安之行。② 戴维斯抵达延安当晚就专门与毛泽东商议登陆之事。② 戴维斯甚至和包瑞德一起把他们的"登陆作战计划草案"交给了中共军方。这个被陈纳德称为"啰啰嗦嗦没个条理的作战计划"设想使用空降和两栖部队在连云港地区进行登陆。其间,美国人将供给中共军队 5 万人的弹药和武器,一部分武器和弹药将进行空投,另一部分则须由中共部队到美国军队的登陆地区去领取。

戴维斯明知陆军部没有安排,也不会同意所谓的登陆行动,仍旧自行其是与中共进行"极为秘密"而详尽的"磋商","催促中国同志做出答复"以便"了解中共军队参与这一作战行动,究竟能到什么程度,为这个计划草案最后定稿"。③ 据弗拉基米洛夫日记所说,12 月 16 日,包瑞德遗憾地告诉叶剑

---

① [苏]彼得·弗拉基米洛夫著,吕文镜等译:《延安日记》,现代史料编刊社 1980 年版,第 266 页。

② [美]约翰·佩顿·戴维斯:《抓住龙尾——戴维斯在华回忆录》,商务印书馆 1996 年版,第 321、326—328 页。

③ [苏]弗拉基米洛夫著,吕文镜等译:《延安日记》,现代史料编刊社 1980 年版,第 296 页。

英、朱德,"白宫否认了利用八路军和新四军作为突击力量来在中国打败日本人的设想",在中国的盟军领导无法给八路军和新四军武器装备。不知是自找台阶还是自信如此,包瑞德临走还给朱德、叶剑英等人留下一句颇有意味的话:提供援助的时机也许会来,不过,人们得有耐心。[①]

可能受信息渠道的限制,孙平(弗拉基米洛夫的中文名)这一记载与包瑞德、戴维斯的记述有些出入。如前所言,孙平记载了包瑞德12月16日告诉中共无法提供武器。而包瑞德自己的回忆却是与"朱德、毛泽东、周恩来、叶剑英等就我们要讨论的种种问题进行磋商",而且"共产党人就我们期望他们干的工作提出了种种周密而详尽的问题"。[②] 戴维斯作为包瑞德的同行者,也较为详尽地记述了12月15至17日包瑞德在延安的活动内容:除了向周恩来传达赫尔利要求对"五点建议"保密和与政府重开谈判外,还转达了魏德迈的参谋长麦克卢尔的计划。该计划拟派4000—5000人的美军空降师部队到共区去进行破坏战,以及组织、领导共军游击队。麦克卢尔参谋长想在计划送呈重庆政府之前,知道延安的反应。还有另一同行者,来自战略情报局的威利斯·H·伯德上校则带来了战略情报局的计划:派遣战略情报部队,也是为了进行破坏性和牵制性进攻,装备起2.5万人的游击队,建立一所以进行秘密战争为目的的学校,与共军第十八军团合作建立无线电通信网,以及供应民兵10万支简易手枪。[③]

中共不仅积极响应美国陆军下级军官的这些军事建议,甚至主动寻求与美国海军高层建立联系。12月在美军观察组成员海军军官希契即将回国的时候,中共请他向美国海军上将欧内斯特·J·金转交一封表达中共愿意全力"配合美军在中国实施的任何军事作战活动"的信。其文曰:

第十八集团军司令部

陕西延安

1944 年 12 月 5 日

海军作战部部长

---

① [苏]弗拉基米洛夫著,吕文镜等译:《延安日记》,现代史料编刊社 1980 年版,第 323 页。
② [美]包瑞德:《美军观察组在延安》,解放军出版社 1984 年版,第 101 页。
③ [美]约翰·佩顿·戴维斯:《抓住龙尾——戴维斯在华回忆录》,商务印书馆 1996 年版,第 374 页。

美国舰队总司令

美国海军欧内斯特·J·金上将

敬爱的金上将：

在美军观察组成员海军上尉 H·希契从延安回到华盛顿之际，我想借此机会向你表达最深切的敬意和良好的祝愿。在你的英明指挥下，美国海军在太平洋上连续给日本以沉重的打击，使盟军取得最后胜利的日期大大接近。中国八路军和新四军的六十万名将士以及解放区九千万人民和我一起向你表示我们真诚的谢意和祝贺。

在过去的五个月时间里，H·希契上尉有机会亲自考察研究了延安和前线的情况。我相信他的良好的合作精神，真诚友善的态度和充沛的工作精力使自己赢得所有和他接触过的人的喜爱。美国海军武官 H·T·贾雷尔上校曾到延安作过短暂的访问。他负责派遣希契上尉来执行任务，因而对他的工作也作了指导。H·T·贾雷尔上校和我们还以相互友好的态度商讨了有关在对日作战中我们进行合作的可能性问题。你有这样优秀的军官在你的指挥之下，我要向你表示祝贺。正是这种精神促使友好和亲密的合作得以实现。

当欧洲战争即将胜利结束以及太平洋和远东战争的最后胜利日益临近之际，我向你保证中国八路军和新四军以及解放区的人民愿意尽最大可能协助和配合美军在中国实施的任何军事作战活动。我相信，这将有助于迅速击败我们共同的敌人日本侵略者和恢复远东的和平。我方配合作战的潜在可能性和作战的总方针已详细告诉 H·希契上尉。

祝你身体健康，事业成功。

中国陆军部第十八集团军总司令

朱德　敬上①

---

① ［美］约翰·高林：《延安精神——战时中美友好篇章》，华艺出版社 1992 年版，第 163—164 页。

经中国战区美军总司令魏德迈将军的同意，希契于 1945 年 1 月，带着中共的嘱托和作战计划安排，向美国参谋长联席会议汇报了中共提供军事援助的潜在可能性。不管经过如何，还是美海军金上将确有在中国沿海登陆与日军进行最后决战的意图，[①]但中共发出的这一信息终因与美国在中国的战略相悖而有去无回。

陈纳德因此指责谢伟思、戴维斯、包瑞德等人提出的所谓华北登陆计划是"美国政策的执行者不断与中国叛乱、自治的共产党进行着一种'公开的调情'"。[②] 在陈纳德这位主张"清除"中共的"空军战士"看来，"史迪威和中共的'公开调情'没有比他离华九个月后所发生的一宗事件表现得更清楚的了"。[③]

1945 年 7 月，也就是日本最后崩溃大约一个月之前，当时史迪威在冲绳担任美国第十军司令，他提出了一个直接援助中国共产党的具体计划："第十军部队应在上海之北的江苏省登陆，以便同中国共产党的军队获得接触，把美国的军火和弹药给予共产党，让他们向日军占据的上海发起进攻"，这样的主张，连陈纳德都知道，"在战争结束时由共产党占有上海，等于把中国的心脏区扬子江下游交给共产党"。[④]

对蒋介石政府来说，史迪威仿佛阴魂不散，虽已离开中国，但其建议又引起重庆的一阵骚动。国民政府向美方提出紧急"强烈抗议"，使得这个自视比华盛顿更了解中共、中国的人所提出的、更有"远见"的宏伟计划未能得以实施。

在 1945 年战局明朗之前，中共可以说备受这种干扰信号的煎熬，一直希望也以为能与美国登陆部队协同作战。但真正到是年中共快速占领山东等沿海地区时，就不再需要美军的协同登陆了，也不再受到此类美军前方军官私自发出信号的干扰。

---

① 据美国海军上校梅乐斯回忆，金上将曾口头明确要他到中国"尽其所能为美军三四年内在中国沿海地方登陆做准备"，梅乐斯：《另一种战争》(A Different Kind Of War)上册，(台北)新生报编辑部 1969 年版，第 6、37 页。

② ［美］陈纳德：《论美国对华政策》，申报馆 1948 年版，第 8 页。

③ 不知是因为和在华海军梅乐斯有良好的情报合作关系，还是与史迪威积怨太深的原因，陈纳德将所有美军与中共的"不正当交往"都算到了史迪威的头上。但从金上将交代给梅乐斯的口头任务，及希契转交给金上将的中共的"回应"看，与中共"有染"的并不只是史迪威，海军部的最高长官亦然。

④ ［美］陈纳德：《论美国对华政策》，申报馆 1948 年版，第 36 页。

到日本投降后的 1945 年 9 月下旬，美军海军陆战队拟在烟台"登陆"，并要求第十八集团军驻军及烟台市政府撤离该市。虽然都是美军在中国登陆，但日本投降后的美军在华登陆完全超出了中美共同抗击日本法西斯的初衷，演变成了美国对中国内政的粗暴干涉，中共自然作出了强烈的反对。10 月初，叶剑英奉第十八集团军朱德总司令之命，通过美军观察组负责人叶顿上校发出抗议声明，请其转告美军"有关司令部"停止中共曾经期望的登陆。

向美军总部提出的抗议声明①

叶顿上校阁下：

一九四五年九月二十七日，基于美军计划在烟台、威海卫登陆之消息，本人曾受本军总司令朱德将军之命，经过阁下，向美军总部声明下述三点意见：

（一）如果美军在上述地点登陆，十八集团军方面将发现难于了解登陆的目的，因为所有这些地方均在十八集团军控制之下，附近并无日军。

（二）如果美军事前未经与十八集团军总部作任何协商和决定，突然在上述地点登陆，将引起中外人士怀疑美军干涉中国内政。

（三）因此朱总司令希望美军不要在上述地点登陆，并请求贵军予以答复。迄今已经过十天，贵方迄未答复。

兹接本军烟台警备司令部来电报告：十月一日美海军海赛托尔少将之副官长舍尔托夫少校，前来烟台，向我方代表声明：美舰士兵不拟在烟台市登陆，仅要求允许其士兵在崆峒岛休息，调查美国财产，当经双方议定，美军可在崆峒岛西端游息，及允其派员调查美国财产。十月二日日军烟台警备司令部，又应美海军军官之请求，协同美海军人员共同勘测烟台海岸，本军均予以极友谊之协助款待。但十月四日晨五时，突来美驱逐舰一只，即有美海军陆战队上校军官登陆，向本军烟台警备司令部声称，伊接获美海军上将

---

① 《叶剑英选集》，人民出版社 1996 年版，第 100 页。

命令,要其转告我方:(一)美海军陆战队将在烟台登陆,要求十八集团军部队撤除沿海防务;(二)要求十八集团军部队及烟台市政府撤离该市;(三)要求十八集团军部队及烟台市政府,负责有秩序地将烟台市移交美方接管。

朱总司令接获上项报告,不胜诧异。特命令我向贵方郑重声明下列意见:

(一)烟台市早于一九四五年八月二十四日为本军部队收复,烟台市之日伪军队,早经完全解除武装,市区秩序,早复常态,今美军突然要求在该处登陆,我方认为毫无必要,至要求本军部队与当地政府撤离烟市,尤属无法理解;因此,请美军总部转报贵方有关司令部转令烟台海面美海军陆战队勿在烟台登陆;(二)美军如未经与本军商妥,竟然实行在该地强行登陆,因而发生任何严重事件,应由美军方面负其全责。

以上事实经过及本军总部意见,请阁下迅速转达贵方有关司令部,并要求迅速赐复为感。

专此,即颂

军祺

第十八集团军参谋长叶剑英

一九四五年十月六日

中共此前不久如此希望美军登陆,而今为何坚决拒绝美海军登陆要求?如果仅是单纯从军事的角度来看,这首先在于中共在军事上已无需美军的协助、支持。[1] 其次,美方此时借"中国战区最高军事首长"名义图谋插足中共占领区的行为让中共无法接受。[2]

但事件变化的本质在于,此时美军在华登陆已演变成对中国内政的干

---

[1] 1943年10月23日,戴维斯到延安做短期的访问时,就毛泽东8月提过的"美军应该在华北海岸登陆的问题"向他提问:对于这样一次登陆,共产党军队会给予什么支援? 毛泽东回答说,中共"会给予全面的合作——如果美军的登陆是一次重大的作战行动,而且包括援助他们的军队的话"(《抓住龙尾——戴维斯在华回忆录》,商务印书馆1996年版,第326页)。可见中共所期望的美军登陆是有前提条件的——必须给予中共军援。

[2] 试图登陆的美军宣称"十八集团军部队进入烟台接收日伪军阵地,没有得到中国战区最高军事首长蒋介石的允许。如果美军登陆烟台,蒋先生就可以延派派兵来此,这样就缓和了你们中国内部的争执"。见孟东:《1945年:烟台中美交锋》,《文史精华》2007年第2期,第23—24页。

涉，而并非一个单纯的军事问题。如前所述，毛泽东曾经很明确地告诉谢伟思"如果美军不在中国登陆，对中国来说那将是最不幸的事"，此话若说得更明白一点应该是：如果美军不抓住时机在中共需要的时候登陆，承认中共并与之合作，那对中美两国来说都是不幸的事。中共已靠自己的力量占领中国主要经济地区，美军即便登陆也已错过了中共留给美方那道政治"选择题"的时效。也就是说，由于美国在中共需要的时候并没有选择与之合作，实际上是从政治上放弃了中共，此时美军登陆对中共来说既无军事效用也无政治意义，何况此时要求登陆的美军竟然还要求中共撤出烟台。更重要的是，此时日本业已投降，国共矛盾明显，在受降过程中，美国扶蒋抑共，帮助国民党抢占地盘，因此此时谈登陆，性质已发根本变化，中共因此坚决反对。

美军观察组成员约翰·C·高林自述于 1945 年 1 月到 5 月回美国后，曾与斯图尔特·艾尔索普共同策划了一个将美军人员空投到山东半岛的计划。就在他们精心准备挑选数名特工时，该"计划"由于原子弹计划的实施被"突然"终止。[①] 事实上，美国的原子弹并非如高林感受的那样"突然"出现，而是早就制定，其优先性和高度的机密性造成了包括就任总统前的杜鲁门在内的高级将官对原子弹计划的无知和对罗斯福很多政策的不解。

从前前后后的情况看，所谓"华北登陆计划"，并非是因为原子弹的"突然"爆炸而来不及实施的战略计划，而是一个由部分美国前线军官"看好"并努力促成、中共期望、[②]国民党阻扰、苏联人担忧、[③]但却因有悖于美英参谋长联席会议总战略而注定无法实现的历史插曲。

---

① ［美］约翰·高林：《延安精神——战时中美友好篇章》，华艺出版社 1992 年版，第 130－131 页。

② 胡乔木在《关于延安美军观察组和赫尔利斡旋的谈话》中要求中共的宣传们要认识到，观察组和"登陆计划"等事情"并非是因为我们主观上抱了很大的希望最后落空了，关于这段历史的写法上不要写成我们抱着不切实际的幻想，上当了"（《胡乔木回忆毛泽东》，人民出版社 1994 年版，第 78 页）。可见中共尽管很期盼观察组军官们的各种"合作计划"，也不知这不过是这些下级军官背着华盛顿干的"好事"，但中共并没有将希望全寄托在与美军的"合作"上。

③ 共产国际驻延安联络员，苏联人彼得·弗拉基米洛夫相信"如果没有华盛顿的授权，他们是不敢进行这样的接触的"，他相信谢伟思等人在延安与中共进行的政治问题探讨"是华盛顿授权给他们的"（彼得·弗拉基米洛夫《延安日记》，现代史料编刊社 1980 年版，第 265 页）。这一判断和中共的判断一样存在一定的偏差，这种偏差不仅源自有效信息的不足，还和自身的利益倾向有关：中共希望得到美援壮大自己，故潜意识中很期望谢伟思、戴维斯等人的言论能代表华盛顿；而弗拉基米洛夫则是出于担心美国联合中国对抗苏联，而不由自主地以为这些大胆的前线军官经过了华盛顿的授权。

　　尽管罗斯福总统派出美军观察组的真正动因并非如早期的建议者周恩来、戴维斯、谢伟思等人所期望的那样，而是为配合马特霍恩计划的一个具体行动，但美军观察组的到来，还是被国共双方都看成是对中共某种程度上的承认。

　　进一步从军事上看来，美军观察组到延安很容易让人以为美国会在中共控制区域与之进行"联合登陆"之类的军事合作，并使中共获得美国的援助。中共因此积极争取观察组到延安，进而实现"美军登陆"。但形势的发展让共产党人渐渐明白美国是不可靠的，所以中共几乎从未放弃自身的努力去不断壮大自己。中共在这一问题上的独立和谨慎如谢伟思所说"除非美军采取大规模的行动，否则他们是不会下注的"。也就是说即便美军不像中共所期望的那样"登陆合作"，"他们仍对他们日益增长的实力满怀信心"。[①]　中共做了积极有效的准备，这一方面可以配合可能实现的美、共联合登陆，另一方面也为应对势必爆发的国共内战做了积极的准备。

　　1944 年下半年，中共一改此前对国民党军队的"避战"战略，调动部分华北八路军、华中新四军部队，以浙江、湖北为两大战略通道，皖南为中间跳板大举南下。两条通往南方老区的战略走廊之一就是自苏中，经苏南发展浙西，接通浙东、浙南，沿海岸线迁回至福建、江西，重点控制全浙江。由新四军苏中军区担负作战任务，并在浙西天目山区设江南大营。华中局机关和新四军军部率各师抽调的主力团队也大举南渡长江跟进，必要时可直接跃进闽、赣老根据地。打通此条南下通道的重要意图之一，便是配合美军在华东（山东或杭州湾）等沿海地区的登陆行动。中共自 1944 年 8 月起不时指示华中局和新四军军部，预备布置该项行动计划。8 月 21 日，毛泽东电示新四军领导人，告之美军欲在中国战场登陆意图。[②]　10 月 24 日，中央军委电示新四军军部："美军有在杭州湾登陆可能"，应十分注意发展宁波、杭州、上海三角区的工作，"以便配合美军作战，时间可能很快"。11 月 2 日，毛泽东、刘少奇联名致电张云逸等，明确指示："美军可能在杭州湾登陆，而

---

　　①　［美］约翰·佩顿·戴维斯：《抓住龙尾——戴维斯在华回忆录》，商务印书馆 1996 年版，第 326 页。

　　②　《中共中央军委致张云逸等电》（1944 年 10 月 24 日），《新四军抗日战争战史资料选编》第 5 册，1964 年（内部版），第 1133 页，转引自唐洪森：《抗战胜利初中共让出南方解放区战略研究》，《中共党史研究》2006 年第 2 期，第 67 页。

我们在那一带工作还很薄弱"。①

值得指出的是,在中共备受美方各种干扰信号困扰但仍坚持发展自身力量的同时,美国最高决策层对国共的态度也始终坚持其既定的原则:在中国只承认、支持惟一"合法"的国民政府。

有观点以为,如若20世纪40年代美国能够抓住与中共建立联系的"机会",五六十年代的中美关系会是另一番景象,不至于耽误二十多年才重新确立正常关系,"也不可能有什么台湾问题"。② 但从上述历史看,这种谴责美国政府失去在中共中国"机会"的声音,多少显得有些机会主义。难以想象,世界现代史上政治、经济力量正日益强大的美国,如果没有什么特殊的利己因素,会放弃其对国家观念的基本认识,公开置亲美、"合法"的国民党政府于不顾,贸然支持一支"非法"的、"赤化"可能性极大的武装力量。

第二节　马计划对国共两党的不同影响

国共等方面对美军观察组的认识与期望

国共双方对马计划的情报、搜救组织美军观察组,无论当时还是事后认识上都存在很大差异,而最大的差异就是对观察组形成原因的不同认识和相应作出的不同反应。

对于美国为何要派观察组到延安,中共首先分析了当时的美中(蒋)关系形式。中共认为"到了一九四四年初,罗斯福不仅不赞成蒋介石打内战,而且想直接同中国共产党建立联系。罗斯福的战略构思是,把国共两党都控制在自己的手里,既支持蒋介石,维护国民政府的统治,又发挥共产党的抗日作用,防止共产党倒向苏联,以便美国在战后控制整个中国"。③

---

① 《毛泽东、刘少奇致张云逸等电》(1944年11月2日),《新四军抗日战争战史资料选编》第5册,1964年(内部版),第1134页,转引自唐洪森:《抗战胜利初中共让出南方解放区战略研究》,载《中共党史研究》2006年第2期,第67页。

② 这是谢伟思在1971年提出的(见《中国通——美国一代外交官的悲剧》,新华出版社1980年版,第7页)。不仅谢伟思等人认为美国失去了与中共联系的"机会",还有像埃德加·斯诺等同情中共的美国人士认为美国对蒋介石的支持是"下大赌注",其结果是"华北登陆计划或对延安进行认真的军事合作的议论戛然而止,以及战时中美友好篇章的大门"的关闭,参见 Edgar Snow, *random notes on red china* (1936－1945), Harvard University Press, 1957, pp. 125－135.

③ 金城:《延安交际处回忆录》,中国青年出版社1986年版,第191页。

在这种判断前提下，中共不仅在当时就将观察组的到来定性为"我们在国际间统一战线的开展"和"我们外交工作的开始"，①且至今保留类似观点。曾接待过美军观察组的金城将观察组这段历史定性为"我党外交工作的开端"。② 杨尚昆亦作类似评价，称其为"延安外事工作的开端"。③

胡乔木作为中宣部部长在20世纪90年代初《关于延安美军观察组和赫尔利斡旋的谈话》中谈到，"搞一个和美国人打交道、办外交的题目，是否可以说是外交？"，"与美国记者可以说是交往，对美军观察组是外交，特别是与赫尔利，我们当时是郑重其事的"，"观察组不办外交，但有外交性质。它收集情报，但不能决策"。④ 可见，即便在建国后中共内部对观察组的认识还存在一些细微的差异，胡乔木认为，观察组虽"有外交的性质，但不办外交"，这一评价相对客观。

也许受当时政治宣传倾向性的影响，金城和杨尚昆都给予观察组较高的评价，中共至今都将当初在延安与观察组的接触称为"我党外交的开端"，这种认识至今对史学界仍有着直接的影响。胡乔木作为中共的宣传工作领导者，希望关于观察组这一历史事件的宣传"以我们为中心，不以美国为中心。入题要从我们方面开始，背景也要以我们为主，事件的叙述以毛泽东为中心，保持始终一致的回忆语气"。⑤ 这种坚持自我的宣传策略对一个政党来说有其合理性和必要性，但对学界来说，却造成研究中对美国方面有效信息的忽略，和美国最高决策层的集体"失语"。

中共在美军观察组问题上误判的原因是由于当时主客观条件所限，然而，直到20世纪90年代，中共对观察组的认识并没有随着条件的改善（美国相关重要档案到20世纪90年代几乎都已解密）而得以提高和澄清。

和当时的判断类似，中共到20世纪90年代还认为，之所以"出现了与

① 《中央关于外交工作的指示》（1944年8月18日），《中共中央文件选集》第12卷，中共中央党校出版社1986年版。
② 金城：《我党外交工作的开端》，见《延安交际处回忆录》，中国青年出版社1986年版。
③ 参阅《杨尚昆回忆录》第十、十一章，中央文献出版社2001年版。
④ 《胡乔木关于延安美军观察组和赫尔利斡旋的谈话》，胡乔木：《胡乔木回忆毛泽东》，人民出版社1994年版，第78页。
⑤ 胡乔木要求中共的宣传者们，在撰写关于美军观察组的文章时，"写法上要以我们为中心，不能以美国为中心。入题要从我们方面开始，背景也要以我们为主。事件的叙述以毛泽东为中心，保持始终一致的回忆语气"，见《胡乔木关于延安美军观察组和赫尔利斡旋的谈话》，胡乔木：《胡乔木回忆毛泽东》，人民出版社1994年版，第78页。

美国官方、军队合作的可能性",有两个原因:"一是美国当时出现了一股思潮、一股势力,不信任国民党,要求直接与共产党合作;二是美国正在考虑在华登陆,需要我们的帮助,于是产生了观察组。美国表现出一种主动,他们有求于我,我们则抓住这一形势,决定采取行动。美国曾考虑给我们一些援助,但始终没有下决心。在观察过程中,战场形势发生了变化,认为不需要了,这就失掉了合作的条件。"①可见言者事后50年还认为美军最终没有实现对中共的支援,是因为"形势变化"这个具体的原因。进而言之就是,中共至今还相信如果没有什么特殊具体的"变故",援助还是有可能的。

值得庆幸的是,这种在具体事件上"不切实际的幻想"并没有影响中共对美国政策的总体上的理性判断。胡乔木也清楚,即使"美国给了我们一些援助,有少量合作,也不说明美国的政策有了多大变化"。观察组再怎么说愿意与中共合作,但只要"美国的根本利益还和蒋介石联在一起,中共与美国的合作也不会完全成功"。② 正是这个原因,使得共产党人即便潜意识中如何希望得到美国如其所想的那样某种程度上的承认,现实当中又有如此之多向这方面发展的"倾向",但最终的结果渐渐让延安在理智上也越来越清楚地意识到,美国不可能放弃他的盟友国民政府。可见中共在具体事件的判断和对美国总体政策的方向的把握上存在一定冲突,但基于"中国抗战主要地依靠自力更生"③的认识,中共一贯坚持把基本方针"放在自己力量的基点上",故而没给自己造成方向性错误。④

国内学界多受中共这一宣传的影响,认为罗斯福同意派出观察组是因为"美国政府有着双重的目的。军事上,有利于对日作战。美军将可以在西北、华北抗日根据地搜集更多、更准确的日军情报,在必要时还可以同中共部队进行某种程度的合作",并"刺激国民党军队对抗日采取更积极的态度",在政治上,"通过与中共的这种准官方的接触,至少可以增加美国对国

① 胡乔木:《胡乔木回忆毛泽东》,人民出版社1994年版,第78页。
② 胡乔木:《胡乔木回忆毛泽东》,人民出版社1994年版,第78—79页。
③ 1939年9月16日,毛泽东在延安对中央社、《扫荡报》《新民报》三记者谈话时说:"中国抗战主要地依靠自力更生。如果过去也讲自力更生,那末,在新的国际环境下,自力更生就更加重要。"《毛泽东选集》第二卷,人民出版社1967年版,第58页。
④ "我们的方针要放在什么基点上? 放在自己力量的基点上,叫做自力更生。我们并不孤立,全世界一切反对帝国主义的国家和人民都是我们的朋友。但是我们强调自力更生,我们能够依靠自己组织的力量,打败一切中外反动派",《抗日战争胜利后的时局和我们的方针》(1945年8月13日),《毛泽东选集》第四卷,人民出版社1967年版,第1132页。

共双方的影响,至多则可把国共两党都掌握在美国手中,从而左右中国事态的发展"。①

很明显,上述"刺激国民党"积极抗战之说并不符合美国的对华政策。从认识的深层背景看,"两党都掌握在手"的评价是仅从中共认识的角度出发,没有认识到美方真实政策而造成的带有机会主义色彩的认识。战时美国的最高决策机构参谋长联席会议的各次决议表明,美国对华政策应该说是连贯一致地扶持具有合法地位的蒋介石国民政府,尽管对蒋政府有诸多不满,但并没有因为一些前线军官的想法而对中共另眼相看。

还有观点认为美国派遣观察组"是美国政府为了阻止国共关系日益恶化的一种努力"。其证据是美国国务院致陆军部的一封公函中的内容:

1. 国共关系的不断恶化对中国的抗日有着普遍的不利影响;

2. 局势进一步恶化可能导致严重危及中国政治统一的内部冲突;

3. 有可能在将来引起中国与苏联关系的复杂化,如果这样应以何种最适合的方式才有助于友善地解决国民政府与共产党之间的矛盾。②

从这些内容可以看到,美国国务院此函虽在谈国共关系,可并不能说明美国参谋长联席会议派驻观察组意在"解决国民政府与共产党之同的矛盾"。相反,这种陈述也完全可能是在告诫陆军部那些喜欢另辟蹊径、看好中共力量的前线军官们,不要触动国共关系这根敏感的政治神经,该函因此也就可能成为对立观点的论据。实际上,国务院的这些态度只能说明美国将继续保持与"合法"的国民党中央政府的"正式"关系,派观察组到延安并非是对中共的"承认"。

另有美军观察组"政治成因说"不能令人信服,"因为从当时实际情况看,军事因素的影响无论如何都是不能忽视的,可以说是第一位的",③这种

---

① 陶文钊:《中美关系史(1911—1950)》,重庆出版社 1993 年版,第 305 页。

② 杨奎松:《抗战期间美国介入国共关系及其影响》,陶文钊、梁碧莹主编:《美国与近现代中国》,中国社会科学出版社 1996 年版,第 100—101 页。

③ 马建国:《抗日战争时期的中美军事合作(1937—1945)》,华东师范大学 2004 年中国近现代史方向博士论文,第 93—94 页。

观点看到了观察组形成原因中军事方面的重要性。但其所强调的军事原因在于"美军在 1944 年秋天以前的华东登陆计划,必须得到当地中国军队的配合……需要得到解放区的各种军事情报"。① 国内学界的这一认识也许来自于在中国颇有影响的《中国的纠葛》。该书认为,"美国要求进入共产党地区并不是一个突然的冲动。美国空军在共产党地区上空作战和美国在沿海靠近共产党地区的地点登陆的前景越来越接近,需要军事情报的愿望就更加明确了。而且由于共产党已成了一种更加重要的力量和因素,看看他们能在中国起什么作用的想法也变得强烈起来"。②

事实上,如前文所述,所谓美、共合作登陆发起对日最后决战的计划,不过是由部分美国战地军官"看好"并努力促成、中共期望、国民党阻扰、苏联人担忧,却因有悖于美英参谋长联席会议总战略,注定无法实现的历史插曲。既然美、共合作的"登陆计划"注定无法实现,且违背华盛顿本身战略意图,这种"合作"又何以能成为华盛顿最终决定派出观察组的原因呢?

《抗日战争时期的中美军事合作(1937—1945)》一文强调军事方面的原因有其合理性,遗憾的是所指出的军事原因并不成立,其对观察组的认识仍回到仅从中共立场评论的境地,甚至自相矛盾:"尽管美军观察组的派出目的,是出于对日作战的军事目的,但是美军观察组到延安的最大影响,是在于政治意义而不是军事意义",③从而过高评价了对中共而言的政治意义,未将文中本已初见端倪的重要军事原因深化下去,使之同样陷入了美军观察组"政治成因说"的泥潭。

时在延安的弗拉基米洛夫(即孙平)对美军观察组的认识一定程度上代表了苏联政府的观点。④ 他认为,美军观察组的到来是"美国人正疯狂地在亚洲寻求军事援助"⑤的一种表现。这一总体认识和中共有共通之处:美国

　　① 马建国:《抗日战争时期的中美军事合作(1937—1945)》,华中师范大学 2004 年中国近现代史方向博士论文,第 93 页。
　　② [美]赫伯特·菲斯:《中国的纠葛》,北京大学出版社 1989 年版,178 页。
　　③ 马建国:《抗日战争时期的中美军事合作(1937—1945)》,华东师范大学 2004 年中国近现代史方向博士论文,第 96 页。
　　④ 客观地说,孙平的认识实不足以代表苏联,还应从多方面考察苏联人的认识。但因资料问题,此处仅列出孙平的认识。不过孙平的看法至少能显示从苏联立场出发,在观察组问题上的考虑与其余方面的差异,较全面的认识有待日后深入。
　　⑤ [苏]彼得·弗拉基米洛夫著,吕文镜等译:《延安日记》(1944 年 6 月 27 日),现代史料编刊社 1980 年版,第 250 页。

需要中共的军事支持,这个总认识并不错误,但美国在多大程度上需要中共? 美军将如何与中共进行具体的军事合作? 既然美国人在重庆口口声声要抵制共产主义,为什么又要与延安"合作"? 美国人看上了中共的什么东西? 诸如此类的问题在苏共和中共的心中都没有底,但在潜意识中,中共以为美国可能从政治上采取了同时拉拢国共两党的投机手段。对观察组的一些具体情况,孙平的认识和中共一样有其局限性。在孙平看来,华莱士的重庆之行原本不是为着观察组而来,而是华莱士到了重庆之后,由于在华"美国官员请求副总统给予帮助",经"他与白宫立刻联系",才使得"白宫立刻做出反应:四小时后,罗斯福以最后通牒的形式,要求中央政府同意代表团去延安"。可能因为信息渠道有限,孙平并不清楚派驻观察组的事情早已有之,并非华莱士到了重庆之后才突然出现。而且孙平没有、也无法认识到,华莱士访华的重要目的就是促成观察组的成行,而未见得是充当中苏或国共关系的调解人。孙平作为苏方代表除了和中共有上述相同之处外,还有些许对美、共走得太近的担忧。

国民党方面,重庆的国民党中央政府对派遣观察组形成的认识,传达出对美国盟友的不信任和对共产党势力日益强大的恐慌,尤其美国台面上的态度和实际行动的不一致让国民党尤为头疼。

时任美国驻华大使的高斯对派驻观察组引起的国共纠纷曾公开表态:"国共纷争系属内政,美国宜予国民政府以绝对之同情与支持,美国之态度与中国之未来至有影响,逼使国民党与中共泯除歧见,将仅足以加强中共之顽抗,结果所至,将使国府无条件投降于苏联支持之共产党。"[1]高斯的表态虽只是美国在华官员的态度,但与华盛顿的对华政策基本一致。[2] 美国对国共两党的这一明确态度只要与美国的总战略没有新的冲突,就不会更改。

---

[1] 1944 年 8 月 31 日高斯致国务院电,*United States Relations With China*(*1944 − 1949*),U. S. Government Printing Office,1949,p. 561.

[2] 应该注意到,美国对华政策的实施往往受到政策执行者个人认识的影响。二战期间,此种影响最为典型的案例是陈纳德、史迪威、戴维斯、谢伟思等人,这群在华官员一般都有较深的中国文化背景,自信对中国的了解比华盛顿更真实,故与华盛顿的对华政治多持异见,甚至有自行其是之举。本书主张区分华盛顿最高决策层和政策执行者在同一事件上的不同态度、主张和处理方式。此处指出高斯与华盛顿在国共关系上的一致,意在显示在华美方官员与华盛顿认识异同的不定性。如下文"B-29 川西机场款案与 10 亿美元贷款案"中所显示的,高斯并不是在所有问题上都与白宫保持高度一致:对蒋介石 10 亿美元的贷款要求,高斯干脆加以拒绝,而罗斯福则另有神算——利用汇率差价乘势在中国捞上一把……找到政策执行者与决策者之间的这种差异,有助于认识 1944 年史迪威、陈纳德、高斯、谢伟思等人在华的离奇遭遇等等令人困惑的外交现象。

华盛顿可能是因为过多解释会涉及秘密战略而无法明白相告,弄得国民党这位"盟友"真假难辨:既然这样"同情和支持"国民政府,为何还如此坚定地派出触及国民党敏感神经的延安军事观察组?

　　蒋介石怀疑美国心口不一,不把国民党看在眼里。但国民党至今更愿意相信的是,美国特别是罗斯福,还是尊重国民政府,也"能洞见祸害之先机。然与当时华府之争取中共政策有别,盖其实美共在白宫、国务院及其它机构中,操纵对华政策之部署"。国民党认为美国出现这种自相矛盾的情形,"已非一驻华大使之力所能扭转! 至史迪威指挥部中人之活动,殆亦不过美共执行苏联'红色中国'阴谋之配合而已"。① 也就是说国民党更怀疑与中共直接接触的观察组,其形成的主要原因在于美国和苏联的共产党作祟其中。中共势力的日益强大,②以及无法把握美国言辞的虚实,使国民党在这件事情上也就难免杯弓蛇影。

　　当然并非所有的重庆国民党人士都像蒋介石那样对观察组忧心忡忡,也有吕一民等人以为,重庆的各种猜度是庸人自扰。③

　　国民党的非中央派系,就像国民党内部自有的差别那样,由于可能涉及到派系的利益,对于中共与美军可能的接触又有别样的考虑。据拉铁摩尔回忆,当他随华莱士访华队伍一行离渝抵蓉时,"接到一个神秘的口信,被邀请去单独会晤一位四川军阀,此君据说正退隐家中,自中央政府迁至重庆以来已变得相当的软弱无力"。此人就是暗中与中共联系抗衡蒋介石的四川军阀刘文辉。华莱士的来访不仅在美国引得各方猜度,在中国亦谣言四起,刘文辉作为一个地方实力派在大多数人都不太确定的情形下,同样感到非常不安,很想通过拉铁摩尔弄清美国对中共的态度,以便多方下注。刘盘算着"战争结束后,中央政府将迁回南京,会不会有这种可能:与中共谨慎地谈判结成同盟? 中共反对蒋介石,我亦如此。或许我能恢复自己在本省失去

---

　　①　梁敬錞:《史迪威事件》,商务印书馆1973年版,第245页。

　　②　1944年日军"一号作战"期间,由于日军力量南下用于打通南北交通线、摧毁美军在华空军基地,国民党军队一溃千里,华北成空虚之势,中共趁机得到扭转局面的发展,建立大片根据地。中共在军事上的具体发展情况可看本书"汉口战役:火攻战术的成功演绎"中的相关叙述。

　　③　对于华莱士访华的目的,吕一民(其妻曾于拉铁摩尔任蒋顾问期间任其打字员)作为欧文・拉铁摩尔《美国与亚洲》一书的译者,自信以该书体现出的美国对华一贯态度,蒋政府大可不必太紧张:"倘若吾人一读那氏之《美国与亚洲》一书,华莱士访华之使命,昭然明甚",见[美]欧文・拉铁摩尔《美国与亚洲》,1943年版,第5—8页。

的影响"。① 在刘文辉看来,美军观察组的派出也许是一次联共抗蒋、东山再起的机会。但拉铁摩尔非常有礼貌地向他明确指出,这种关于统一战线的谈判尚未开始,无论如何他不会参与其事。

在重庆国民党权力核心圈中,由于不同的政治主张在美军观察组这一敏感问题上的不同态度亦有所反映。四川省主席张群是"在接近蒋介石的人中,仅有的反对通过内战解决中国问题的人"。② 如果华莱士一行访华真有调解国共关系的使命,"张群当然非常希望跟华莱士好好谈一谈",以期通过华莱士将其"完全赞成与中共接触"③之观点影响到蒋的决策。然而"在涉及统一战线和与中共的内战这个微妙的问题上,蒋介石不希望哪个中国人单独跟一个美国人谈",④所以尽管华莱士已经到了成都,但张群最终没有获得与之直接交流的机会,而仅仅向拉铁摩尔表达了自己在派驻观察组问题上与蒋介石不同的观点。

B-29 川西机场款案与 10 亿美元贷款案

为配合美国的马特霍恩计划,重庆国民政府、四川省政府启动了抗战以来最大规模的一次"特种工程",动用了几十万四川劳动力和对国民政府来说数额不菲的资金。而这些费用按照罗斯福最初与蒋介石的交涉,罗斯福"本人将利用租借法案提供所需款项"。⑤ 因在实际操作中由中方先垫付所需费用,再加上蒋介石在 1943 年底开罗会议时提出的 10 亿美金贷款一事,中美之间就付款的汇率问题和如何抑制通货膨胀问题发生了为时一年半的争执。

还在 1943 年 12 月开罗会议期间,蒋介石鉴于国内长期以来糟糕的经济形势,乘美方上月提出要中国大力协助建设 B-29 机场之机,顺势向美方提出了贷款 10 亿美金的要求:

① 《蒋介石的美国顾问——欧文·拉铁摩尔回忆录》,复旦大学出版社 1996 年版,第 176 页。
② 《蒋介石的美国顾问——欧文·拉铁摩尔回忆录》,复旦大学出版社 1996 年版,第 177 页。
③ 《蒋介石的美国顾问——欧文·拉铁摩尔回忆录》,复旦大学出版社 1996 年版,第 179 页。
④ 《蒋介石的美国顾问——欧文·拉铁摩尔回忆录》,复旦大学出版社 1996 年版,第 177 页。
⑤ 罗斯福 1943 年 11 月 12 日致蒋介石电,郭荣赵编译:《蒋委员长与罗斯福总统战时通讯》(台北),中国研究中心 1978 年版,第 196 页;亦可见秦孝仪主编:《中华民国重要史料初编——对日抗战时期》第三编《战时外交》(一),(台北)中央文物供应社 1981 年版,第 285 页。

……今后战事延长需款更巨,而美军在华用费日增,如修建成都机场招待空军人员,接运美空军物资等等。截至现在已用去法币30亿元,今后此类费用尚需继续支付……故不得已向美国借款10亿美元……①

罗斯福认为,尽管对中国大力进行经济援助的做法符合美国"建立一个强大中国"的战略,但在具体操作上,他并不打算直接将援助经费像此前的5亿美元贷款那样直接拨付中国政府,而主张"用50万或100万美金,在黑市收购中国法币"。②

罗斯福这个"在黑市上收购法币"的构想,就定下了美方在贷款解决方式和机场款结算汇率问题上的基调:用黑市上美元对法币的汇率来进行官方之间的经济交往。

罗斯福曾自谦"不是财政专家",但其实他非常清楚其中要害。他知道这种做法的好处:不仅美方"花费不多",而且还可从中赚取不菲的利润。因为"当中国人发现法币被美元收购时,就会保存法币,美元对法币的汇率就会降落下来",从而实现中方制止通货膨胀的目标。罗斯福很有胜算地预计着:"当中国需要的时候,我又将法币卖给他们,收回我们的美金。"当然,罗斯福还是有一些"慈悲"的,他还不至于独吞以此种方式在中国民众身上搜刮来的财富,他很"大度"地宣称"我愿与中国政府分享此等利润"。③

如果史迪威日记的这一记载可靠,罗斯福这些谈话足以完全颠覆他在当时中国人心目中的崇高形象:罗斯福并非慈善的山姆大叔,而和他的祖父一样,是个总能在中国发财的商人。罗斯福曾经很是得意地告诉霍普金斯等人,1829年其祖父来到汕头、广州甚至汉口等中国城市,和当时许多雄心勃勃的美国人一样赚了许多钱。回美国后,他将这笔从中国赚到的巨款投

①　梁敬錞:《开罗会议》,(台北)商务印书馆1974年版,第116—117页。

②　这是1943年12月6日开罗会议期间罗斯福与霍普金斯、史迪威等人的谈话中所讲到的,By Joseph Warren Stilwell, Theodore Harold White, *The Stilwell Papers*, New York, William Sloane Associates, Inc, New York Date Published,1948,pp. 251—254;《史迪威日记》,世界知识出版社1992年版,第221页。

③　*The Stilwell Papers*, New York, William Sloane Associates, Inc, New York Date Published,1948,pp. 251—254.

资到西部铁路开发中。八年后的 1856 年，当他变得一无所有时他又到了中国。这次，他不仅躲过了战争，而且再次在贫穷的中国掘取到了二次创业的原始积累。①

大约祖父的经历启迪了罗斯福：经济总量颇高但工业落后的中国，②是个攫取财富的理想之所。罗斯福打算继续在混乱的中国掘金，他算计道：

　　　此次战争结束之后，中国需要我们很多援助。他们将需要贷款。蒋夫人与委员长现在就要贷款 10 亿。但是，我告诉他们，要让国会同意不容易。我不是财政专家，我的计划是拿 50 万或 100 万美金，在黑市收购中国法币，这样花费不多。当中国人发现此等纸币被收购，他们将会保存这些纸币，汇率就会降下来。用这种方法，可能制止通货膨胀。我愿与中国政府分享此等利润。当中国需要时，我再将法币卖给他们，收回我们所用的美金。③

稍微计算一下就会发现，罗斯福的这种办法何止是"偷窃"，④简直就是公开的抢劫，而且是抢的"盟国"小兄弟的血汗钱：如果美国用 100 万美元以当时中国黑市上美元对法币 1：100 甚至更高的价格，就可收购法币至少 1 亿元。假设汇率下跌到官价 1：20，或者根本不用等到自由市场价格下跌，干脆直接再按官价回购在中国的美元，则美方用来自中国的 1 亿法币就可收回 500 万元的美金。也就是说通过这种与中国之间的"货

① 　1943 年 12 月 6 日，*The Stilwell Papers*，New York，William Sloane Associates，Inc，New York Date Published，1948，pp. 251—254.

② 　在 18 世纪 60 年代的英国工业革命之前，处于农业社会的中国经济总量为世界前列，此后这种局势逐渐改变，直至 1895 年美国的经济总量超过中国，并替代中国成为世界第一经济体。

③ 　1943 年 12 月 6 日，*The Stilwell Papers*，New York，William Sloane Associates，Inc，New York Date Published，1948，pp. 251—254.

④ 　罗斯福 1933 年就职总统后仅一个星期就以稳定经济为名发布行政命令，停止银行的黄金兑换，美国公民必须以 20.67 美元兑换一盎司的价格上缴他们所有的黄金。除了稀有金币和黄金首饰之外，任何私藏黄金的人，将被重判 10 年监禁和 25 万美元的罚款。罗斯福辩称这只是"紧急状态下的临时措施"，但事实上，该法令直到 1974 年才被废除。1934 年 1 月罗斯福政府又通过了《黄金储备法案》，金价定位在 35 美元一盎司，可美国民众无权兑换黄金。人民刚刚上缴了黄金，多年的积蓄就狂贬了大半！学识渊博的盲人参议员托马斯·戈尔评价罗斯福废除金本位的做法"是明显地偷窃"(宋鸿兵：《货币战争》，中信出版社 2007 年版，第 5 章)，可见罗斯福在经济上素有强硬手段。更多关于美国金融史的内容可参阅《货币战争》的主要内容来源美国律师 Patrick Carmack 制作的电视纪录片 *The Money Masters*(1995)。

币战争"，美国就可从中国市场上直接轻易获利 400 万美元，并"高姿态"地与蒋介石政府"分享"这笔从战时中国民众身上搜刮来的"利润"。① 这种获利方式印证了"超级通货膨胀从来都是超级财富收割机"②的说法。罗斯福这种企图在中国货币剧烈贬值的通货膨胀过程中大规模转移中国财富的举动无异于趁火打劫，其对中国的损害较之于与中国正面交火的日本好不到哪里去。③

就在罗斯福盘算着如何利用中方廉价劳动力修建 B-29 机场，并顺势赚取一笔数百万美元的"利润"的同时，在重庆的美国驻华大使高斯表示了他对中方 10 亿美元贷款要求的看法。虽然他和总统一样都不相信蒋介石政府能够用好这笔贷款，但高斯的建议和总统收购法币的办法完全不同。他认为，"无论在政治或经济上，此时没有健全的理由以支持任何这项贷款的建议"。④ 经济上，"中国实际上在政府及私人双方面都不缺乏美金"，"中国政府动用美金资源以制止通货膨胀并非轻而易举之事"；⑤ 从政治上看，中国"现在并不需要贷款。联合国军事行动必然带来最后胜利，收复中国失地，没有理由惧怕中国寻求单独的和平。诚然中国政府组织、军事、经济和行政诸多方面都日益退步，但这个时候进一步的美金贷款并不能改善情况，或阻止恶化"。再看看中方此前"运用 5 亿美元借款的方法，怎能让人相信

---

①　梁敬錞竟然认为罗斯福这种用美元按黑市美元价格大量收购法币，然后又按低价退回法币的做法产生了"良好的反应"："罗斯福允将此案带回国内与摩根索财长商议，但同时也发表意见说，稳定中国币值，自需急办，但借款方式似不如由美国直接以美金按公开市场价收购法币，等战争平定后，再将法币照原值向中国买回美金，美国政府不在其中牟利"，梁敬錞：《开罗会议》，(台北)商务印书馆 1974 年版，第 116－118 页。

②　宋鸿兵：《货币战争》，中信出版社 2007 年版，第 5 章。该书被指抄袭 1995 年美国出版的长达 3 小时的纪录片 *The Money Masters*, *How International Bankers Gained Control of America* (1996, Produced by attorney Patrick S. J. Carmack and directed and narrated by William T. "Bill" Still)，故也可参见该片。

③　近现代史上的中美交往中，美国因其掠夺手段的隐蔽性而自居为西方列强中的善者。比如美国人自认为从未在中国占据租界，但美国人居住在其他国家的租界里。美国人最为伪善的事情是自认为没有与中国签署什么不平等条约，可美国人同中国订立了"最惠国"原则和治外法权原则。这使得美国人无需诉诸武力便能享受德国人、法国人、英国人、俄国人、日本人从前和此后从清政府那儿掠来的各种好处(关于美国人种种类似的做法参见《蒋介石的美国顾问——欧文·拉铁摩尔回忆录》，第 118 页)。蒋介石说罗斯福建议用美元黑市价收购法币的办法"实类似于一种商务上之交易"，但将其评价为是强盗行径更为恰当。

④　《1943 年 12 月 9 日美驻华大使高斯自重庆呈国务院电》，郭荣赵编译：《蒋委员长与罗斯福总统战时通讯》，(台北)中国研究中心 1978 年版，第 185 页。

⑤　《1943 年 12 月 9 日美驻华大使高斯自重庆呈国务院电》，郭荣赵编译：《蒋委员长与罗斯福总统战时通讯》，(台北)中国研究中心 1978 年版，第 185 页。

今后会善于运用更多借款"。① 所以高斯在1943年12月9日致国务院电中提出的不是像罗斯福那样通过美元汇率黑市与官价的巨大差价来"解决"中国的通货膨胀,并和蒋介石分享"利润",而是坚决反对任何形式的贷款给予中国。可见高斯的态度和华盛顿的老谋深算还是有一定差距的。

14天后,蒋介石为探查贷款的可能性而亲自与高斯交谈,此次会谈再次强化了高斯在对华贷款问题上的强硬态度。高斯称,从美国人的观点看,有件令他担心的事情,这就是美国"派来援华作战的军事部队的消费问题。现在这笔费用相当庞大,按照不合理的比率兑换美国政府每月要花费两千多万美金。另一方面中国在美国之存款则逐渐增多,对相同的设施,如我们部队急需的前进空军基地,比在美国或其它地区要多支付7倍至8倍"。高斯"表示关心的是这件事情可能在美国引起批评,说美国政府和军队受到剥削",因此高斯再次强调"目前贷款给中国并无补于经济情况"。②

1944年1月5日,罗斯福将他在开罗会议期间就已想好的"计划",借财政部长之口"转告"了蒋介石。这个被称为"侮辱性的贷款办法"将罗斯福公然的趁火打劫办法委婉地表达为:

委员长阁下:过去数日,本人正患感冒,至今方能处理要公。

本国财政部长曾致送本人建议书一份,兹将原文引述:

一、关于利用美元,可能遏制中国通货膨胀一节,事实如下:

中国通货膨胀的原因,系军民必需品生产严重缺乏所致,目下所有物品供应,因若干地区为敌人所占,与进口路径断绝,已大大减少。其租税之征收及内债,又不足以应必要之支出,每月需发钞卅五亿以资弥补,其数字较诸去年增加一倍。法币官价汇率,每元等于美金五分,战前则为每元三角。但公开市价,每元法币,只值美金一分,若以黄金计算,只值一分之三分一。

总统提议美方可以美元收购法币,俟战事结束,再将法币照原价值无利售回中国。窃以为在中国出售黄金或美元,以抑制通货膨胀,自有

---

① 《1943年12月9日美驻华大使高斯自重庆呈国务院电》,郭荣赵编译:《蒋委员长与罗斯福总统战时通讯》,(台北)中国研究中心1978年版,第186页。

② 《1943年12月23日美驻华大使高斯自重庆呈国务院电》,郭荣赵编译:《蒋委员长与罗斯福总统战时通讯》,(台北)中国研究中心1978年版,第187—188页。

可为……

二、中国政府过去曾两次实施抑制通货膨胀之办法，成效并不显著。

1. 中国政府曾由美国贷款项下（按此指 5 亿贷款），拨出两亿美元，为发行美金公债及储蓄券还本之基金，以吸收法币（此等债券不受限售，图利买主。如某人有 100 美元，换成法币，买进债券；不到两年，可使本金增加 4 倍）。窃以此种办法，于控制通货膨胀无补。

2. 中国政府最近又以每盎司黄金合美金 550 元之价格，15 倍于美国黄金之官价，抛售黄金，收回法币。吾人运华之黄金超过 1000 万美元，他们卖出收回法币之黄金，约值 200 万美元。此一方案尚未彻底执行，对可能之效果尚无任何明确之结论。

中国现有四亿六千万美元存在美国，尚未指定用途。又可自吾人在华开支中，每月再收到外汇两千万美元。中国自可使用此等基金，作为出售黄金或美元资财，以作收回法币之用。但以管见所及，过去所用办法，其结果不过熟悉内情者投机者囤集者，得更厚之利润，而浪费可用于建设之资金……

……谨作建议如下：

一、美国现在中国所付之经费，每月约合 4 亿法币，且增加甚速。此种款项，应以黄金或美元在公开市场（即黑市），按市价换取法币。此项费用已超过目前法币每月发行率的 10% 以上。

二、将中国所购黄金，加速运华，较原定运输数量增加一倍，如是可由每月 600 万美元增加为每月 1200 万美元之黄金。按照目前黄金市价，此数约等于现在所发行 35 亿法币。

以上两种办法双管齐下足以阻止通货膨胀。然物资缺乏为中国货膨胀之根本原因，则不可片刻忘怀。

当派一高级委员团赴渝，就商于执事及孔兼部长，俾对此困难事件意见可趋一致。①

---

① 1944 年 1 月 5 日《罗斯福总统自华盛顿致蒋主席转达美财政部长有关抑制中国通货膨胀办法之建议电》，秦孝仪主编：《中华民国重要史料初编——对日抗战时期》第三编《战时外交》（一），（台北）中央文物供应社 1981 年版，第 359—360 页。具体日子根据郭荣赵《美财政部提出侮辱性之贷款办法》，《蒋委员长与罗斯福总统战时通讯》，（台北）中国研究中心 1978 年版，第 188—190 页。

从电文中可以看到，与此前在开罗会议期间拟定实施的"计划"相比，罗斯福对中方的贷款要求的具体办法有一个明显的变化。如前所述，罗斯福在开罗会议期间与史迪威谈论中方的贷款要求时，并不打算以原价卖回中国市场，而是等汇率下降时赚取一笔不菲的差价，与蒋介石分享其中"利润"。① 但形成文的时候就变成了"原价无利售回"，不知这是因为罗斯福自觉此法不够"仁慈"而改变了主意，还是觉得把这种方案直接写出来太过露骨，故先说原价售回，反正通货膨胀的中国市场充满了赚钱的机会，以后伺机找借口仍以新的汇率售回。

该电拒绝给予中方贷款，而主张用黄金收购法币的办法。同一封电文中，前面刚说过中国此前用黄金收购"结果不过是熟悉内情者投机者囤集者，得更厚之利润，而浪费可用于建设之资金"，采取两种办法抑制通货膨胀没有明显成效，后面却又"建议"中方"将中国所购黄金之原定运输数量增加一倍"。

同样是用美元、黄金收购法币的方法，为什么前面否定后面又建议呢？两种方法效果虽然对中方而言都是一样的（如美方指出：作用有限，或根本没用），但对美国来说由于具体操作方式不同，就有着完全不同的作用。从电文的前后来看，罗斯福等人所否认的其实并不是黄金收购法币的这个方式，而是否定中方提出的用美国的黄金收购。这也就是说只要不用美国的黄金，而用"中国在美国购买的黄金"就行。因为"美国经济学者的看法，不管有多少美金，在美国存在中国户头项下，亦不能解救中国的财政与经济情势"。②

蒋介石则针锋相对地指出："美国经济学家，只知道美国经济，和世界一般经济，他们不知道中国经济，或中国人的心理。而心理对此间情势，尤为重要。汇率绝对不能改变，法币的维持，对维持大众的信心，至为需要。一项贷款，即使现金仍留在美国，中国人民看来，这是法币的后备金。"③

面对美国的强盗逻辑，中方无力有效回击。蒋介石在与高斯的会谈中

<hr />

① *The Stilwell Papers*，New York，William Sloane Associates，Inc，New York Date Published，1948，pp.251—254.

② 《1944 年 1 月 16 日，高思大使致国务卿电，报告与蒋委员长谈话情形》，郭荣赵编译：《蒋委员长与罗斯福总统战时通讯》，（台北）中国研究中心 1978 年版，第 193 页。

③ 《1944 年 1 月 16 日，高思大使致国务卿电，报告与蒋委员长谈话情形》，郭荣赵编译：《蒋委员长与罗斯福总统战时通讯》，（台北）中国研究中心 1978 年版，第 193 页。

拿没定数的"中国人的心理"做文章,不到一月,孔祥熙在向摩根索辩解美元高昂的黑市汇价原因时,又说中国"人民知识不足,听信谣言",①这岂不否定了委员长"中国人民心理对此间情势尤为重要"的言论！足见民众心理这种本不成理由的说辞再加上前后矛盾,对赢取美元自无任何效用,重庆方面显得无力甚至"无赖"。②

当然美方的谈判也有自相抵消的漏洞。与中方"无赖"形象不同的是,同样自相矛盾的谈判所显示出的世界金融霸主翻云覆雨的蛮横之气,这尤其表现于美方建议的在华出售黄金、美元时机上。

如上文罗斯福1944年1月5日致蒋介石的电文中所言,美财政部提醒:"中国现有四亿六千万美元存在美国,尚未指定用途。又可自吾人在华开支中,每月再收到外汇两千万美元。中国自可使用此等基金,作为出售黄金或美元资财,以作收回法币之用。"③但几天后高斯在与蒋的会谈中,明确表示"美国经济学者的看法,不管有多少美金,在美国存在中国户头项下,亦不能解救中国的财政与经济情势"。④ 同孔祥熙的说法否定蒋介石的理由那样,重庆的高斯实际上也完全否定了罗斯福电文中建议中方将存在美国的黄金作为基金的说法。

对中方需款巨大、在华美军费用不菲的申贷理由,美方也同样采取被自己一度否定的方法——用中国购存在美国的美元、黄金收购法币。既然前面已经否定,为什么后面又"自相矛盾"地建议中方采用呢？除了所用黄金、美元的来源问题外,其中的关键的争议就在于汇率的设定。中方希望,在用美钞、黄金换购法币时使用20∶1的官价,而美国则希望采用涨上了天的黑市价,以保证美方不受损失甚至有所收益。

---

① 1944年1月24日《行政院副院长孔祥熙自重庆致美国财政部长毛根韬详述中国于极端困难之环境下从事建筑盟国机场之努力情形与因负担此相庞大支出以致通货继续膨胀之实情并对毛财长质询各点予以解释函》,《中华民国重要史料初编——对日抗战时期》第三编《战时外交》(一),(台北)中央文物供应社1981年版,第364—367页。

② 摩根索称中方的要求是在"敲诈勒索",他将"连一个子儿也不打算再给蒋介石","让他们去跳长江吧"(见[美]迈克尔·沙勒:《美国十字军在中国》,商务印书馆1982年版,第154页),虽为摩根索私下所言,但却是非常有名的言论。

③ 1944年1月5日《美国总统罗斯福自华盛顿致蒋主席转达美财政部长有关阻抑中国通货膨胀办法之建议电》,秦孝仪主编:《中华民国重要史料初编——对日抗战时期》第三编《战时外交》(一),(台北)中央文物供应社1981年版,第359页。

④ 《1944年1月16日,高思大使致国务卿电,报告与蒋委员长谈话情形》,郭荣赵编译:《蒋委员长与罗斯福总统战时通讯》,(台北)中国研究中心1978年版,第193页。

该电又言"两种办法双管齐下足以阻止通货膨胀。然物资缺乏为中国通货膨胀之根本原因,则不可片刻忘怀",此话再次泄露出美方难以自圆其说的矛盾,但却为今后"灵活"应对中国不稳定的局势留下了退路。

对罗斯福这封以财政部长名义发出的电文,蒋介石反应强烈,认为美"财政部之建议,实类似于一种商务上之交易,实非一盟国与另一盟国应有之办法"。[①] 蒋介石或许真的以为这些"侮辱性之贷款建议"仅是美国财政部的意见,而非罗斯福的主意,对他还心存美好期待,企图以盟国之间的友情、义务为说辞。在与美方进行实质性的交涉中,中方动辄以盟国情感压迫对方就范,这种对美国银行家毫无作用的说辞,只授予其指责"中国政府中有一种利用美国慷慨、善意意识"的把柄。[②] 可罗斯福想趁机获利的做法,并不像高斯大使所说的那样"慷慨"与"善意"。

蒋介石带着几分无奈或无赖回复罗斯福:

> 一、美国给予中国 10 万万美金借款,则我方可以应付今后战时预算不敷之一部分,并可适用反租借办法,应付在华美军费用之一部分,例如修筑机场等各种建筑物,与供给美军粮食、运输美国军用品等费用。

> 二、如贵国财政部以为上项建议不能接受,则余提议在华美军一切费用,应由美国政府担负,而中央银行自可依 20 元法币折合美金 1 元之正式汇率,予以汇兑之便利,该项汇率,绝对不能有所变更,盖吾人不可动摇人民对法币的信用,而法币实为战时世界幻变中之一稳定力,如此直接可以增进我法币之信用,间接即可补救中国经济之危机,俾中国得以持久抗战,不至因经济之崩溃影响于我盟国共同之战局。

> ……以贵国财政部既不能作有效之互助,则中国自愧无力,亦无法供应驻华美军所有之需要,故在华美军应自行实施各项计划,盖我方在

---

① 1944 年 1 月 15 日《蒋主席自重庆致美国总统罗斯福表示不能同意美财政部长有关阻抑中国通货膨胀之建议及希望美国中国十万万美元借款或由美政府负担在华美军一切费用电》,秦孝仪主编:《中华民国重要史料初编——对日抗战时期》第三编《战时外交》(一),(台北)中央文物供应社1981 年版,第 361—362 页。

② 《1943 年 12 月 9 日美驻华大使高斯自重庆呈国务院电》,郭荣赵编译:《蒋委员长与罗斯福总统战时通讯》,(台北)中国研究中心 1978 年版,第 185—186 页。

财政上及物资上以及其它一切建筑之工程,实不能再有所贡献,此则吾人逼不得已而出此,惟有深为遗憾而已。①

由上文可见,重庆国民政府可能看出了中美之间这场"货币战"的危险性:美国既要利用中国廉价的劳动力修建机场,又想通过玩弄汇率比价差无声地将中国的财富转移到美国。蒋介石几乎有些愤怒了,毫不含糊地提出,要么中方直接向美国借贷 10 亿美元,缓解中国的通货膨胀,维持法币信用;要么美国自行以法币支付其在华费用,所需法币则按官价兑换,也就是要坚守 1941 年 8 月双方协议确定的汇率官价 20:1。否则,中方"不能再有所贡献"。

由于为马计划修建机场非常紧迫,决策层关于汇率问题的争执又悬而未决,这使得在华的美方人士唯恐工期有所耽误而影响自己的"工作业绩",这种担忧甚至演变为对中方无端的指责。美国财政部驻重庆代表埃德勒就曾指责"中国所允诺建造的 7 处机场中仅有 4 处开工。建造费用由我方负担。没有开工的 3 处机场比其他地方更为迫切。延迟施工将严重影响这个战区。中方不肯开工的理由是我方没有答应以现在的官方价格付工程款"。②

中方是否如埃德勒所言故意拖延工程呢? 中国对于修建机场的态度,不论从主观上还是客观情况看,都未曾懈怠或停工。主观上,中方不仅没有放弃的意图,且态度积极。原因在于,为美方的马计划修机场不仅有利于中国战场的维持,同时也不失为一个争取美元支撑危局的渠道。由此可知,如孔祥熙所称"我国对于建筑飞机场工作,自无故意延迟之情事",③中方至少在主观意愿上如此。

在事实上,"特种工程"也几乎从未受过任何影响,一直按部就班地进行着。按最初的工程计划,整个工程的完成期限为:"三十三年一月中旬开工,

---

① 1944 年 1 月 15 日《蒋主席自重庆致美国总统罗斯福表示不能同意美财政部长有关阻抑中国通货膨胀之建议及希望美国中国十万万美元借款或由美政府负担在华美军一切费用电》,秦孝仪主编:《中华民国重要史料初编——对日抗战时期》第三编《战时外交》(一),(台北)中央文物供应社 1981 年版,第 361—362 页。

② 1944 年 1 月 13 日,美国财政部驻重庆代表埃德勒致财长摩根索电,郭荣赵编译:《蒋委员长与罗斯福总统战时通讯》,(台北)中国研究中心 1978 年版,第 834 页。

③ 孔祥熙 1944 年 1 月 26 日致美财长摩根索函,秦孝仪主编:《中华民国重要史料初编——对日抗战时期》第三编《战时外交》(一),(台北)中央文物供应社 1981 年版,第 365 页。

同年四月底完成",[1]实际开工时间如下表所示,看不出故意推延的迹象。

1944 年 1 月川西 B-29 特种工程各机场民工达到和开工日期表

机场别	新津	邛崃	彭山	广汉	成都	华阳	双流 1	双流 2
到达日	15 日	15 日	15 日	18 日	18 日	18 日	18 日	18 日
开工日	17 日	17 日	17 日	20 日	20 日	20 日	20 日	20 日

资料来源:四川省档案馆,民 116 全宗,第 93 号,第 17 页。

既然如此,为什么美方会出现这种指责呢? 除了美方非常焦急的心理因素外,也和部分美国军、财两部官员萌生放弃的念头有关。在一些无法理解马计划战略意义的军政人员看来,随着战局的发展,实在没有必要非得从中国出发空袭日本。再加上孔祥熙在机场款汇率谈判中"要价"太高,致使军、财两部都不想再干此事。美国军方后勤最高长官萨默维尔,在 1944 年 1 月 20 日与摩根索财长会谈时称"陆军准备停止在中国修建机场,准备从'另外一个方面进攻日本'"。[2] 美国军、财两部的这种做法颇似"贼喊捉贼",本来是一些不知内情的军政要员无法理解华盛顿的最高层决策意图,主张放弃从中国战场进攻日本本土的过渡性计划,却借口中方拖延对其主张加以掩饰,以至于现在还有人相信埃德勒指责中方的言论,相信"中方有意消极怠工,致使计划中的 7 个机场只有 3 个得以进行"。[3]

因为急于建成 B-29 基地,罗斯福非常担心重庆方面不配合,但事实上马计划对蒋介石来说是一个难得的好"机会",他不会轻易放弃这样的机会,就连美国人都不认为中国人会于胜利在望之时退却(Chinese would drop out of the war with victory on sight),[4]所以双方很快达成合作将机场建好。那为什么双方最高层本都有心合作,到后来却又相互攻讦? 最主要的

---

[1] 《四川省政府命令》,四川省档案馆,民 116 全宗,第 943 号,第 149 页。

[2] [美]巴巴拉·塔奇曼:《史迪威与美国在华经验》,商务印书馆 1984 年版,第 596 页。

[3] 任东来直接认同了这种对中方的指责(《被遗忘的危机:1944 年中美两国在谈判贷款和在华美军开支问题上的争吵》,《抗日战争研究》1995 年第 1 期,第 119 页)。从《1944 年 1 月川西 B-29 特种工程各机场民工达到和开工日期表》就能看到,开工时就有 8 个机场几乎同时开工,这比最初计划还多了 5 处。至于后来的简阳、绵阳两处则因工程量小,及保证四川机场先行完工,于 3 月 20 日才开工,且很快于 4 月 30 日完工(见四川省档案馆民 116 全宗,第 93 号,第 209 页)。事实表明埃德勒的指责要么是情报并不可靠,要么是故意找茬。

[4] Robert Dallek, *Franklin D. Roosevelt and American Foreign Policy*, Oxford University Press, 1979, p. 486.

症结可能在于双方关于机场款结算汇率的心理预期相差过远,再加上蒋介石曾与罗斯福之间有向中方贷款 10 亿美元的口头承诺和答应由美方支付机场款的书面信件,几件事情纠缠在一起,就显得更为复杂了。

漫长的谈判

自美国要求中方配合马计划以来,B-29 机场款的结算方式、10 亿美元贷款问题、在华美军费用结算办法、购运黄金方式等经济问题相互纠缠,尤其在汇率问题上双方互不相让,两国为此系列问题的解决进行了长达一年半(1943 年 12 月－1945 年 6 月)的漫长谈判。

和二战期间世界上其他很多参战国不同,战火并没有蔓延到美国本土,美国的经济不仅没有像其他参战国那样被拖垮,反而还因此积累了大量财富。凭借大量的黄金、外汇储备,国际收支具有大量顺差和国际上最大的债权国地位等条件,罗斯福总统便在 1944 年 7 月完成了美国银行家们赋予他的历史使命——废除金本位,将各国货币钉在美元上——此即布雷顿森林会议(Bretton Woods Conference)上确定的布雷顿森林国际货币体系。[①]

英国财政部专家凯恩斯(J. M. Keynes)拟定的《国际清算组织方案》(Proposals For the International Clearing Union,1943 年 4 月 8 日公布),最终屈服于由美财政部专家怀特(Harry D. White)拟定的《联合国平准基金方案》(Proposals For a United and Associated Nations Stabilization Fund,1943 年 4 月 7 日公布),[②]于 1944 年 7 月形成以怀特方案为基础的、反映美国根本利益的《布雷顿森林协定》(Bretton Woods Agreement,包括《国际货币基金协定》和《国际复兴与开发银行协定》),正是二战时期美国经济、金融走强世界的集中体现。

在布雷顿森林货币体系下,以美元为中心的国际货币制度几乎包括了资本主义世界所有国家的货币,美元等同于黄金,成了最主要的一种国际储备货币,为美国资本的对外扩张铺平了道路。根据基金份额划分投票权的

---

① 以美元为中心的布雷顿森林国际货币体系的形成可参见 *Monetary And Financial Cooperation*,Leland M. Goodrich,*Documents on American Relations*,Vol. Ⅵ,July 1943－1944,World Peace Foundation,Boston,1945,pp. 331－357.

② Leland M. Goodrich,*Documents on American Relations*,Vol. Ⅵ, July 1943－1944,World Peace Foundation,Boston 1945,p. 331.

原则，美国在国际货币基金组织和世界银行中认缴额和投票权占20％以上，美国实际上控制了这两个国际金融机构，进而夺取了美国在国际金融领域的绝对话语权。

经过7年战火洗劫的中国，经济、金融一片混乱，在谈判中绝非美国对手。美国借其绝对强势地位，不停地肆意指责国民政府的种种经济弊病，并借故拖延归还马计划机场修建款。蒋介石、孔祥熙等人谈判的理由除"盟国道义"之外，惟一理由就是中国物价上涨、通货膨胀、法币贬值。他们一再强调，中国"抗战已达6年，海口锁闭，原料缺乏，生产减缩，而军费浩大，岁入不敷，至赖增加发行以资弥补，其数额平均计算，月达35亿，比上年已达一倍，而法币价值，则每元值至战前美钞一分，情形十分严重。今因美军要求中方在蓉建立B-29机场，负担更重"。[①]

孔祥熙告诉摩根索："驻华美军用费愈多，则需发行之数愈大，现在估计需用于建筑成都及其附近之飞机场及有关工程之款，当达40亿元，等于50元之钞票8000万张，或20元钞票2亿张。"为此，"中国至今已核准拨付92亿7千8百万元作为美军建筑机场及其它驻华美军之用，总数中的54亿5千4百万元已经支付，这50多亿元的经费中，37亿2千5百万元用以从印度运输货币到中国，5亿3千2百万元为驻华美军生活费用……为建筑成都及其附近之机场用费，既须增加，据估计将使核准总数超过100亿元，根据现在汇率计算，此数已等于5亿美元"。[②]孔祥熙的逻辑很清楚：中国通货膨胀很严重，美军在华费用、机场款都和通货膨胀脱不了干系；美国应对这种通货膨胀负担相应的责任，选择一种方式协助中国控制金融危局。

可蒋介石、孔祥熙等人没有意识到，就算美国承认为美方修建机场加剧了中国的通货膨胀，美国人在道义上应该承担相应"责任"，但也正是因为剧烈的通货膨胀，法币如此快速的贬值，美国人会同时考虑到，法币系统几乎濒临崩溃：到1943年12月，物价"上涨率每月约为10％。若照物价的标准

　　① 梁敬錞：《开罗会议》，(台北)商务印书馆1974年版，第117页。
　　② 1944年1月24日《行政院副院长孔祥熙自重庆致美国财政部长毛根锢详述中国于极端困难之环境下从事建筑盟国机场之努力情形与因负担此相庞大支出以致通货继续膨胀之实情并对毛财长质询各点予以解释函》，秦孝仪主编：《中华民国重要史料初编——对日抗战时期》第三编《战时外交》(一)，(台北)中央文物供应社1981年版，第364—367页；1944年1月26日中国财长孔祥熙致摩根索电，郭荣赵编译：《蒋委员长与罗斯福总统战时通讯》，(台北)中国研究中心1978年版，第197—199页。

和战前的兑换率,则中国元的价值不该超过美金一分半到一分";①1944 年 6 月,黑市汇率涨到 192：1,12 月则上涨到 542：1。② 所以,即便罗斯福有心赚取黑市和官价的差价,但面临如此高的风险,美国对中方的贷款要求最终采取了高斯建议的拒绝态度,而对应该支付的机场款,则持观望、拖延态度,"意图减少偿付数"。③

　　在美方拖延策略的具体实施过程中每一步都有调整。最初,美方以财政部名义要中方采取黑市汇价支付中方垫付的机场款及美军费用,中方虽以盟国道义加以抗议,其实也明白"改变汇率"意味着"美元在华购买力增强……等于减低法币购买力,徒使法币发行愈多,而刺激物价上涨"。④ 蒋介石最初坚持 20：1 的正式汇率"绝对不能有所变更",⑤但随着"每月垫付美军之款积累更多,而币值更落,则经济财政更难为继",⑥中方已经无法同美国拖延下去。当初"强硬"的蒋介石不断被财大气粗的美财政部所软化,只好让孔祥熙"不必过于争执,如能于法币 100－120 元换得美币 1 元"⑦就非常满足了,面对国内混乱的局势,只求"从速解决"中美之间这场不愉快的交易。

　　此时美方已经提出:

　　① 《1943 年 12 月 9 日美驻华大使高斯自重庆呈国务院电》,郭荣赵编译:《蒋委员长与罗斯福总统战时通讯》,(台北)中国研究中心 1978 年版,第 186 页。
　　② 郑启东:《国民政府与通货膨胀》,中国经济史论坛,http://economy. guoxue. com/article. php/13020/2,2007 年 7 月 14 日。
　　③ 1945 年 3 月 30 日,《行政院副院长孔祥熙自纽约呈蒋主席报告美金垫款未能清算之原因及相机婉商电》,秦孝仪主编:《中华民国重要史料初编——对日抗战时期》第三编《战时外交》(一),(台北)中央文物供应社 1981 年版,第 385 页。
　　④ 1944 年 2 月 2 日,《行政院副院长孔祥熙自重庆致美国驻华大使高斯答复关于垫付美军在华费用之种种事实与困难,并提出互助办法备忘录》,秦孝仪主编:《中华民国重要史料初编——对日抗战时期》第三编《战时外交》(一),(台北)中央文物供应社 1981 年版,第 371 页。
　　⑤ 1944 年 1 月 15 日《蒋主席自重庆致美国总统罗斯福表示不能同意美财政部长有关阻抑中国通货膨胀之建议及希望美国中国十万万美元借款或由美政府负担在华美军一切费用电》,秦孝仪主编:《中华民国重要史料初编——对日抗战时期》第三编《战时外交》(一),(台北)中央文物供应社 1981 年版,第 361－362 页。
　　⑥ 1944 年 8 月 3 日,《蒋主席自重庆致行政与副院长孔祥熙嘱从速解决中美壁纸交涉电》,秦孝仪主编:《中华民国重要史料初编——对日抗战时期》第三编《战时外交》(一),(台北)中央文物供应社 1981 年版,第 377 页。
　　⑦ 1944 年 8 月 3 日,《蒋主席自重庆致行政与副院长孔祥熙嘱从速解决中美壁纸交涉电》,秦孝仪主编:《中华民国重要史料初编——对日抗战时期》第三编《战时外交》(一),(台北)中央文物供应社 1981 年版,第 377 页。

1. 由美方再拨美金 1 亿元,连同 3 月间已拨之 2500 万元,共为美金 1 亿 2 千 5 百万元,作为偿付自 3 月 1 日起至 6 月 30 日止之垫款国币 120 亿元,包括成都机场建设费 41 亿元在内。如此计算,约合美金 1 元等于法币 100 元;

2. 自 7 月 1 日起至 9 月 30 日止,每月由美方支付我方美金 2 千万元,所有在华美军所需之法币,由我拨付,照 7、8 两月每月各垫 15 亿计算,每美金 1 元等于法币 78 元;

3. 以后偿付办法,每 3 个月商讨一次。[1]

可见美方提出的汇率与蒋介石的底线已达成一致,但孔祥熙仍旧坚持:

一、我方汇率因物价问题,现时绝对不便变更;

二、成都机场建筑各费,总统曾向钧座声明,另由美方拨付,现系由银行专案垫借,不能与每月经常费用混为一谈,必须另行拨还。除此之外,以上办法,我方尽力辅助美方共同作战起见,勉允接受。如此约合美金 1 元抵法币 64 元,除以法价结算美元外,不敷之 44 元,由我出回惠之账。[2]

孔祥熙坚持成都机场之款,因罗斯福答应过支付,应专案另付,不能与美军在华费用等其他费用混为一谈。着急的蒋介石很快再次指示"成都机场经费不必坚持争执,即照对方所提在 1 亿 2 千 5 百万美金之内似亦可了结",[3]并要孔祥熙务必"于双十节到渝,勿延"。[4]

① 1944 年 8 月 5 日《行政院副院长孔祥熙自纽约呈蒋主席报告与美财、外两部及军需方面负责主管人员商讨美军垫款之经过情形电》,秦孝仪主编:《中华民国重要史料初编——对日抗战时期》第三编《战时外交》(一),(台北)中央文物供应社 1981 年版,第 378—379 页。
② 1944 年 8 月 5 日《行政院副院长孔祥熙自纽约呈蒋主席报告与美财、外两部及军需方面负责主管人员商讨美军垫款之经过情形电》,秦孝仪主编:《中华民国重要史料初编——对日抗战时期》第三编《战时外交》(一),(台北)中央文物供应社 1981 年版,第 378—379 页。
③ 1944 年 8 月 8 日《蒋主席自重庆致行政院副院长孔祥熙指示成都机场经费即照美方所提方案处理以求速了电》,秦孝仪主编:《中华民国重要史料初编——对日抗战时期》第三编《战时外交》(一),(台北)中央文物供应社 1981 年版,第 379 页。
④ 1944 年 9 月 5 日《行政院副院长孔祥熙自纽约呈蒋主席报告美军垫款问题尚未解决的原因电》,秦孝仪主编:《中华民国重要史料初编——对日抗战时期》第三编《战时外交》(一),(台北)中央文物供应社 1981 年版,第 380 页。

　　1944 年 7 月的布雷顿森林会议期间,美方提出,将机场修建款和在华美军费用合在一起计算。1944 年 2 月至 6 月共 5 个月的垫款,按每月美金 2500 万元拨付,共 1.25 亿元了结。剩下 7、8、9 三个月的垫款,按每月美金 2000 万元拨付,共 6000 万元了结。也就是以美金 1.85 亿元支付机场款和 1944 年美军在华费用。

　　孔祥熙把罗斯福该年 1 月 12 日致蒋介石电文中答应付机场款的允诺当作理由,坚持机场款单独拨付。美方略有让步又加 2500 万元,以 2.1 亿美元支付,且承认成都 B-29 机场为中方出款建筑,计入互惠租借项下,将来清算。"如此解决,约合国币 80 元折算美元一元。"①12 月 17 日,孔祥熙很有信心地告诉蒋"美军垫款问题业照感电所呈,完全解决"。②

　　然而本以为完全解决的垫款问题,事实上并没有就此解决。按照上年双方的"约定每三月清算一次",但到 1945 年 3 月已有两起未算,美财政部的表面理由是"军部账表尚未转报,未能清算",但实际的原因在于中国货币不断贬值,唯恐现时清算吃亏,不肯立即清算兑现。1944 年 10、11、12 三个月的在华美军费用直到 1945 年 6 月下旬才得以全部解决。

　　中方为美国的马特霍恩计划在川西修建机场,重庆方面为维持国内脆弱的金融体系理当作不懈的努力,故孔祥熙在谈判中的很多夸大其词的说法就值得注意。谈判中,孔曾宣称"今成都机场之建筑,于四川物价影响亦必甚大,自成都建筑机场之消息于元旦日传出,为供应 50 万工人收购 4 个月所需米量 120 万担之事开始以来,成都米价已涨四分之一矣"。③ 但机场修建对成都物价的影响程度究竟如何呢? 大量的工程用粮对市场又有多大程度的影响呢?

　　孔祥熙所说的粮食收购,并非直接在市场上以高昂的市价收购,而是在 1943 年度征借实物总数内拨借。然而就像平时被征借的情况一样,"不论

---

　　① 秦孝仪主编:《中华民国重要史料初编——对日抗战时期》第三编《战时外交》(一),(台北)中央文物供应社 1981 年版,第 381—382 页。

　　② 《行政院副院长孔祥熙自纽约呈蒋主席报告美军垫款问题已完全解决电》,秦孝仪主编:《中华民国重要史料初编——对日抗战时期》第三编《战时外交》(一),(台北)中央文物供应社 1981 年版,第 382 页。

　　③ 孔祥熙 1944 年 1 月 24 致美财长摩根索函,秦孝仪主编:《中华民国重要史料初编——对日抗战时期》第三编《战时外交》(一),(台北)中央文物供应社 1981 年版,第 366 页。

征借谷物的借据或征购谷物的期票,都不曾由政府兑付"。① 所以,将工粮作为工程中最主要的工资形式,至少可以减少 8.9 亿元的现金支付。② 另外所需的现金、工款还有相当数量是由地方县府垫支,而县府往往又将之摊到县民身上,故而整个工程中除地价款外,均可以采取类似折衷办法减少由此引起的货币流通,绝不至于造成因工程"材料及工资百亿法币,突然投入各小城与乡村",而"陷入法币发行量无法控制之境"。③ 把战时国统区第三次物价大跳升和该年通货膨胀归咎于修建 B-29 机场④并不符合事实。

1943—1944 年成都主要市场平均米价表(单位:元/石)

年份	1月	2月	3月	4月	5月	6月	7月	8月	9月	10月	11月	12月
1943	444	461	468	468	469	1353	1708	2017	1542	2017	1708	1980
1944	2544	3403	3421	4206	6071	6279	/	4822	4242	4378	5488	5267

资料来源:《四川省统计处:川省各市县主要市场平均米价》,四川省档案馆,民 45 全宗,第 698 号。

B-29 机场工程对成都物价的影响,从上面《1943—1944 年成都主要市场平均米价表》中可以看到,虽如孔祥熙所言,米价由 1943 年 12 月的 1980 元/石涨了近 25%,达到 2544 元/石,但这种上涨趋势本身早已存在,而且这样的相对涨幅在 1943 年至 1944 年成都米价上涨过程中并不为最。如 1943 年 5 月米价为 469 元/石,到 6 月一跃而为 1353 元/石,其涨幅达 65%,远远高于 1944 年 1 月 25%的涨幅。还有一点得看到,即成都米价受机场工程影响从 1 月的 2544 元/石直升至 6 月的 6279 元/石,但工程完竣

---

①　[美]易劳逸:《农民、农税与国民政府(1937—1945)》,《中华民国建国史讨论集——抗战建国史》第四册,(台北)正中书局 1981 年版,第 353 页。

②　此数据是按所需工米共 35 万石,及 1944 年 1 月成都市的米价 2544 元/石计算,则需现金(35 万石×2544 元/石)8.9 亿元。

③　黎东方:《中国抗战时之财政》,《孙中山先生与近代中国学术讨论集》第四册,(台北)中央文物供应社 1985 年版,第 112 页。

④　有很多观点(如任东来《被遗忘的危机:1944 年中美两国在谈判贷款和在华美军开支问题上的争吵》,《抗日战争研究》1995 年第 1 期,第 129 页;吴相湘《第二次中日战争史》下册,第 1077 页;梁敬錞《开罗会议》,第 183 页)均认为修建成都机场是 1944 年通货膨胀的重要原因。而著名的"中国通"谢伟思许是出于美国知识分子对政府的批判精神,指出,修建川西机场的工程"破坏了农民的生计","美军对成都地区造成的冲击"使得"今年的收成将低于常年",但如前面在论述特种工程与当年农业关系的时候所指出,当年的农业是前所有的丰收年。事实表明,谢伟思这位"中国通"对中国当政者的评判精神已经盖过了美国知识分子一贯主张的"实证精神"。

后米价立刻回落至 4242 元/石,之后不久又开始上涨。没有充分的证据表明 B-29 机场建设对本已呈上涨趋势的物价水平存在直接的贡献。

孔祥熙的夸大之词虽然和前面谢伟思认为"特种工程"征工影响当地农业一样,都是对 B-29"特种工程"的负面评价,但两种说法的出发点完全不同。谢伟思的评论,可能源自他对中国执政者的批判和不信任;而孔的动机在很大程度上是争取美元维持国内金融形势。

近一年半的机场款谈判中,由于中方"战略价值跌落",[①]美国便借口中国历次使用美方贷款"不过使熟悉内情者,投机者及囤积者得更厚之利润,而本可为有建设之资金,反而因是浪费",[②]对中方的迫切愿望采取消极推诿的态度。可以说,成都机场款谈判一定程度上不过是 10 亿美元贷款事件的延续,对于美方既定的策略,中方终究只能被动接受。美国拒贷 10 亿美元可谓美国此时对华方略的另一种表达。

第三节　马计划的优先权及其在现代国际战略中的地位

佯谬背后的顶级优先权

无论是在美国国内还是在中缅印、中国战区,马特霍恩计划从经济、人力、物力方面都确实有着仅次于曼哈顿计划的优先性,有的方面甚至超过了曼哈顿计划。

马计划的优先性首先表现在后勤物资供应方面。自 1942 年初滇缅线被日军切断后,驼峰航线已经成了中国的几乎惟一外来物质通道。在执行马特霍恩计划期间,仅第 20 轰炸司令部就消耗了驼峰航运量的 15％。正如阿诺德所评论的那样,1943 年 8 月的魁北克会议"将驼峰运量增加到每月 2 万吨"的战略调整"可能都是为了加快从中国出发的 B-29 行动而做的"。[③]

---

① ［美］巴巴拉·塔奇曼:《史迪威与美国在华经验》(下),商务印书馆 1984 年版,第 596 页。

② 罗斯福 1944 年 1 月自华盛顿致蒋介石转达美财政部有关阻抑中国通货膨胀办法建议电,秦孝仪主编《中华民国重要史料初编——对日抗战时期》第三编《战时外交》(一),(台北)中央文物供应社 1981 年版,第 360 页。

③ H. H. Arnold, *Global Mission*, Harper & Row Publishers, New York, 1949, p. 443.

　　马计划期间，陈纳德对驼峰物资分配"不公"的抱怨，从另一方面生动反映出马计划在物资上的优先性。1944 年日军的"一号作战"破坏了美军的空军基地，焦急的陈纳德要求史迪威派给他更多的飞机、物资、燃料。由于史迪威掌管的喜马拉雅航线上的物资主要都输送给了执行马计划的二十航空队，如果史迪威要满足陈纳德的要求，就只有从本属于二十航空队的物资中分拨一些。与陈纳德有共同战略意图的蒋介石也希望增加对十四航空队的供给，便施压于史迪威，使之答应从二十航空队的物资中分拨 1500 吨给陈纳德。

　　然而，陆军参谋长马歇尔却拒绝批准史迪威的做法，因为"为陈纳德的空中攻势所花的巨大努力是不值得的"。很有意思的是马歇尔并没有进一步解释陈纳德的"攻势"为何不值得支持，倒是抱怨起"喜马拉雅航线上过多的运输机"造成"欧洲战场运输机不足"，使得"欧洲取得胜利的时间推迟了"。马歇尔也"不满"华盛顿如此偏爱二十航空队，把许多的运输机为"已没有战略价值的中国战场"输送大量物资。同样感到"不解"的高级官员还有陆军部部长史汀生，他也有类似的抱怨："喜马拉雅航线把我们的运输机都耗光了。"尽管如此，马歇尔还是在发给史迪威的电报中称"无论如何也不得妨碍 B-29 轰炸机向日本发动袭击"。①

　　如果说前面提到的陈纳德那份写给罗斯福的信件中所宣扬的空战理论和对马计划的种种不满，是马计划优先性的集中侧面反映，那么，罗斯福给陈纳德的回信可以说是华盛顿最高决策层对马计划给予重视的直接体现。对于陈纳德那份充满怨气的信件，罗斯福回复到：

　　　　……你知道，我很难说服英国提高从加尔各答到阿萨姆基地的运油量，我也希望他们能尽快实现其承诺。不过，我认为驼峰航运物资的分配是非常公平的。

　　　　至于将 B-29 的指挥权保留在华盛顿这是大家的决定。我认为这样有利于从全局而不是某个具体操作的角度来调度 B-29，当华盛顿将 B-29 分派给中国战区指挥时自然会找到你的。这种安排的原因在于

————————
　　①　［美］巴巴拉·塔奇曼：《史迪威与美国在华经验》(下)，商务印书馆 1984 年版，第 662—663 页。

当局势发生变化时能很好配合太平洋战区。我对中国的态度倾向于维持其作战状态,因为 B-29 产量将逐步提高……我同意你的袭击日本船只的建议,但我们争取在第二个杜利特轰炸纪念日之前发起至少一次对东京的轰炸……①

从罗斯福的回信中可以看到,华盛顿并不认为将大量驼峰物资划拨给 B-29 航空队不公平。同时可以看到的是,史迪威虽在负责驼峰物资划拨,但他其实也只是执行华盛顿的旨意,并非像陈纳德抱怨的那样是史迪威与他过不去。对于陈纳德要求给予其航空队在华东地区最高权力,和用重型轰炸机对中国、菲律宾沿海的日本物资运送船只进行猛烈轰炸的建议,罗斯福正面告知陈纳德,除华盛顿之外,其余各战区指挥官没有人可以随意动用 B-29。

回信还以即将发起对"东京的轰炸"回应了陈纳德对中国战区的各种忧虑:美国并不打算在中国有大的行动,仅仅是维持其战争状态,而且要对日本本土发起袭击。这意味着只要中国没有败落到投降日军的地步,B-29 行动将会置中国势态于不顾,而径自完成自己的任务。实际情况也正如前面"汉口战役"中所讲到的,在几乎整个日本"一号作战"期间,B-29 航空队几乎没有顾及华东地区的危急。

1944 年驼峰航线货运量概况表(单位:万吨)

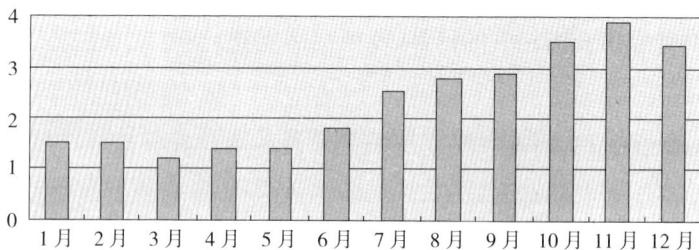

资料来源:Romanus and Sunderland,*Stilwell's Command Problems*,Office of the Chief of Military History Department of Army,1956,p. 112.

---

① 1944 年 3 月 15 日罗斯福回复陈纳德的信件,*FDR――＞Chennault*－3/15/44,Franklin D. Roosevelt Presidential Library and Digital Archives,Safe Files,Box 1,Army Air Forces Index,原文见附录。

马计划的优先性并不止于物资分配。阿诺德作为高层决策者参加了1943年几乎所有重要而具体的战略会议，其回忆也从正面表明了马计划多方面的特殊性。作为1943年8月的魁北克会议的亲历者，阿诺德回忆道，此次会议关于亚洲战场做了一些重要的决定，如在1943—1944年的冬天发动缅北战役；美国工程部队继续修建在建中的从阿萨姆经缅甸公路通往昆明的公路；在印度的加尔各答、阿萨姆之间也铺设输油管道（这将有利于增加对中国的汽油运输）；[1]驼峰航线的运输量将增加到每月2万吨。阿诺德明确指出，魁北克会议上决定的这些"事情可能都是为加快从中国出发的B-29行动而做的"。[2] 驼峰物资的最终耗费情况证实，阿诺德的这种"可能"的口气只是一种"谦虚"的表达，驼峰航运量实际情况如上图所示。

1944年20轰炸司令部(XX BC)驼峰航运物资分配详情表

	2月	3月	4月	5月	6月	7月	8月	9月
XX BC C-46′S			14	117	280	1162	798	707
战术 B-29′S			27	518	404	1083	—	504
B-29 运油机		—	—	22	396	753	1106	814
C-109′S								415
XX BC 小计			41	657	1080	2998	1904	2440
空运司令部	427	2608	1399	1293	308	976	1904	2141
每月总计	427	2608	1440	1950	1388	3974	3382	4581

资料来源：W. F. Craven and James Lea Cater, *The Army Air Forces in World War II*, University of Chicago Press, 1951, Volume 5, *The Pacific*: *Matterhorn to Nagasaki*, p. 84.

---

[1] 此即史迪威带领下于1942年12月16日开始修建的利多公路(Ledo Road)。道路从印度东北边境阿萨姆的利多开始修到缅甸境内的芒友，此段即为利多公路。同时，以黑人为主的美国工程兵还改善了从芒友到昆明的滇缅公路路段(滇缅公路从昆明通往缅甸的腊成，腊成有通往缅甸南部仰光的铁路。滇缅公路在1942年5月日军占领之前是通往中国的主要物资通道，从昆明到芒友是其中主要路段)。抗战快要胜利的1945年1月，该线终于打通，这条从利多到芒友的利多公路，和经改造的滇缅公路段全长1726公里，在云南省长的提议下被称作史迪威公路，以纪念此时已离任中缅印战区指挥官的史迪威。关于中缅印战区除 Don Moser 的 *China－Burma－India* (Time－Life Books, 1978)外，还可参看中缅印战区历史网站 http://www.cbi－history.com/part_vi_cbi_eng－4.html, 2010年3月1日；以及美国驻华大使馆网站 http://beijing.usembassy－china.org.cn/020205e.html9, 第443页, 2011年5月9日。

[2] H. H. Arnold, *Global Mission*, Harper & Row Publishers, New York, 1949, p. 443.

　　阿诺德的回忆实际上直接表明了中缅印战区各项计划之间的轻重缓急关系:计划中的缅北战役、从印度阿萨姆经缅甸公路到昆明的雷多公路、雷多公路沿线的中缅印输油管、驼峰航运等等,都"可能是为加快从中国出发的 B-29 行动而做的"。中缅印战区的工程部队得到的大量物资都投入到了修建加尔各答到阿萨姆的输油管建设中,以此为 B-29 的进攻做好准备。到 1943 年 11 月,史迪威的任务变成负责为陆军航空部队修建在印度和成都的机场。所有这一切足以显现马计划在中缅印战区的优先性。

　　马计划在中缅印战区的优先性背后还隐藏着马计划的必然性以及实验性。[①] 阿诺德等人当然很清楚马计划后勤方面的代价,而之所以能够以如此之高的代价实施马计划,除马计划享有和核战略几乎相同的优先性外,更在于马计划的必然性和过渡性。为使原子弹弹载机 B-29 尽快成熟,B-29 飞机的测试工作被直接放到了前线,而要放到前线,如前面在讲 B-29 基地选址时所提到的,在占领塞班岛之前,成都不仅是相对于桂林、衡阳等中国其他地方的合理选择,更是在整个亚太地区的必然选择。

　　当华盛顿将 B-29 在驼峰航线上为自己运输后勤物资的"高成本"飞行看作一种试航方式后,马计划的成本其实降低了。B-29 从中国出发所耗"成本"主要由三部分组成:制造 B-29 本身的研发、实验费用;士兵、装备耗费;以及修建机场的成本。其中前两项无论 B-29 基地选址何处都是必然的开支且基本不变,使整个成本发生变化的主要就是最后一项。但如前述"川西机场款案与 10 亿美元贷款案"中所讲,美国为马计划最终向中方支付了 2.1 亿美元的在华美军费用,"承认成都 B-29 机场为中方出款建筑,计入互惠租借项下,将来清算",对美国人来说,修建机场几乎没有花钱。所以,马计划成本的变动部分——机场款,最终并不像高斯所说"对相同的设施,比在美国或其它地区要多支付 7 倍至 8 倍",而增加了马计划成本。修建川西机场的费用本已不高,再加上川西地区廉价的劳动力以及国民政府以实物形式而非货币发放的民工工资,机场款更不可能构成马计划的高成

---

　　① 美国史学家凯特尽管清楚华盛顿既定的策略是,B-29 暂时先从中国出发袭击日本,然后转至塞班。但也许是因为没有明确认识到马计划的必要性和实验性,他仍评价马计划(后勤供给)为"不现实、不经济且很少奏效"(fantastically uneconomic and barely workable),W. F. Craven and James Lea Cate,*The Army Air Forces in World War II*,Volume 5,*The Pacific*:*Matterhorn to Nagasaki*,University of Chicago Press,1951,p. 4.

本了。①

　　1943 年 8 月魁北克会议上,马特霍恩计划已经比较完善但还未最后确定。罗斯福为说服各方同意马计划,曾做过有所顾忌(严守原子弹计划秘密)的论证,说明"在华空军基地即使对造成日本的最后失败并非必不可少,至少也是极其有价值的"。② 那么罗斯福所说的这个"价值"究竟是政治价值还是军事价值? 或二者皆有所侧重?

　　包括史家在内的很多人都认为,罗斯福在马计划上的一意孤行,是出于扶持中国的"政治目的"。然而从以下美英参谋长联席会议关于"1943—1944 年总战略"中的"战略任务"可以看出,按美国的战略轻重缓急,美国全球的各种战争事务中有两个优先群:

　　第一优先群

　　一、实现西半球、不列颠岛的安全;

　　二、维持美军在全球的供给;

　　三、有效控制德国的潜艇作战;

　　第二优先群

　　四、不惜航运代价,实现与苏联达成协议中的相关要求;

　　五、不惜代价将运往中国的物资量扩大到最大,以维持中国的战争;

　　六、其他一些被不断提出的,对战争必要的政治或军事义务。③

　　这个优先序列明确显示,美国实现中国战略价值的方式就是增加物资、维持战争。而且,在诸多被"不断提出"的政治、军事义务中,并非所有都是必须的,只有"对战争必要"的,才是美国可能顾及到的,即便被顾及,也还只

---

　　①　事实上马计划优先性是多方面的,除上述直接的正面特征外,华盛顿在为马计划做准备时与国共两党的交涉(如阿诺德重庆之行、华莱士访华、美军延安观察组等事件),和马计划在美国国内的执行(B-29 指挥权、二十航空队的特殊的指挥结构、不符常规战役标准的马计划战例等等问题)都可谓马计划优先性的表现,但由于上述问题均已在前文中有所表述,故不再一一赘述。

　　②　[美]赫伯特·菲斯:《中国的纠葛》,北京大学出版社 1989 年版,第 84 页。

　　③　Memorandum by the United States Chiefs of Staff, *Survey Of Present Strategic Situation (Clarification of Casablanca Decisions)*, April 13, 1943, Franklin D. Roosevelt Presidential Library and Digital Archives, Safe Files, Box 2, Current Strategic Studies Book 1 Index, pp. 1—2.

是位列所有事务之末。这种策略表明,美国的对华政策并非可以等量齐观地划分为一个政治(外交政策)目标和一个军事目标,[①]或者一个略微优先的政治目标和应该"服从"政治目标的军事目标。

英国史学家阿诺德·汤因比在谈到二战中国战区时认为,在亚洲战场"本来中国似乎是可以发挥重要作用的,如果能开辟一条通路,使盟国的援助物资源源流入中国的话。但是这个前景消失了,部分地是由于中国本身的缺点和内部分裂,部分地是由于1943年秋斯大林明确许诺俄国总归是要参加对日战争","这样中国在这场战争中,很大程度上降到了配角的地位","中国的领土用来建立美国空军基地,但是仅此而已"。[②]

汤因比对中国战场的这种论调是经不住推敲的。暂且不说中国对亚洲战场究竟有何种程度的价值,仅从美国的对华战略来说,如本书多次提到的1943年5月5日联合作战计划委员会做的《全球形势报告(1943-1944)》所显示的那样,中国战场对美国而言的战略价值定位至少在1943年5月甚至更早就已经确定,美国的对华战略定位并不是等到1943年秋斯大林许诺出兵亚洲战场之后才得到确定。所以,苏联出兵的许诺不能构成所谓"中国战略价值下降"的原因。没有了这个原因,以西方为中心的价值体系下的"中国战略价值下降"论自然就难以成立了。[③]

而从马计划的必要性和对美国核战略的重要作用看,汤因比对中国作为美国空军基地"仅此而已"的战略价值估计是一种片面的看法。而产生这种看法的根本原因就在于汤因比没有看到美航空队从中国出发袭击日本这

---

　　①　有观点据 Harold M. Vinacke,*The United States and the Far East*,*1945 — 1941* 的论证认为,在美国执行"维持中国作战"这一军事政策的同时,还有一个"与此相结合的政治目标":"建立一个统一而亲美的中国"(罗志田:《从史迪威事件看第二次世界大战中美国与国民政府的矛盾》,《四川大学学报》(哲学社会科学版)1984年第4期,第99页)。

　　②　[英]阿诺德·汤因比主编:《第二次世界大战史大全》,上海译文出版社1995年版,第240页。

　　③　汤因比对二战中国的种种观点具有英国人素有的偏见,他认为由于"什么力量也改变不了罗斯福和赫尔为中国争得大国地位的决心",于"1945联合国宪章给予中国在安理会一个常任理事国席位,这一规定成了以后许多麻烦的一个根源"(《第二次世界大战史大全》,第248—249页)。这位英国绅士看来中国就是一个"麻烦根源"当然是一种满怀优越感的偏见,但他对中美关系的认识却表现出一种另类的不自信。他无法理解为何美国要对中国如此"友善",甚至产生一种不自觉的嫉妒。其实美国人和英国人同样信奉"没有永远的朋友,只有永远的利益",美国对中国的种种"友善"之举都是从美国根本利益出发,而不是丘吉尔所说的"在美国人心中,甚至在最上层的美国人心目中占有极不相称的地位"(Winston S. Churchill, *The Second World War*, *The Grand Alliance*, Boston, Houghton Mifflin Company,1950, Volume 4,pp. 118、133)。

一军事计划的重要性和必然性。

马计划、曼哈顿计划与 B-29 工程

真正构成马计划高成本的因素在于 B-29 的研发和高损耗以及"低产出"上。高损耗又来自于马计划的实验性，实验性则缘于美国一心想在战争期间将原子弹用于实战的紧迫性。这种因果关系揭示了马计划、曼哈顿计划以及 B-29 工程三者之间的关系，同时也解释了关于马计划研究中的悖论。

如前面所论述的，马计划作为 B-29 工程的一部分，不仅在中缅印战区、中国战区具有绝对的优先性，在美国其实也具有相当高的优先性，但它对日军的破坏程度并不显著——对日军造成的破坏还不如装备不良的十四航空队。这种高投入低"产出"的运作方式实在有悖于经济学原理。然而，B-29工程作为原子弹投放工具的研发计划，将其重要的战地试飞行动——马计划，与曼哈顿计划已经紧密地联系在一起了。无论从 B-29 工程 30 亿美元的总成本，还是从马特霍恩计划运行中 B-29 的损耗情况看，马计划作为 B-29 工程的重要组成部分，之所以能在中缅印战区具有最高优先权，在美国国内也几乎和原子弹计划本身一样具有"不计成本"的优先权，就在于马计划是原子弹计划的重要组成部分。

由于战略秘密需要，罗斯福绕过国务院和议会的束缚，仅经 JCS 研究就划拨了 20 亿美元实施制造原子弹的曼哈顿计划，[1]这让包括后来继任总统的杜鲁门等人在内的美国人感到惊讶。[2] 但事实上还有更让人感到吃惊和不解的事情，那就是为制造原子弹投放武器 B-29 远程轰炸机，罗斯福以同样的方式又是没有通过国会，调拨比曼哈顿计划还多 10 亿美元的巨资研制 B-29 远程轰炸机。难怪人们将耗资竟比曼哈顿计划成本高出 10 亿美元的 B-29 工程（B-29 Program）称为"30 亿美元的超级豪赌"（a three-billion-

---

[1]　平时，美国国务院要负责对外国际关系，如对驻外军队的移动可以提出相关建议意见，如对驻华美军，驻华大使还是有一定的发言权。但一到战争期间，国务院不得过问战事，与对外军事行动不再有联系了。所以国务卿赫尔对原子弹计划在广岛之前几乎一无所知。《赫尔回忆录》，南京中央日报社 1948 年版，第 146 页。

[2]　对于制造原子弹的曼哈顿计划，罗斯福的继任者杜鲁门是在就任总统职位之后才了解到的，此前他对此亦一无所知。

dollar gamble)。[①]

　　既然 B-29 几乎是为原子弹投放而量身定做,其发展自与原子弹计划同时起步。[②] 原子弹制成之后将如何投放? 这一点其实在计划酝酿之初的 1939 年就已为各方人士所虑及,其中之首就是那份由西拉德(Leo Szilard,匈牙利科学家)等人起草,爱因斯坦(Albert Einstein)签名,于 1939 年 8 月 2 日写给罗斯福的著名信件。[③] 这份建议美国制造原子弹的信件中除了指出美国制造原子弹的必要性外,还考虑到了原子弹的投放:"这种武器如果用船运送和投放,可能会因为爆炸范围太宽而导致周围大范围的毁灭",当然也会导致投弹者的自身毁灭,"然而,又没有哪种飞机可以运载如此之重的武器"。[④]

　　可见,原子弹的投放问题在曼哈顿计划还没有正式形成的时候就已经被各方考虑到了,这就意味着在制造原子弹的曼哈顿计划一旦确定之后,美国必然会进一步确保这一问题的解决,而同时进行弹载机的研发。有观点认为"据美国军方提供的数据信息,B-29 的弹载量恰好适合原子弹,并最终被确定为原子弹载机"。[⑤] 这种叙述往往给人以原子弹和 B-29 不太关涉,甚

　　① 　Edited By W. F. Craven and James Lea Cate,*The Army Air Forces in World War II*,Volume 5,*The Pacific*: *Matterhorn to Nagasaki*,*June 1944 To August 1945*,University of Chicago Press,1951,p. 7.

　　② 　《太平洋:从马特霍恩到长崎(1944 年 6 月到 1945 年 8 月)》(*The Pacific*:*Matterhorn to Nagasaki*,*June 1944 To August 1945*),对马计划这一历史事件的记载可以说是最为详尽的了,但在谈到 B-29 计划时,并没有将其和原子弹关联起来,只说"B-29 计划的最初要追溯到 1939 年的 11 月",但两者之间的关系就像其书名所表述的那样,马计划、长崎袭击都是同一战略的不同部分。所以本书此处也就将此"先见之明"直接导入 B-29 计划形成的叙述当中了。

　　③ 　这封信之所以很著名,在于很多关于二战美国决定研制原子弹的叙述中,都要谈到爱因斯坦这封写给总统的建议信,而且往往认为美国的研制原子弹的决策起点就是爱因斯坦的这封信。事实上,美国决定制造原子弹的基础在于相关理论的成熟和实验的成功。爱因斯坦与原子弹的研制,除这封建议信外没有更多的直接关系。如爱因斯坦本人所说:"我不认为自己是原子能之父。在这方面,我所起的作用是非常间接的。事实上,我未曾预见到原子能会在我活着的时候就得到释放。我只相信这在理论上是可能的。由于偶然发现了链式反应,它才成为实际,而这发现不是我所能预料到的。它是哈恩(O. Hahn)在柏林发现的,起初他自己还错误地解释了他的发现。提出正确解释的是丽赛·迈特内(Lise Meitner),她从德国逃了出来,把这消息告诉了当时正在美国访问的尼耳斯·玻尔(N. Bohr)。"(见《爱因斯坦文集》第三卷,商务印书馆 1975 年版,第 202 页)所以,爱因斯坦不仅在理论上"不能从任何第一手知识来讲原子弹的发展情况"(《爱因斯坦文集》第三卷,第 226 页),而且对美国决定制造原子弹的决策也不是决定性因素。

　　④ 　*Albert Einstein's Letters to President Franklin Delano Roosevelt*,2,Oct 1939,见于 Franklin D. Roosevelt Presidential Library and Digital Archives,Safe Files,Box 5,Sachs,Alexander Index.

　　⑤ 　Armstrong,*B-29 Superfortress*,part7,http://mil. jschina. com. cn/afwing/intro/b29/7. htm,2009 年 9 月 10 日。

至好像是等原子弹造出之后才来寻找适合的投弹机的错觉。然而,从 B-29 的研发过程看,由于 B-29 作为投放原子弹的工具,它和原子弹本身一样具有重要的战略意义,B-29 的研发也就成为整个核武器计划(而不仅仅是曼哈顿计划)的重要组成部分,其进程也是有计划地与曼哈顿计划同步实施的。

1939 年 10 月,当重核裂变在理论和实验上都得到证实时后,美国正式决定研制原子弹,原子弹投放武器的生产自然同步跟上。陆军航空首脑阿诺德紧接着在次月"请求"陆军部考虑发起开发一种功能胜过 B-17、B-24 的四引擎、作战半径达到 2000 英里的远程重型轰炸机。12 月 2 日陆军部批准该提议。1940 年 1 月 29 日陆军部正式向 5 家有实力的飞机制造公司发出 R-40B 请求(Request for Data R-40B)。[①]

到 4 月 8 号,波音(Boeing)、联合(Consolidated)、道格拉斯(Douglas)和洛克希德(Lockheed)4 家公司就拿出了 XB-29,XB-30,XB-31,XB-32 远程重型轰炸机的初步设计方案,但最后只有波音和联合公司继续竞争下去。1942 年 9 月 7 日,联合公司的第一架 XB-32 试飞,经过 30 次飞行,这架试验飞机在 1943 年 5 月 10 日坠毁。7 月 2 日和 11 月 9 日,第二架和第三架试验机分别问世。由于设计方案的频繁变动,XB-32 的发展阻滞不前。波音公司的首架 B-29 试验机在 1942 年 9 月 21 日到 12 月 28 日期间经过了 22 次试飞。12 月 29 日问世的第二架试验机,在次年 2 月 18 日着火坠落,造成重大损失:波音公司最有飞行经验的首席试飞员艾伦(Eddie T. Allen)、10 名机械师以及附近一名记录员在事故中丧生。到 1943 年 7 月,B-29 第一架产品模型下线了。[②] 波音公司的第三架试验飞机在 1943 年 6 月经过 8 次成功试飞后,提交到了陆军航空队。

若非战争的紧迫,每架飞机要进入实用阶段必须经过很长的程序。然

---

① 《太平洋:从马特霍恩到长崎(1944 年 6 月到 1945 年 8 月)》一书在叙述 B-29 工程的缘起时,仅仅说"B-29 工程可以追溯到 1939 年 11 月",然后就是阿诺德如何"请求"陆军部生产远程轰炸机……(*The Army Air Forces in World War II*, Volume 5, *The Pacific*: *Matterhorn to Nagasaki*, *june 1944 to august 1945*, University of Chicago Press, 1951, p. 6)。不知出于何种原因,该书并没有点明 B-29 工程与远程战略轰炸思想或原子弹计划的内在联系。这样的叙述给人感觉好像是这场生产远程轰炸机的运动仅仅由阿诺德这个天才的航空战略家发起。而有的关于 B-29 缘起的叙述不仅没有看到与原子弹计划的关系,而且干脆就将之叙述为陆军航空队的需求,或飞机公司的技术发展。笔者尽管还没有看到阿诺德 1939 年向 5 家飞机公司发出的"请求"与刚被批准的原子弹计划有直接联系的文献资料,且 B-29 并不仅仅为原子弹计划而发展,还和远程战略轰炸理论有关,但 B-29 最终的发展结果表明,原子弹计划的批准时间和 B-29 工程的实施时间几乎相同这并非偶然的巧合。

② H. H. Arnold, *Global Mission*, Harper & Row Publishers, New York, 1949, p. 477.

而,美国一心要在战争结束之前投放原子弹,这就使得原子弹计划及相关配套任务都进入紧迫的倒计时状态。从华盛顿对战争结束时间的估计看,必须在 1945 年之前造出成熟的原子弹载机,阿诺德于是省略平时的很多程序很快决定采用生产进展相对顺利的波音 B-29 轰炸机。

1944 年春,[①]为解决原子弹的投弹机、投弹部队等问题,负责原子弹生产的格罗夫斯与负责提供弹载机的阿诺德聚到了一起,讨论原子弹投弹的问题。格罗夫斯谈到,“我们虽然确知了‘枪式’炸弹的大小和重量,但对‘内爆式’炸弹的这些数据仍未确知。然而在同奥本海默及其在洛斯·阿拉莫斯的高级同事们讨论了这个问题之后,我认为,用 B-29 轰炸机作为这两种炸弹的载运飞机的计划是合理的,只是须对飞机的弹舱和投弹装置作某些改装。然而,我们都认识到,事先估计不到的问题可能会使 B-29 的利用难以实现”。[②]

格罗夫斯告诉阿诺德,很有可能出现这样偶然的情况,即不管怎样努力,也许都不能把炸弹装上美国的 B-29 远程轰炸机并顺利投掷。那么他将不得不考虑使用英国人的兰卡斯特飞机。而且,英国人一定会乐于提供这种飞机。[③]事实上,如果用英国飞机投放美国原子弹,不仅意味着对美国飞机制造能力的不信任,而且将研发远程重型轰炸机这一核时代初期最重要的武器之一的大好机会让给英国佬,还意味着今后被英国人限制、耽误等无尽的烦恼。而更为紧要的是,原子弹载机的研究生产必须紧密结合原子弹相关技术,而原子弹技术又是当时最为机密的国家财富和国际政治权利的保障,美国当然不愿在弹载机的研制上让英国人轻易“分享”这一耗资 20 亿美元和无数智力得来的原子弹技术。何况,美国人能造原子弹,投放的飞机还成问题么。

具有全球战略意识的阿诺德当然明白其中的涵义,他立刻给予格罗夫斯

---

① 历史学者罗伯特·S·洛瑞斯(Robert S. Norris)所记述的阿诺德与格罗夫斯关于原子弹的会面是在 1943 年 6 月(*Racing For The Bomb*,*General Leslie R. Groves*,*The Manhattan Project's Indispensable Man*,Sreerforth Press,2002,p315),但在格罗夫斯的回忆录中谈到与阿诺德的会谈时间是在 1944 年春天。他知道阿诺德“在此以前已听到过关于本计划的大概情况,现在我要详尽地告诉他相关事宜,以便取得他的支持”,回忆录并没有说这是第一次与之会谈,可见洛瑞斯论述的 1943 年 6 月会谈可能是当事人没有记述的一次会见。

② Leslie R. Groves,*Now It Can Be Told*,Harper & Brother Publishers,New York,1962,pp. 253-254.

③ Leslie R. Groves,*Now It Can Be Told*,Harper & Brother Publishers,New York,1962,pp. 253-254.

他所期待的、让人充满信心的承诺:他愿意用美国飞机载运美国人自己的炸弹,陆军航空队将竭尽全力保证为曼哈顿计划提供能够胜任这项工作的 B-29 轰炸机。此次会面后格罗夫斯与阿诺德达成一致,认为陆军航空队应当:

第一,提供能够载运、投放原子弹的飞机,这些飞机须有足够的载重能力、足够的弹舱容积、足够大的炸弹舱门以及必要的航程。

第二,到我们能够生产足够一个原子弹用的裂变物质时,必须组织、装备和训练好一支有高度作战能力的战术部队。

第三,炸弹必须正确无误地投中目标。

第四,我们还需要航空队协助进行炸弹的弹道测试和材料及装备的特种空中运输,尤其是在准备实际投弹的最后阶段。[①]

虽然阿诺德如格罗夫斯所了解到的那样已经明白陆军航空队参与的 B-29 计划与曼哈顿计划的关系,但此前两方面并没有直接沟通,格罗夫斯与阿诺德的此次会面可谓曼哈顿计划与 B-29 计划的直接联系。此后,双方从各自前期的工作中走到一起,按照双方协定将原子弹的最终投放具体化:改进 B-29、训练专门的战术部队。

如此兴师动众耗费巨资开发出来的 B-29 远程轰炸机,在技术上自有其先进性,美国人非常担心飞机上的各种技术外泄,所以对 B-29 技术本身有种种级别的保密性措施。即便前线 B-29 坠落后也不放松保持 B-29 技术秘密的警惕,一旦飞机坠毁,一定设法将其销毁。

前文曾谈到彝族土司岭光电带领美军到凉山富林附近搜寻失事飞机和机组人员。搜救小分队在处理了被当地人分解了的 B-29 残骸后,竟然立刻打道回府,没有再继续前行救助散失在深山老林中的"美国大兵"。其理由是继续前进的索桥毁损,因此"没有别的方法可以到达黑倮倮地区了,即便有其它方式"又因"小分队没有相应的野外设备"。但从逻辑上说,这种理由并不充分,因为索桥断了可以绕道,装备缺乏可以从成都调运。可能正是这种仅仅处置飞机而放弃人员救助的行为,导致两年后在美国国内传出这样

---

① Leslie R. Groves, *Now It Can Be Told*, Harper & Brother Publishers, New York, 1962, pp. 661-662.

的报告:有美军飞行员迫降在彝族地区后,被当地人俘虏,成为"洋娃子"——彝族的奴隶。搜救小分队在找到 B-29 遗落器械后,为什么没有继续搜救机组幸存人员? 他们对 B-29 的"关注"程度胜过对生命的珍惜。

这种有悖于《拯救大兵瑞恩》等好莱坞电影中所宣扬的美式人本精神的背后,是 B-29 飞机技术的战略保密性。每一次 B-29 事故后,搜救组织不仅要救护机员,还要处理飞机残骸,以免重型远程轰炸机技术被当前的敌人——日本,甚至潜在的敌人——苏联所获得,以便维持美国在核弹投放武器技术上的绝对优先地位。

1944 年 6 月 8 日,58 轰炸联队第 468 轰炸大队第 793 轰炸中队编号为42—6314 的 B-29 坠毁于川康交界的大凉山境内。此次对该机的搜救,更是体现出 B-29 技术上的保密性。为搜救 42—6314 号 B-29,美军方面的穆伦上校在当地白彝军官李仕安的带领下,由西昌乘运输机先到印度基地,又绕道云南进入凉山。在历尽艰辛到达 B-29 出事地点后,有当地人通报,从 B-29 上迫降的部分美军已经被安全送走,李仕安以为此行任务就此结束。谁知穆伦仍旧心事重重,一心要到现场。到得现场,发现飞机残骸早被当地人拆散,穆伦于是命令"除了食品和布匹外,背夫们背的东西全部投入金沙江"。

李仕安对穆伦的做法深感不解:"好不容易从昆明背过来,为什么要扔到江里呢?"随行翻译福建人陈文波告之曰:"这十包东西都是烈性炸药,本来是用来炸毁飞机残骸,现在飞机都没有了,炸药就没有用了。"可穆伦一行为什么千里迢迢地背着炸药来炸毁本已毁坏的飞机残骸呢? 原来,"这是美军最先进的 B-29 轰炸机,里面有很多先进的设备,怕落入日本人手中"。[①]李仕安恍然大悟,当初穆伦一行本可从西昌直接到达出事地点,但却绕道昆明,那是为了领取炸药。故穆伦此行首要任务还并不是救助迫降人员,而是炸毁飞机残骸。空地小组的谨慎做法显示出 B-29 飞机技术上的保密性和重要性。

自 1944 年 6 月 15 日首战日本本土的 B-29 技术公开后,美国相关媒体大肆报道关于 B-29 的种种超级能耐。但 JCS 认为媒体不该过分夸大 B-29 的各种性能,或个别胜利的战例,而应强调空地营救组织的重要性。还希望

---

①　同样由于 B-29 技术保密的原因,李仕安以《昌印途中》为题的连载报道,被《新康报》删去了所有涉及 B-29 的内容。现在的这篇《昌印途中》是 2002 年李仕安将被删去的内容补上后所得。李肖伟:《超堡队:B-29 In China》(2),天马图书有限公司 2005 年版,第 288—309 页。

人们认识到这种飞机和二十航空队并不成熟，尚处于试验阶段。

　　不过很多新闻记者和媒体并不理会这些政策，而且还将那些有责任心的新闻人所写的稿件随意修改、篡改，以便突出编辑们认为应该放大的东西，①以吸引读者、增加报刊销量。

　　但事实上，陆军航空队首脑们只是将马特霍恩计划当作了一次大规模的高成本试飞行动（a shakedown operation）。② 在 B-29 工程中，高成本不仅源于 B-29 制造经费，还在于战地试飞行动的高损耗。由于机械方面的不成熟而造成的颇高的人员伤亡率，B-29 工程确实算得是"30 亿美元的超级豪赌"。整个战争期间，无论是训练、试飞还是实战，B-29 由于自身的不成熟，如最为典型的发动机起火等机械故障造成的损失远远大于敌人直接造成的损失，这一点仅从《第 58 轰炸联队 B-29 损失情况表》就可见一斑。

　　根据此表，B-29 的损失情况就可以看出一个"触目惊心"的现象：在 241 架次的 B-29 损失中，被日军直接击毁的约有 30 多架次，其余 200 多次为 B-29 本身直接或间接的机械故障所致。也就是说，B-29 在战场上，尤其刚刚进入战场的时候因机械故障造成的损失几乎是日军直接造成损失的 7 倍，占到所有损失的至少 85％。B-29 无论是在试验阶段、运输途中、驼峰航线上、战斗中、回航路上，随时都有机毁人亡的危险。这种不计人力、财力成本损耗程度的行动，足以表明 B-29 计划前期的试验性质和华盛顿对原子弹计划志在必得的坚定态度。

　　另外，从下面日本学者渡边洋二统计的《B-29 对日出击表》《B-29 出击全リスト（对日战）》看，③在华实施马计划的 58 轰炸联队所损失的 B-29 数量约为所有 B-29 损失量的一半，也同样显示出马计划战地试飞行动的性质来。

---

　　① 　Edited By W. F. Craven and James Lea Cate, *The Army Air Forces in World War II*, Volume 5, *The Pacific*：*Matterhorn to Nagasaki*, *June 1944 To August 1945*, University of Chicago Press, 1951, p. 102.

　　② 　Edited By W. F. Craven and James Lea Cate, *The Army Air Forces in World War II*, Volume 5, *The Pacific*：*Matterhorn to Nagasaki*, University of Chicago Press, 1951, p. 94.

　　③ 　渡边洋二的这份统计表，在某些方面可能不太准确。比如从该表上看 509 混合大队的活动情况，仅有 1945 年 8 月 6 日和 9 日两次原子弹投掷行动。但事实上，509 混合大队在马里亚纳群岛上虽以飞往罗塔岛准确投弹训练为主，同时还有除原子弹投掷外的 4 次前往神户、下田、宇部、名古屋、和歌山、日立等地投弹演习的行动。这种训练不仅是一种更为仿真的实战训练，也有"使日本人习惯看到单独一架轰炸机在高空投下一枚炸弹"的目的（戈登·托马斯、马克斯·莫根－维茨：《银盘记》，新华出版社 1980 年版，第 224—226、240、247 页）。该表并没有将这几次行动单独罗列出来，可能将之混到其他联队的行动当中。

第 58 轰炸联队 B-29 损失情况表

日期	大队	中队	序列号	机长	损失类型	损失原因	地点
44-4-13			42-6350	Edwin A. Potter	A	机腹着陆	法属摩洛哥马拉克奇
44-4-15			42-6338	Walter S. Fellows	A	起飞事故	埃及开罗佩恩机场
44-4-19	40	25	42-6249	William O. Benton 上尉	A	着陆事故	埃及开罗佩恩机场
44-4-21	468	794	42-63357	Earnest L. Blackmore 少校	A	着火坠毁	印度卡拉奇东北方 2.5 英里
44-4-21	468	793	42-6369	Robert T. Darden	A	弃机跳伞	印度卡拉奇
44-4-21	462	771	42-6345	Manford K. Wagon	A	迫降	印度
44-5-1	468	792	42-6255	John W. Sims 中尉	A	引擎故障迫降失败	印度 Lillibari
44-5-1	444	678	42-6327	Milton H. Levitch	A	迫降	印度恰拉 机场东北 15 英里
44-5-7	40	44	42-6250	William Hunter 上尉	A	损坏	
44-5-7	462	768	42-93825	Laidler B. MacKall	A	滑行故障	印度佗拉都巴
44-5-12	462	769	42-6335		A	地面起火	印度佗拉都巴
44-5-15	444	678	42-6296	Patrick, M F			印度恰拉 机场西北 7 英里
44-5-16			42-6340	William E. Kinney	A	引擎故障迫降	印度恰拉
44-5-17	444	679	42-6317	William W. Wyatt	A	着陆事故	印度克勒格布尔机场
44-5-23	462	771	42-6211	Carl T. Hull(Shorty)	A	坠毁	印度佗拉都巴
44-5-23	444	678	42-6292	Wirgil M. Cloyd	A	迫降	印度恰拉
44-5-24	462	771	42-63352	Manford K. Wagon	A	弃机跳伞	印度 Netrogoana
44-5-28	462		42-6278	Eugene F. Torvend	A	迫降	
44-6-5	40	395	42-6282	Sanders, John N	A	落海	印度吉大港西南 25 英里孟加拉湾
44-6-5	40	395	42-6318	Kelleer, John B	A	坠毁	印度恰库利亚

（续）

日期	大队	中队	序列号	机长	损失类型	损失原因	地点
44-6-5	40	395	42-6304	Zamry、Alex N	A	机械故障降坠毁	印度洋孟加拉湾
44-6-5	444	678	42-6361	Booth G. Malone	A	坠毁	中国云南昆明
44-6-5	462	770	42-6336	Richard L. Randolph	A	坠毁	印度杜盟
44-6-5	444	679	42-6277	Wayne T. Mann	A	油尽坠毁	印度
44-6-7	468	792	42-6271	James L. Pattillo 少校	A	运油时发动机故障坠毁	中国四川犍为
44-6-8	468	793	42-6314	Leslie J. Sloan 中尉	A	引擎起火坠毁	中国四川雷波
44-6-10	40	44	42-6283	Mansell Clark 中尉	A	失踪	驼峰
44-6-12	462	769	42-6226		A	地面起火	印度伲亚拉都巴
44-6-15	40	45	42-6261	Marvin Stockett 上尉	A	飞越驼峰时失踪	驼峰
44-6-15	444	677	42-6220	Steve C. Krupinski	A	起飞失败坠毁	中国四川广汉
44-6-15	468	793	42-93826	Robert M. Pillchard 中尉	A	坠毁	中国甘肃西固
44-6-15	468	792	42-6230	Ivanovich D. Dushan 上尉	B	高炮击中	日本福冈县若松
44-6-15	468	794	42-6231	Kenneth L. Akins 少校	A	迷航触岩烧毁	中国四川江油东北 11 英里
44-6-15	468	793	42-6229	Richard E. Hughes 上尉	A	起飞失败着火烧毁	中国四川彭山
44-6-15	444	676	42-6293	Rotert C. Root	A	引擎故障迫降失败	中国河南内乡（NeiHsiang）机场附近
44-6-17			42-6383	Edsel O. Clark	A	落海	大西洋罗伯特基地附近
44-6-19	40	45	42-6326	Woodreff、Jasper W	A	引擎漏油迫降坠损	印度 Sapekhati
44-6-25	444	678	42-6323	James Schleicher 上尉	A	坠毁	中国四川彭山/印度
44-6-26	468	794	42-6235	Boyce C. Anderson 上尉	A	坠毁	中国四川邛崃机场
44-6-27	462	770	42-6328	Eugene L. Boyd	A	着陆事故	中国四川西昌
44-6-28	444	679	42-6246	Mann、Wayne T			中国四川西昌
44-6-28	462	769	42-6354	Egbert V. Smith	A	事故	印度伲亚拉都巴

（续）

日期	大队	中队	序列号	机长	损失类型	损失原因	地点
44-7-6	462	679	42-6246	Wayne T. Mann	A	弃机跳伞	中国西康西昌西南80英里
44-7-6	462	768	42-6316	Alan B. Smith	A	起飞事故	中国四川新津机场
44-7-6	40	44	42-6297	Jos. McWilliams 少校	A	坠毁	印度恰库利亚
44-7-8	40	44	42-6289	James I. Cornett 少校	A	坠毁	印度恰库利亚
44-7-8	462	769	42-6263	Waller. Dock O Jr	A	迫降	印度 Kumitola 附近30英里
44-7-12	462	769	42-6213	Carrell T. Murrell	A	迫降	中缅印战区
44-7-14	444	678	42-6302	Merril F. Patrick	A	油泄迫降	印度 Chaubua
44-7-26	40	395	42-6291	Richard McgGlinn 上尉	A	坠毁	印度恰库利亚
44-7-29	40	25	42-6351	Murr E. Skousen 上尉	A	坠毁	中国四川新津
44-7-29	40	395	42-6240	Edwin R. Glass 少校	A	遭雷击坠毁	中国云南丽江东南25英里
44-7-29	468	795	42-6274	Robert G. Mills 上尉	B	击落	中国辽宁鞍山（满洲）
44-7-29	462	771	42-6256	Howard R. Jarrell	B	中弹后燃油耗尽，发动机失灵迫降	苏联，机、员被苏扣留
44-8-2	444	677	42-6228	Reid	A	坠毁	印度阿萨姆
44-8-7	444	679	42-6452	Jamel F. Williams	A	坠毁	印度 Agartala
44-8-7	58		42-24482	Austin J. Peek	A	起飞事故	巴西纳塔尔东南3.5英里
44-8-10	468	792	42-6243	Harold R. Brown 少校	A	落海	太平洋（无油）
44-8-11	444	677	42-24420	Fred T. Furchner	A	落海	印度洋孟加拉湾
44-8-16	40	25	42-6310	Howard L. Gerber 上尉	A	起飞事故	印度恰库利亚
44-8-19	40	395	42-6425	Henry R. Sullivan	A	从印度向成都集结时坠毁	中国西康盐源（西昌西南70英里）
44-8-19			42-24580	Henry A. Moculeski	A	引擎起火	荷属圭亚纳 Zandery 机场
44-8-20	40	25	42-6301	James A. Slattery 上尉	A	任务后返航坠毁	中国四川筠连
44-8-20	40	45	42-6308	Charles Taylor 上尉	A	坠毁	中国湖北老河口

（续）

日期	大队	中队	序列号	机长	损失类型	损失原因	地点
44-8-20	40	395	42-93829	Richard McGlinn 少校	A	坠毁	苏联伯力,机组人员被苏扣留
44-8-20	444	677	42-6286	Dyer H. Hamiltom 少校	A	八幡返航时撞山坠毁	中国四川大邑
44-8-20	444	679	42-6320	Claude E. Hensinger	A	从八幡返航后故障坠毁	中国四川遂宁(遂宁西北10英里)
44-8-20	444	676	42-6330	Charles E. Hanson	A	返航时因故障迫降坠毁	中国四川金堂(广汉附近)
44-8-20	462	769	42-6305	Miles B. Thomas	A	起飞坠毁	中国四川邛崃机场
44-8-20	462	768	42-6332	Sanford	B	高炮击伤燃料耗尽迫降	中国四川岳池
44-8-20	462		42-24474	Carmichel H. Richard 上校	B	战斗机	日本长崎县壹岐郡
44-8-20	468	794	42-6334	Benedict, Charles C	B	被高射炮击中	日本福冈八幡
44-8-20	468	794	42-6368	Ornell J. Stauffer 上尉	B	被撞	日本福冈八幡折尾町
44-8-20	468	792	42-6408	Ernest A. Pickett 中尉	B	击落	日本福冈县小仓市
44-8-20	468	792	42-6264	William F. Savoie 中校	A	八幡受损返航时坠毁	中国江苏建湖
44-8-20	468	795	42-6253	Gust Askounis 上尉	A	迫降	中国四川彭山
44-8-23	462	771	42-6223	John M. Miller	A	着陆时坠毁	印度恰车利亚
44-8-26	468	792	42-6356	Eddie E. Winkler 上尉	A	从彭山到印度途中飞机故障弃机	中国西康越西
44-9-2	444	676	42-6309	Robert R. Spellman	A	失踪	中国
44-9-4	468	793	42-6454	Avery J. Ladd	A	着陆失败坠毁	印度黑吉利
44-9-6	444	679	42-6277	James F. Williams	A	坠毁	印度都康底
44-9-8	444		42-6212	Baker Lee	A	因故障迫降	中国陕西西安
44-9-8	444	679	42-6234	John Overton 上尉	A	去数山时操作系统失灵弃机坠毁	中国河北昌黎
44-9-8	462	770	42-6360	Sullivan	A	引擎被袭,故障原因迫降	中国河南老河口附近邓县
44-9-9	40	44	42-6306	Willam Howard 上尉	A	迫降	中国陕西汉中
44-9-11	40	45	42-6222	Robert Haley 上尉	A	坠毁	印度恰车利亚,可能云南嵩明

（续）

日期	大队	中队	序列号	机长	损失类型	损失原因	地点
44-9-16	40	44	42-6268	Donald W. Roberts 少校	A	降落时引擎着火	印度格库利亚
44-9-18			42-65203	Hugh T. Roberts	A	失踪	大西洋
44-10-1	468	792	42-6238	Eddie E. Winkler 上尉	A	撞击山体毁损	中国四川峨眉
44-10-10	462	768	42-6248	Ralph L. Steen	A	着陆事故	中缅印战区
44-10-14	40	25	42-24513	Cornelius Meyers 上尉	A	坠毁	中国
44-10-14	444	678	42-6280	E D. Vannoy 少校	A	因大雾撞击山体坠毁	中国四川武隆
44-10-14	444	676	42-99390	Edward E. Tobey	A	地面事故	中缅印战区
44-10-17	40	395	42-6342	Ernest Turner 上尉	A	起飞不久引擎起火坠毁	中国四川新津
44-10-21	468	792	42-24446	T R. Lindke 上尉	A	坠毁	中国四川彭山（距新津2英里）
44-10-22	40	25	42-6288	William H. Mueller 上尉	A	起飞失败坠毁	中国四川新津
44-10-25	40	45	42-6281	Jack C. Lediford 上尉	B	被敌方损伤迫降	中国湖北房县
44-10-25	468	792	42-24504	Edward F. Parsons 少校	A	起飞失败坠毁	中国四川彭山
44-10-26	40	45	42-6418	Henry P. Luna	A	机腹着陆	印度格库利亚
44-10-27	468	792	42-6362	H C. Maisch	A	坠毁	印度
44-11-3	40	25	42-6298	Dorsey B. Thomas 上尉	A	坠毁	中国四川新津
44-11-3	444	677	42-24518		A	新加坡任务中海上迫降	
44-11-5	468	793	42-6370	Ted S. Faulkner 上校	A	坠毁	印度洋孟加拉湾
44-11-6	462		42-6444	Simpson	A	起飞坠毁	
44-11-9	444	678	42-6215	Harry I. Bremner	A	弃机跳伞	中国四川宜宾
44-11-9			42-22423	Charles M. Weber	A	着陆事故	英属圭亚纳 Atkinson 机场
44-11-11	468	794	42-6365	Weston H. Price 上尉	A	迫降	苏联海参崴，机、员被苏扣留
44-11-11	444	678	42-63419	Levitch	A	坠毁	中国四川万源

（续）

日期	大队	中队	序列号	机长	损失类型	损失原因	地点
44-11-11	444	676	42-6307		A	触山油箱爆裂着火坠毁	中国四川万源
44-11-11	444		42-6321	Dunn	A	坠毁	
44-11-11	444	677	42-6300		A	失踪	
44-11-11	40	25	42-6237	Garth C. Doyle 上尉	B	油箱漏油在南京被火炮击中	中国安徽明光
44-11-19	462	769	42-24531		A	弃机跳伞	印度阿萨姆英帕尔东北
44-11-21	40	45	42-6275	James H. Cowden 上尉	A	先敌雷击损毁两发动机后被战斗机击伤	中国四川仁寿
44-11-21	40	44	42-6290	Joseph D. White 少校	A	坠毁	中国陕西安康
44-11-21	444	677	42-65204	Hutchinson	A	坠毁	中国陕西安康
44-11-21	462	770	42-6278	Joseph P. Killebrew 上尉	A	坠毁	日本长崎县北富木
44-11-21	462		42-93848	McMillan 上尉	B	击落	中国湖北钟祥？
44-11-21	468	794	42-6358	William J. Mickish 中尉	A	迫降	苏联,机,员被苏扣留
44-11-21	40	25	42-6303	Walter Lucas 中校	A	损坏	中国四川新津（日机轰炸）
44-11-21	468	792	42-6279	Donald J. Humphrey	A	损坏	中国四川新津（日机轰炸）
44-11-27	40	45	42-24452	Carl E. Blackwell 中尉	A	失踪	缅甸
44-11-27	40	45	42-6295	Robert Moss 上尉	A	损坏	印度吉大港
44-11-27	468	792	42-6362	Harry G. Maisch 上尉	A	坠毁	中国四川彭山／印度
44-11-27			42-24423	Otto S. Kerstner	A	事故	加纳黄金海岸（飞往 CBI 途中）
44-11-28	468	794	42-24706	Phillip F. Hennin	A	发动机起火坠毁	印度克勒格布尔
44-12-7	40	395	42-63363	George Varoff 上尉	A	坠毁	中国山西平顺
44-12-7	444	678	42-6262	Carl R Bavnes	A	撞击	中国辽宁沈阳（满洲奉天）
44-12-7	462	770	42-6299	Colby 中尉	A	撞击	中国辽宁沈阳（满洲奉天）
44-12-7	462	770	42-6359	Stanley Brown	A	燃料耗尽失踪	中国山西沁源

（续）

日期	大队	中队	序列号	机长	损失类型	损失原因	地点
44-12-7	468	792	42-6389	Calvin L. Lyons 中尉	A	前往沈阳途中气候不宜撞山坠毁	中国四川万源
44-12-7	468	794	42-6390	Roger E. Parrish 上尉	A	撞击	中国辽宁沈阳（满洲奉天）
44-12-7	468	792	42-63395	Frank M. Martin 上尉	A	坠毁	中国四川彭山机场
44-12-7	462	770	42-65213	Sam B. White Jr.·少校	A	起飞不久机身冰冻并解体坠毁	中国四川犍为
44-12-11	468	793	42-63356	John Miller	A	撞伤	中国辽宁沈阳（满洲奉天）
44-12-14	40	25	42-24726	Howard L. Gerber 上尉	A	损环	缅甸仰光
44-12-14	40	25	42-24457	Cornelius Myers 上尉	A	坠毁	缅甸仰光
44-12-14	40	45	42-93831	Wayne W. Treimer 中尉	A	坠毁	缅甸
44-12-14	40	45	42-24574	Robert C. Shanks 上尉	A	坠毁	缅甸仰光
44-12-19	40	45	42-24466	Chester Woolsey 上尉	A	坠毁	中国陕西安康
44-12-19	468	794	42-6272	Ball	A	坠毁	驼峰
44-12-19	40	45	42-6276	Walter J. Ball	A	跳伞	缅甸 Laokai
44-12-19	462	770	42-63452	Walter (NMI) Romaniw	A	2 号引擎故障以及燃料问题迫降	湖北襄阳（老河口）
44-12-20	40	25	42-6331	Robert E. Moss 少校	A	被英军误击坠落	印度吉大港
44-12-21	462	770	42-24505	John Campbells	B	击落	中国辽宁沈阳（满洲奉天）
44-12-21	468	794	42-24715	Charles C. Benedict 上尉	B	撞击	中国辽宁沈阳（满洲奉天）
44-12-24	40	44	42-6322	John G. Martin 上尉	A	坠毁	中国陕西安康
44-12-24	444	676	42-63458	Nicolas Van Wingerden	A	坠毁	中缅印战区
44-12-27	444	678	42-6343	Judson C. Forbes	A	起飞失败坠毁	中国四川中江（广汉东北 25 英里）
44-12-31	40	25	42-65225	Dorsey B. Thomas 上尉	A	起飞失败坠毁	中国四川新津
45-1-2	497	871	42-63414		A	着陆事故	塞班岛
45-1-4	462	769	42-65252	William R. McGuire	A	坠毁	中缅印战区

（续）

日期	大队	中队	序列号	机长	损失类型	损失原因	地点
45-1-6	462	768	42-65254	John Stewart Slack, Jr.少校	B	击落	中国黄海
45-1-11	468	793	42-24704	Donald J. Humphrey 少校	B	击落	新加坡
45-1-11	444	677	42-65226	Wilson	A	失踪	
45-1-14	40	44	42-24582	J. Eigenmann 少校	A	地面爆炸	印度恰牟利亚
45-1-14	40	44	42-63394	Donald Roberts 少校	A	地面爆炸	印度恰牟利亚
45-1-14	40	45	42-6418	Marvin W. Goodwyn	A	着陆坠毁	印度恰牟利亚
45-1-17	468	792	42-24494	Clarence McPherson 少校	A	坠毁	中国四川彭山
45-1-22	40	44	42-65267	Ronald A. Harte 上尉	A	坠毁	印度洋孟加拉湾
45-2-1	40	25	42-24589	Aubrey J. Richard 上尉	A	坠毁	新加坡
45-2-1	444	678	42-24736		A	机腹着陆	
45-2-4	40	1	42-93854		A	侦查日本回途中发动机故障坠毁	中国河北平谷
45-2-5	6	24	42-24759	McElroy, Edgar E	A	着陆滑行事故	中国
45-2-7	462	770	42-24461	Harold R. Kinreed	A	着陆坠毁	印度杜里盟杜里（Dum Dum Calcutta）
45-2-20	462	768	42-24506	John H. McCollum	A	起飞坠毁	印度佗亚拉都巴
45-2-24			42-63479		A	坠毁	印度克勒格布尔
45-2-24	462	768	42-24479	Ditched Dechet	A	坠毁	印度加尔各答附近
45-2-26	40	44	42-24804	James E. Lyons 上尉	B	侦查任务回途中击伤迫降	印度洋孟加拉湾海面
45-3-2	468	792	42-24678	Edward G. Millar 上尉	B	高炮击落	新加坡
45-3-2	468	793	42-24469	Ellestad 中尉	B	高炮击落	新加坡
45-3-25	444	676	42-65202	Ernest W. Fordney	A	空中相撞	印度洋孟加拉湾
45-3-25	444	678	42-24507	Woodrew B Palmer	A	空中相撞	印度洋孟加拉湾
45-5-2	40	44	42-63462	Richard Covey 中尉	A	着陆事故	孙宁岛西机场

（续）

日期	大队	中队	序列号	机长	损失类型	损失原因	地点
45-5-3	444	678	42-63557	Shelden, Harold J Jr	A	着陆事故	狄宁岛西机场
45-5-4	330	457	44-69928	West, Frederick E	A	着陆事故	关岛
45-5-5	19	63	42-65309	Lawless, Marion J	A	着陆事故	狄宁岛西机场
45-5-5	19	30	42-94060	Fay, Maurice J	A	坠毁	塞班岛
45-5-10	19	30	42-65342	Savage, George J	A	着陆事故	关岛
45-5-11	29	52	42-63571	Halteman, Clemence W Jr	A	失踪	关岛
45-5-14	462	770	44-69966	Dean H. Sherman	B	击毁	日本名古屋海岸
45-5-14	40	25	42-24492	William. P Donelon 中尉	A	坠毁	日本硫磺岛
45-5-14	29	6	42-94013	Bedford, Frederick J	A	着陆事故	关岛
45-5-14	19	28	44-69681	Gammel, Hans P			关岛
45-5-14	19	28	42-94051	Dillard, Jesse L Jr	A	弃机跳伞	日本硫磺岛
45-5-16	40	44	42-65271	Donald W Roberts 少校			日本硫磺岛
45-5-16	462	770	42-24801	Albert Abranovic	A	弃机跳伞	狄宁岛西机场
45-5-16	444	677	44-70002	Howard W. Mather	A	坠毁	狄宁岛西机场
45-5-16	6	40	44-69840	Reed, Paul N	A	着陆事故	狄宁岛北机场
45-5-17	330	458	44-70010	Vick, John O	A	引擎故障起火	日本以东20英里
45-5-23	462	769	44-69734	Seldon G. Mouser	B	高炮	日本东京都涩谷区
45-5-24	40	25	42-63498	William R. Schaal 上尉	A	落海	狄宁岛200英里处
45-5-24	468	794	42-65275	Hinkle	B	击落	日本东京
45-5-24	468	794	42-63529	Hinkle	B	击落	日本东京
45-5-24	468	792	42-63536	Jim Johnson	B	击落	日本东京
45-5-24	468	794	42-63445	Wendell B Thummel	A	着陆事故	狄宁岛西机场

（续）

日期	大队	中队	序列号	机长	损失类型	损失原因	地点
45-5-25	462		42-63521	Harter Ellerbe			
45-5-25	444	676	42-63537	David G. Sims	A	坠毁	日本神奈川县
45-5-25	444	677	42-65273	Dubose			
45-5-25	444	678	42-65327	John E. Siler			日本茨城县鹿岛郡
45-5-25	444	677	42-24724	Pathfinder Siler／Bright			
45-5-26	444	676	42-24723	Donald Racrae	B	高炮击落	狄宁岛西海岸(42-24826)
45-5-26	40	45	44-70085	James H. Cowden 中尉			
45-5-26	468	794	42-63529	Hinkle Ellerbe	A	击落	日本东京
45-5-26	40	44	42-63538	Andrew C. Papson 上尉			日本东京都大森区
45-5-26	40	44	42-65269	Ronald A. Harte 少校	B	日军自杀袭击撞落	日本东京都深川区
45-5-26	40	45	42-24579	Carter McGregor 上尉	B	损伤	日本东京
45-5-26	40	45	42-24740	Roderic Wriston 上尉	B	损伤	日本东京
45-5-29	40	44	42-24894	Mansel R. Clark 上尉	B	日军自杀袭击撞落	日本静冈县榛原郡
45-6-1	444	677	42-63496	Benjamin F. Sisson	B	空中相撞	日本和歌山县
45-6-1	444	678	42-65270	Carl A. Arnoult	B	空中相撞	日本和歌山县潮岬
45-6-1	444	676	42-24524	Clifford J. Anderson			
45-6-1	468	794	42-24542	Gordon E. Johnson			日本南 200 英里
45-6-5	462	770	42-65336	Eugene F. Torvend	B	高炮	日本东京都久世田部
45-6-5	462	770	44-69965	Carl T. Hull			
45-6-5	468	793	44-69665	Robert L. Arnold	B	击落	日本三重县名贺郡
45-6-5	444	678	42-63451	Woodrow B. Palmer			日本三重县牟合郡
45-6-5	40	25	42-63420	Ivan Potts 中尉	A	损坏	日本硫磺岛
45-6-5	468	792	42-24703		A	坠毁	日本硫磺岛
45-6-15	462	769	42-24800	Dennis J Sullivan Jr	A		狄宁岛西机场
45-6-18	40	25	42-63396	Francis J. O'Sullivan	A	着陆事故	狄宁岛

（续）

日期	大队	中队	序列号	机长	损失类型	损失原因	地点
45-6-22	468	793	44-70084	Nelson	A	击落	日本高知县高知市
45-6-26	444	677	42-65228	Earthauake McGoon			日本硫磺岛
45-6-29	468	792	44-61573	Melvin W. Moriris	A	坠毁	日本冈山县儿岛郡
45-7-1			44-69900-65-BW				
45-7-3	40	25	42-24914	Robert W. Borchert	A	起飞事故	狄宁岛西机场
45-7-3	468	792	42-63500	Theodore H. Watson	A	失踪	狄宁岛西机场起飞后
45-7-9	462	768	42-63531	James G. Schlock	A	起飞事故	狄宁岛西机场
45-7-12	468	792	42-24858	Stavin			台湾屏东
45-7-19	462	792	44-61569	Magaha	A	坠毁	狄宁岛
45-7-24	444	676	44-70132	Seymore			
45-8-1	462		44-86344	Gay			日本千叶县
45-8-4	444	677	42-63422	Donald C. McKenny	A	起飞坠毁	狄宁岛西机场
45-8-5	468	794	42-24734	Maurice H. Kraines	A	着陆事故	狄宁岛北机场
45-8-7	40	44	44-69659	William S. Maarkham	A	着陆事故	狄宁岛西机场
45-8-7	40	44	42-24685	Alan L. McLaren	A	着陆事故	狄宁岛西机场
45-8-8	444	676	42-24891	William's	A	落海	
45-8-8	462	769	42-24711	Donald E. William	A	起飞坠毁	狄宁岛西机场
45-8-30	40	45	44-61555	Jack L. Riggs 中尉	A	失踪	日本
45-8-30	40	25	42-63506	Stanope Wood？			
45-8-30	444	676	42-24720				
45-9-4	462		44-61786	Bernays K. Thurston	A	失踪	太平洋今贾林岛东北2英里

表中 A 类为非敌方直接损失，B 类为敌方直接攻击造成损失。资料来源：航空遗迹调查网，《1944 年 6 月美国陆军航空兵海外损失统计报告》《June 1944 USAAF Overseas Accident Reports,http://www.aviationarchaeology.com/src/AARmonthly/Jun1944O.htm,2012 年 6 月 11 日）;美国陆军航空队第二十航空队 20 轰炸司令部 58 轰炸联队 40 轰炸大队网页 http://www.40thbombgroup.org/,2007 年 6 月 20 日。

日本统计的B-29对日出击表

B-29出撃全リスト(対日戦)

渡辺洋二編

(XXBC)

日付	BW	発進	主目標	投弾	弾種	損失
1944						
6·5	58	98	タイ·バンコク鉄道操車場	77	爆·他	5
6·15/16	58	68	八幡製鉄所	47	爆弾	7
7·7·8	58	18	佐世保海軍工廠·大村·戸畑·八幡	12	爆弾	0
7·29	58	96	満州·鞍山·昭和製鋼所	75	爆弾	5
8·10/11	58	54	スマトラ島パレンバン精油所、ムシ川	39	爆·機	1
8·10/11	58	29	長崎市街	24	爆弾	
8·20	58	88	八幡製鉄所	71	爆弾	14
9·8	58	108	満州·鞍山·昭和製鋼所	90	爆弾	4
9·26	58	109	満州·鞍山·昭和製鋼所	103	爆弾	2
10·14	58	130	台湾·高雄·第61海軍航空廠、航空基地	130	爆弾	0
10·16	58	72	台湾·高雄·第61海軍航空廠	10	爆弾	1
10·17	58	30	台湾·高雄·第61海軍航空廠	10	爆弾	0
10·25	58	78	大村·第101海軍航空廠	59	爆弾	2
11·3	58	49	シンガポール·パンガーブーン			1
11·5	58	76	シンガポール·第101海軍工作部(乾ドック)	53	爆弾	2
11·11	58	96	大村·第21海軍航空廠	29	爆弾	5
11·21	58	109	大村·第21海軍航空廠	61	爆弾	6
11·27	58	60	タイ·バンコク鉄道操車場	55	爆弾	1
12·7	58	108	満州·奉天工場	80	爆弾	7
12·14	58	48	タイ·バンコク鉄橋	33	爆·機	4
12·18	58	94	漢口川岸地帯、河川施設	84	焼夷弾	0
12·19	58	36	大村·第21海軍航空廠	17	爆弾	2
12·21	58	49	満州·奉天工場	19	爆弾	2
1945						
1·2	58	49	タイ·バンコク鉄橋	44	爆弾	0
1·6	58	49	大村·第21海軍航空廠	28	爆弾	1
1·9	58	46	台湾·鵞鑾港湾	39	爆弾	0
1·11	58	47	シンガポール·第101海軍工作部(乾ドック)	25	爆弾	2
1·14	58	82	台湾·嘉義周辺航空基地	55	爆弾	0
1·17	58	92	台湾·新竹航空基地	77	爆弾	1
1·25/26	58	26	シンガポール·サイゴン港湾	25	爆雷	0
1·25/26	58	50	シンガポール·サイゴン港湾、海軍施設	41	爆弾	0
1·27	58	25	ベトナム·サイゴン泊地、迫兵施設	22	爆弾	0
2·1	58	113	シンガポール·海軍基地	83	爆弾	2
2·7	58	67	ベトナム·サイゴン泊地、迫兵施設	33	爆弾	1
2·7	58	64	ベトナム·サイゴン鉄道	58	爆弾	0
2·11	58	59	ベトナム·サイゴン物資集積所	56	爆弾	0
2·19	58	59	マレー·クアラルンプール鉄道操車場	49	爆弾	0
2·24	58	116	シンガポール·第101海軍工作部(ドック)	105	焼夷弾	1
2·24	58	12	マレー·ジョホール海軍水道	10	機雷	0
3·2	58	64	シンガポール·海軍水道	50	爆弾	2
3·4/5	58	12	上海·黄浦江、揚子江	11	機雷	0
3·10	58	29	マレー·クアラルンプール鉄道操車場、飛行場	24	爆弾	0
3·12	58	49	シンガポール·石油貯蔵施設	44	爆弾	0
3·17	58	77	ビルマ·ラングーン石油貯蔵施設	70	爆弾	0
3·17	58	78	上海·黄浦江、揚子江	76	爆弾	0
3·28/29	58	10	ベトナム·サイゴン港湾	10	機雷	0
3·28/29	58	18	ベトナム·サイゴン港湾、水道	17	機雷	0
3·28/29	58	33	シンガポール·港湾、水道	32	機雷	0
3·29/30	58	29	シンガポール·石油貯蔵施設	24	爆弾	0

(XXIBC)

日付	BW	発進	主目標	投弾	弾種	損失
1944						
10·28	73	18	トラック諸島·夏島·潜水艦基地	14	爆弾	0
10·30	73	18	トラック諸島·夏島·潜水艦基地	8	爆弾	0
11·2	73	20	トラック諸島·夏島·潜水艦基地	17	爆弾	0
11·11	73	36	硫黄島·航空基地	24	爆弾	0
11·11	73	17	硫黄島·航空基地	6	爆弾	1
11·24	73	9	トラック諸島·夏島·潜水艦基地	8	爆弾	0
11·24	73	111	中島飛行機·武蔵製作所	24	爆弾	2
11·27	73	81	中島飛行機·武蔵製作所	24	爆弾	1
11·29/30	73	29	東京·工業地域	23	爆弾	1
12·3	73	86	中島飛行機·武蔵製作所	60	爆弾	5
12·8	73	82	硫黄島·航空基地	61	爆弾	0
12·13	73	90	三菱重工業·名古屋発動機製作所	71	爆·他	4
12·18	73	89	三菱重工業·名古屋発動機製作所	63	爆弾	3
12·22	73	48	三菱重工業·名古屋発動機製作所	48	爆弾	3
12·27	73	29	硫黄島·航空基地	23	爆弾	0
12·27	73	72	中島飛行機·武蔵製作所	39	爆弾	3
1945						
1·3	73	97	名古屋ドック地域	57	焼·爆	5
1·9	73	72	中島飛行機·武蔵製作所	18	爆弾	6
1·14	73	73	三菱重工業·名古屋発動機製作所	40	爆弾	5
1·19	73	80	川崎航空機·明石工場	62	爆弾	0
1·21	313	33	トラック諸島·春島·航空基地	30	爆弾	0
1·23	73	73	三菱重工業·名古屋発動機製作所	28	爆弾	2

日付	BW	發進	主目標	投彈	彈種	損失
1・24	313	28	硫黄島、航空基地	20	爆彈	0
1・27	73	76	中島飛行機・武藏製作所	28	爆彈	9
1・29	313	33	硫黄島、航空基地	28	燒、爆	0
2・4	73,313	110	神戸市街地	69	燒、爆	2
2・8	313	31	トラック諸島・春島・航空基地	30	爆彈	0
2・9	313	30	トラック諸島・春島・航空基地	29	爆彈	0
2・10	313	118	中島飛行機・大田製作所	84	爆彈	12
2・11	313	9	藍視船哨索	—	—	0
2・12	313	21	藍視船哨索・村空大器	21	爆彈	0
2・12	313	10	藍視船哨索	—	—	1
2・14	313	6	藍視船哨索	—	—	0
12・15	313	117	三菱工業・名古屋発動機製作所	33	爆彈	1
2・17	73	8	トラック諸島・夏島・潜水艦基地	8	爆彈	0
2・18	313	36	トラック諸島・春島・航空基地	36	爆彈	6
2・19	73,313	150	東京市街地	172	燒、爆	3
2・25	73,313	229	東京市街地	0	爆彈	0
3・4	73,313	192	中島飛行機街地	137	爆彈	1
3・9/10	73,313,314	325	東京市街地	279	燒夷彈	14
3・11/12	73,313,314	310	名古屋市街地	285	燒夷彈	0
3・13/14	73,313,314	301	大阪市街地	274	燒夷彈	2
3・16/17	73,313,314	330	神戸市街地	306	燒夷彈	3
3・18/19	73,313,314	310	名古屋市街地	290	燒夷彈	1
3・24/25	73,313,314	248	三菱工業・名古屋発動機製作所、大分、大村、大村航空基地	223	爆彈	5
3・27	73	161	大刀洗飛行機、大分	151	爆彈	0
3・27/28	313	102	関門海峡、瀬戸内海	92	機雷	3
3・30/31	314	14	三菱工業・名古屋発動機製作所	12	機雷	0
3・30/31	313	94	関門海峡	85	機雷	1
3・31	73,314	149	大刀洗飛行機、大村航空基地	137	機雷	0
4・1/2	73	121	中島飛行機・武藏製作所	115	爆彈	6
4・2/3	313	6	呉軍港	6	機雷	0
4・3/4	313	10	広島地灣	9	機雷	0
4・3/4	314	49	広島地灣	48	機雷	0
4・3/4	314	78	静岡工場地域	43	爆彈	1
4・3/4	73	115	中島飛行機・立川製作所	61	爆彈	1
4・7	73	107	中島飛行機・立川製作所	101	爆彈	3
4・7	313,314	194	三菱工業・名古屋発動機製作所	153	爆彈	2
4・7	73	53	鹿児島、出水、鹿児島市街地	48	爆彈	1
4・7	313	20	関門海峡	16	機雷	0
4・9/10	313	114	中島飛行機・武藏製作所	93	爆彈	0
4・12	73	167	恋山・化学工場	136	燒夷彈	2
4・12/13	313	5	関門海峡	5	機雷	0
4・13/14	73,313,314	348	東京・赤羽兵器廠	327	燒夷彈	7
4・15/16	313,314	219	川崎市街地	194	燒夷彈	12

日付	BW	發進	主目標	投彈	彈種	損失
4・15/16	73	118	東京市街地	109	燒夷彈	1
4・17	73,313,314	108	大刀洗、新田原飛行場、出水、鹿屋航空基地	98	燒夷彈	0
4・18	73,313,314	130	大刀洗、新田原飛行場、大村、鹿屋、国分、空・空／順、宮崎航空基地	120	爆彈	2
4・21	73,313,314	252	大刀洗、新田原飛行場、出水、空／順、宮崎航空基地、大分・順	217	爆彈	0
4・22	73,313,314	104	鹿屋、串良、国分、富高、鹿屋航空基地	87	爆彈	1
4・24	73,313,314	131	日立航空機、立川製作所	101	爆彈	5
4・26	73,313,314	256	新田原、松山、西条、宮崎、宇佐、大分、佐伯、国分航空基地	195	爆彈	0
4・27	73,313,314	123	富高、松山、西条、出水、国分、宮崎、空／順航空基地	112	爆彈	2
4・28	73,313,314	129	都城飛行場、出水、大分、宮崎航空基地	122	爆彈	5
4・29	73,313	121	都城飛行場、宮崎、国分、串良航空基地	111	爆彈	2
4・30	73,313	106	立川陸軍航空廠、各務原陸軍航空廠、浜松分廠	69	爆彈	0
4・30	314	66	鹿屋、空／順、国分、大分、富高、佐伯	58	爆彈	0
5・3	314	66	鹿屋、都城飛行場、佐伯、鹿屋	59	爆彈	1
5・3/4	313	97	大刀洗、国分航空基地	88	機雷	3
5・4	314	62	大分、大村、佐伯、松山航空基地	47	爆彈	1
5・5	314	60	大刀洗、知覧飛行場、鹿屋、指宿	55	爆彈	3
5・5	73,58	170	呉海軍工廠	148	爆彈	2
5・5/6	313	98	東京湾、伊勢湾、神戸港	86	機雷	3
5・7	313	41	鹿屋、指宿、大分、宇佐航空基地	41	爆彈	3
5・8	313	42	都城飛行場、大分、鹿屋、松山航空基地	40	爆彈	0
5・10	313	67	松山、宇佐、大分、宮崎、鹿屋、国分航空基地	42	爆彈	0
5・10	73	123	徳山・第3海軍燃料廠、呉海軍工廠	110	燒、爆	0
5・10	314	132	大竹・精油所	112	燒、爆	1
5・11	58	88	奄美大島、燃料廠、呉海軍工廠	80	燒、爆	0
5・11	313	65	新田原、都城飛行場、大分、佐伯、宮崎航空基地	52	爆彈	0
5・11	73,314,58	102	川西航空機、埋尾木工場	92	爆彈	1
5・13/14	313	12	門司海峡、新潟港	12	機雷	0
5・14	73,313,314,58	524	名古屋北部市街地	472	燒夷彈	11
5・16/17	313	30	門司海峡、宮津港、敦賀港	25	機雷	0
5・16/17	73,313,314,58	516	名古屋南部市街地	457	燒夷彈	3

日付	BW	発進	主目標	投弾	弾種	損失
5·18/19	313	34	関門海峡、牧真湾	30	機雷	0
5·19	73,313,314,58	309	立川、浜松市街地、舞鶴鶴湾	272	爆弾	4
5·20/21	313	30	関門海峡	30	機雷	3
5·22/23	313	32	東京市街地	30	機雷	1
5·23/24	73,313,314,58	558	東京市街地	520	爆弾	17
5·24/25	313	30	関門海峡、新潟、七尾、伏木・港湾海面	25	機雷	0
5·25/26	73,313,314,58	498	東京市街地	464	爆弾	26
5·26/27	313	30	関門海峡、唐津、伏木・港湾海面	29	機雷	0
5·27/28	313	11	関門海峡、門司港	9	機雷	1
5·29	73,313,314,58	510	横浜市街地	454	爆弾	7
6·1	73,313,314,58	509	大阪市街地	458	爆弾	10
6·5	73,313,314,58	530	神戸市街地	473	爆弾	11
6·7	73,313,314,58	449	大阪市街地	409	爆弾	2
6·7/8	313	31	関門海峡、福岡、唐津・港湾海面	26	機雷	0
6·9	58	46	川崎航空機、焼尾本工場	44	爆弾	0
6·9	313	30	愛知航空機、明石工場	24	爆弾	0
6·9/10	313	28	愛知航空機、熱田発動機工場	42	爆弾	0
6·10	313	28	関門海峡、福岡、唐津、伏木・港湾海面	26	機雷	0
6·10	314	33	日本飛行機、富岡製作所(徳島市)	32	爆弾	0
6·10	73	124	中島飛行機、武藏製作所、日立航空機・立川発動機工場	118	爆弾	0
6·10	65	65	中島飛行機、荏原製作所、霞ヶ浦航空基地	52	爆弾	1
6·10	314	29	立川陸軍航空廠	29	爆弾	0
6·11/12	58	27	関門海峡、新潟・港湾海面	29	機雷	0
6·13/14	313	30	関門海峡、新潟・港湾海面	29	機雷	2
6·15	314	511	大阪、尼崎市街地	444	爆弾	0
6·15/16	313	30	関門海峡、福岡、唐津、伏木・港湾海面	30	機雷	1
6·17/18	58	126	鹿児島市街地	116	爆弾	0
6·17/18	314	130	大牟田市街地	130	爆弾	0
6·17/18	73	137	浜松市街地	89	爆弾	1
6·17/18	313	141	四日市市街地	136	爆弾	0
6·19/20	314	237	豊橋市街地	221	爆弾	2
6·19/20	58	28	福岡市街地	28	爆弾	0
6·19/20	313	137	静岡市街地	125	爆弾	2
6·21/22	314	195	呉海軍工廠	162	爆弾	2
6·22	313	123	三菱重工業、第3製作所	108	爆弾	2
6·22	58	49	川崎航空機、岐阜工場	52	爆弾	1
6·22	313	34	川崎航空機、岐阜工場	34	爆弾	0
6·22	313	58	福岡、唐津、堺、新潟・港湾海面	25	機雷	0
6·23/24	313	27	川崎航空機、明石工場	26	機雷	0

日付	BW	発進	主目標	投弾	弾種	損失
6·25/26	313	27	関門海峡、舞鶴、小浜・港湾海面	26	機雷	0
6·26	58	71	大阪、住友軽金属	64	爆弾	0
6·26	73	120	大阪造兵廠	109	爆弾	1
6·26	313	38	川崎航空機、明石工場	31	爆弾	0
6·26	314	35	名古屋造兵廠	33	爆弾	0
6·26	58	114	川崎航空機、岐阜工場	85	爆弾	2
6·26	313	32	名古屋造兵廠、日本車両・本社工場	25	爆弾	1
6·26	314	67	愛知航空機、永徳工場(名古屋)	50	爆弾	2
6·26/27	315	33	住友軽金属、永徳工場、名古屋工場	29	爆弾	0
6·27/28	313	35	萩、神戸、新潟・港湾海面	33	機雷	0
6·28/29	58	30	岡山市街地	29	爆弾	1
6·28/29	313	141	佐世保市街地	138	爆弾	0
6·28/29	58	101	門司市街地	91	爆弾	0
6·29/30	313	122	延岡市街地	117	爆弾	0
6·29/30	315	36	日本石油、下松工場(山口県)	32	爆弾	1
7·1/2	58	29	関門海峡、舞鶴、酒田・港湾海面	26	機雷	0
7·1/2	73	160	呉市街地	154	爆弾	0
7·1/2	313	162	熊本市街地	154	爆弾	0
7·1/2	314	112	宇部市街地	100	爆弾	1
7·2/3	313	141	下関市街地	127	爆弾	0
7·3/4	315	28	呉市街地	24	機雷	0
7·3/4	58	40	丸善石油・大阪工場	39	爆弾	0
7·3/4	73	31	関門海峡、敦賀、船川・港湾海面	26	機雷	2
7·6/7	314	128	高松市街地	116	爆弾	1
7·6/7	58	129	高知市街地	125	爆弾	0
7·6/7	73	107	姫路市街地	106	爆弾	0
7·6/7	313	137	徳島市街地	120	爆弾	0
7·9/10	314	129	千葉市街地	124	爆弾	1
7·9/10	315	131	明石市街地	123	爆弾	0
7·9/10	58	136	和歌山市街地	133	爆弾	1
7·9/10	73	138	堺市街地	131	爆弾	0
7·9/10	314	60	丸善石油、大阪工場	59	爆弾	1
7·9/10	315	31	関門海峡、新潟、七尾・港湾海面	29	機雷	1
7·9/10	313	124	和歌山市街地	115	爆弾	1
7·9/10	314	109	岐阜市街地	108	爆弾	0
7·9/10	315	135	四日市・第2海軍燃料廠	129	爆弾	1
7·11/12	313	64	四日市・第2海軍燃料廠	61	爆弾	0
7·12/13	58	30	関門海峡、宮津、舞鶴、小浜、朝鮮・釜山、羅津・港湾海面	25	機雷	0
7·12/13	73	130	宇都宮市街地	115	機雷	1
7·12/13	313	130	一宮市街地	123	爆弾	0
7·12/13	313	98	敦賀市街地	92	爆弾	0

日付	BW	発進	主目標	投弾	弾種	損失
7・12/13	314	130	宇和島市街地	123	焼夷弾	0
7・12/13	315	60	三菱石油(?、日本石油(?)・川崎精油所	53	爆弾	2
7・13/14	313	31	閂門海峡、福岡、朝鮮、館木、馬山、濟津・港灣海面	30	機雷	0
7・15/16	313	28	近江津、新潟、朝鮮・釜山、元山・港灣海面	26	機雷	0
7・15/16	315	69	日本石油・下松市街地	59	爆弾	0
7・16/17	58	128	沼津市街地	119	焼夷弾	1
7・16/17	73	129	大分市街地	124	焼夷弾	0
7・16/17	313	99	桑名市街地	94	焼夷弾	0
7・16/17	314	130	平塚市街地	129	焼夷弾	0
7・17/18	313	30	閂門海峡、七尾、伏木、岩瀬、朝鮮・濟津・港灣海面	27	機雷	0
7・19/20	313	31	敦賀、小濱、新潟、宮津、晨ヶ関、朝鮮・元山・港灣海面	27	機雷	1
7・19/20	58	130	福井市街地	127	焼夷弾	0
7・19/20	73	130	日立市街地	126	焼夷弾	2
7・19/20	313	97	川崎市(石炭液化工業	91	焼夷弾	1
7・19/20	314	170	大阪・住友金属製鋼所・宝塚製作所、桑名市・工場	154	爆、焼	0
7・19/20	315	84	岡崎市街地	83	焼夷弾	0
7・23/24	313	29	日本石油・尼崎工場	23	機雷	1
7・23/24	314	80	宇部油化工業、釜山、馬山・港灣海面	72	爆	1
7・24	58	90	大阪・住友金属製鋼所	82	爆、焼	1
7・24	73	88	川西航空機・宝塚製作所、桑名市・工場	79	爆、焼	0
7・24	313	170	大阪造兵廠、桑名市(名古屋)	154	爆、焼	0
7・24	314	74	愛知航空機・永徳工場(名古屋)	66	爆、焼	0
7・24	315	41	宇部・工場、名古屋	38	爆、焼	0
7・25/26	313	81	津・工場、三菱重工業	75	爆、焼	0
7・25/26	314	81	中島飛行機・半田製作所	77	爆、焼	1
7・25/26	313	30	七尾、伏木、敦賀、小濱、朝鮮・濟津、清津、朝	29	機雷	0
7・26/27	73	129	徳山市街地	127	焼夷弾	0
7・26/27	313	102	宇治市街地	97	焼夷弾	0
7・26/27	314	130	大垣市街地	124	焼夷弾	0
7・27/28	315	30	閂門海峡、福岡、新潟、舞鶴、仙崎、朝	24	機雷	3
7・28/29	58	78	津市街地	76	焼夷弾	0
7・28/29	58	65	青森市街地	61	焼夷弾	0
7・28/29	73	127	一宮市街地	122	焼夷弾	0
7・28/29	313	99	宇治山田市街地	96	焼夷弾	0
7・28/29	314	32	宇和島市・川崎精油所	29	焼夷弾	0
7・28/29	315	82	大阪石油・下津精油所(和歌山県)	76	爆弾	0
7・29/30	313	29	閂門海峡、福岡、唐津、鹽津、濟津・港灣海面	24	焼夷弾	0
8・1/2	313	43	閂門海峡、福岡、朝鮮、館木、濟津、中海、朝鮮・鹽津、濱津、濟津・港灣海面	37	機雷	0
8・1/2	58	180	八王子市街地	169	焼夷弾	1
8・1/2	73	182	富山市街地	173	焼夷弾	0
8・1/2	314	167	長岡市街地	125	焼夷弾	0
8・1/2	315	128	水戸市街地	160	焼夷弾	0
8・5/6	58	30	三菱石油・川崎精油所	120	爆弾	0
8・5/6	73	65	海、朝鮮・鹽津、濟津・港灣海面	27	機雷	1
8・5/6	313	102	佐賀市街地	63	焼夷弾	1
8・5/6	313	261	前橋市街地	92	焼夷弾	0
8・5/6	73,314	66	西宮、御影市街地	250	焼夷弾	1
8・5/6	315	111	今治市街地	64	焼夷弾	0
8・6	509CG	6	宇部油化工業(石炭液化工業)	106	焼夷弾	0
8・7/8	313,313,314,58	131	広島市街地	1	原子爆弾	0
8・7/8	313	32	豊川海軍工廠	124	爆弾	0
8・8	73,313,58	245	閂門海峡、谷津、舞鶴、敦賀、小濱、朝鮮・鹽津、濟津・港灣海面	29	焼夷弾	0
8・8	314	69	赤羽兵器廠・中島飛行機・武蔵製作所	221	焼夷弾	4
8・8/9	58	98	福山市街地	60	焼夷弾	3
8・9	509CG	5	長崎市街地・小倉	91	焼夷弾	0
8・9	315	107	日本石油・尼崎工場	1	原子爆弾	0
8・9/10	314	78	赤羽兵器廠・中島飛行機・武蔵製作所	95	爆弾	0
8・10/11	313	31	港灣海面	70	爆弾	0
8・10/11	313	31		31	機雷	0
8・14	58	167	光海軍工廠(山口県)	157	爆弾	0
8・14	73	161	大阪造兵廠	145	爆弾	0
8・14	314	115	麻里布鉄道車輛廠(岩国市)	108	爆弾	0
8・14/15	315	141	日本石油・土崎製油所(秋田市)	132	爆弾	0
8・14/15	313,314	93	預谷市街地	81	焼夷弾	0
8・14/15	73,314	93	伊勢崎市街地	86	焼夷弾	0
8・14/15	313	39	閂門海峡、七尾、濱津、濟津・港灣海面	35	機雷	0

▷〈日付〉で15/16とあるのは15日から16日にかけての夜間爆撃を正確に記述した。「飛行場」は投弾量、「航空基地」は海軍基地を意味する。〈主目標〉は作戦計画書中の目標で、これは概計画図のものである。

▷〈爆弾〉は〈主目標〉への投弾機数を示す。搭載量の多い順に並べ、ただし、ごく少数の使用機種は省略した。〈弾種〉に表されている数字は各機の搭載量を示す。

▷爆弾以外の搭載量も含まれる。

▷XXIBCによる1945年3月～5月の飛行場・航空基地攻撃は、同日に実施された数ミッションをまとめて記載している。

▷天候、地形、戦果などに対する偵察機の出動は含まれていない。

资料来源：［日］文林堂株式会社，*Boeing B-29 Superfortress*，Bunrin—Do Co. Ltd，1995。

1944 年 3 月,生产 B-29 的"堪萨斯战役"开始以来,为尽快将 B-29 投入战斗,堪萨斯州波音工厂生产车间里,除工厂本身的工人全力以赴外,附近农民、店主乃至家庭主妇们都投入了 B-29 生产车间的紧张战斗。600 名员工以每班 10 小时的间隔轮流上场,夜以继日地工作,在连续 4 周的生产后175 架 B-29 下线了,这使得 6 月 15 日配合太平洋马里亚纳群岛的八幡之战成为可能。耗资 30 亿美元的 B-29 工程最后约生产 B-29 轰炸机3760 架。

通过大量成本高昂的战地试飞,波音公司不断完善 B-29 的各项性能,同时根据曼哈顿工程的相关要求,开始对 B-29 进行有针对性的改装,以适应新生产出来的原子弹尺寸和投放要求。曼哈顿工区派一个技术小组于1943 年 11 月 29 日,携两枚代号为"瘦子"的完整尺寸的钚枪式武器(the plutonium gun weapon)和代号为"胖子"的内爆武器(implosion weapon)到俄亥俄州的怀特基地,与陆军航空队方面进行具体的讨论。

不久,陆军航空队的军需司令部 AAFMC(the AAF Materiel Command)接到指令,要他们对 B-29 进行极其秘密的改装——改装工程代号"镀银"(SILVER PLATED)。军需司令部的工程师们被依次派到一个被内部人员称作"卧车"(PULLMAN)、基准号为 MX-469 的秘密行动当中。"卧车"这个代号完全来自一个设想的故事:11 月 29 日,英国首相丘吉尔(胖子),将在罗斯福(瘦子)的陪同下,乘坐经过特别改装("镀银")的 B-29飞机("卧车")参观美国的防御设备,这两个行动就被简称为"银盘"(SILVER PLATE)。

阿诺德宣布了改装 B-29 的银盘计划具有"尽可能的最高优先权"(the greatest possible priority)。[1] 1943 年 6 月,陆军航空队在堪萨斯中部建立了一个培训组织,以让机员熟悉飞机,并摸索一套更好的训练指挥官和机组人员的方法。这支 B-29 部队就是后来的第二十航空队(在那个特殊的时期,就是第 58 轰炸联队,亦即后来的第 20 轰炸司令部)。与此同时,波音公

---

① Robert S. Norris,*Racing For The Bomb*,*General Leslie R. Groves*,*The Manhattan Project's Indispensable Man*,Sreerforth Press,2002,p. 317;George Cully(former President of IPMS-USA and also former President of IPMS/Albuquerque):*Silverplate*,IPMS-USA(International Plastic Moderles' Society),详见 http://www. cybermodeler. com/history/silverpl/silverpl. sh tml.

司的培训学校也为陆军航空队培养机械师和地勤人员。[①]

1944 年 1 月 15 日,在陆军航空队监理下,波音公司根据原子弹尺寸改装的小批量 B-29 下线。2 月 20 日,"银盘计划"改装出的 B-29 从怀特基地飞到加利福尼亚洛斯阿拉莫斯沙漠上的慕洛克空军基地(Muroc,即今爱德华兹空军基地)。3 月 6 日的 B-29 装载投放原子弹实验后,B-29 得到进一步改善。

从马计划以来的战地试飞行动为美国造就了一批经验丰富的飞行员、机械师等相关人员,这使得美国能够抢在战争结束前将刚生产出的原子弹立即用于实战,实现了华盛顿并不只是打赢这场战争,而且要在战后以核武器为基础的各项国际政治、经济对话中取得绝对主动的话语权。[②] 这从而拉开了以核武器竞赛为特征的冷战的序幕。

在阿诺德等美国航空先驱看来,美国"现在所有的计划都应该着眼于未来",所以二战结束后还"应该让科学家们尽可能获得来自各方面、各个国家的资料、信息。我们要给他们提供各种配件、数据、设计图,以使我们空军在

---

① H. H. Arnold, *Global Mission*, Harper & Row Publishers, New York, 1949, p. 478.

② 对于目前世界上惟一将原子弹用于实战的国家美国,不少历史当事人以及研究者从军事或伦理的角度进行谴责。认为美国不应该或不必投放原子弹,因为即便不投放原子弹,美国也能很快取得战争的胜利,或者说日本的投降并不是由原子弹最终决定——原子弹的作用倒是类似于压死骆驼的最后一根稻草……这样的讨论是有价值的。不过,在这种道义谴责之后,我们更应当思考的是,既然原子弹对于战争的结束并非必要的,为何美国还冒着巨大的道义风险将原子弹用于实战?如果计算一下其中的"投入产出比",或估算一下是否投放原子弹两种选择的"收益"就能明白美国投放原子弹的"必然性":如果美国不将研制 4 年多的原子弹用于实战,虽不受到道义谴责,但首先在技术上就会产生巨大损失,因为以当时的技术原子弹造出后不能长时间存放,须尽快应用。故与其像阿拉莫斯那样悄然引爆,不如将之示人以达震慑对手之效。事实上,将原子弹的巨大威力公诸于众,其"收益"并不止于战争进程的加快,而如格罗夫斯所言"必须保证战后美国在原子弹领域处于有利地位"(Leslie R. Groves, *Now It Can Be Told*, Harper & Brother Publishers, New York, 1962, Foreword XVI),使战后美国能以此获得未来国际关系的绝对主导地位。美国人在为投放原子弹的罪责开脱时,最常见的理由是"由于日本军方坚持在本土实施圣战",以及"苏联人'令人吃惊的'出兵决定"。不过从日本方面看,事情并非如此。日本为什么没有选择在 1945 年 6 月与德国一起投降,也没有在 1945 年 7 月 26 日的中、美、英《波茨坦公告》之后无条件投降,更没有在 8 月 6 日广岛第一颗原子弹袭击后恐慌投降?"一些鲜为人知的档案资料表明……日苏之间虽有中立协定,但日本没有天真地设想打破苏联与华盛顿的联合,日本知道苏联迟早会废约参战,所以日本在小心翼翼地估算着苏联参战的日程,以及随之而来的投降方式。日本尤其关心苏联对远东局势的影响,他们希望借助苏联这个唯一能与美国抗衡的国家来防止美国在远东地区的绝对单极霸权地位","日本决策层没有料到美国原子弹造成几十万人伤亡这种意外,但原子弹并没有打破日本既定的引入苏联抗衡美国的战后策略"(Yukiko Koshiro, *Eurasian Eclipse*: *Japan's End Game in World War II*, *American Historical Review*, April, 2004, pp. 417-444)。从这个意义上看,说原子弹是打败日本的"最后一根稻草"都还有些勉强,因为仅就打败日本而言原子弹并非必要。

未来20年处于领先地位","我们未来计划是不仅要在技术上,还要包括人员、组织的训练和操作技巧等方面领先于世界"。战后的世界这正是这样,美国在航空、航天、核技术等科技、军事领域的遥遥领先,没有随着二战的结束而让世界稳定下来,反而孕育了另一场动荡,这一点已经为一些具有远见的人士所预见。

最初建议美国研制原子弹的匈牙利科学家西拉德,在原子弹投放之前就意识到原子弹的强大破坏力对于未来世界的含义,强烈反对美国在战争局势已经相当明朗的情况下,还将原子弹用于实战。在给罗斯福的备忘录中,西拉德预言到,使用原子弹对今后美国国际处境、特别是对苏联会产生严重后果,会不可避免地产生核军备竞赛的危险,并且美国终将在这场竞赛中失去优势。西拉德还认为,"在这次战争以后,如果在火箭方面有可能实现重大的进展,人们就可设想美国的城市就有可能受到这类远射程导弹的原子武器的轰击。美国处境的弱点在于它的工业力量和人口过分集中。有三千万人生活在人口超过二十五万人的城市里"。①

在说明美国和苏联签订一项协定的意义时,西拉德用了人们多年后还能在美国政府立场中找到的措辞:"在讨论战后我们的处境时,这份备忘录应该对俄国将能在战后发挥的作用给以极大关注。提出这点并不是认为苏联会发动全面的侵略,但正因为一旦和俄国签订一项协定,就可能使监督制度遍及到世界各国"。②

战后的历史发展表明,冷战中的美国虽拥有核优势,但其军事政策并不以核武器为实战手段,核武器更多用于阻止"苏联集团对美国及其盟国进行侵略"。③ 尤其在"苏联集团"同样拥有核打击力之后,核武器在某种程度上就成了国际政治交涉工具。这一切似乎都验证了西拉德的预言。西拉德没有料到的是即便出现了核导弹,在很长时间之内,从战后尤其到20世纪60年代中期以前,由二战时期核战略部队演化而来的美国战略空军司令部仍旧被倚重,容易遭受导弹攻击的有人驾驶远程重型轰炸机在很长时间内仍

---

① ［法］贝特朗·戈尔德施密特:《原子竞争(1939－1966)》,原子能出版社1984年版,第90页。

② ［法］贝特朗·戈尔德施密特:《原子竞争(1939－1966)》,原子能出版社1984年版,第93页。

③ 约翰·霍普金斯大学华盛顿外交政策研究所:《军事技术的发展及其对美国战略和外交政策的影响》,世界知识出版社1960年版,第208页。

被沿用。

从马计划到"全球到达—全球控制"

正如第 17 任美国空军部长唐纳德·赖斯(Donald B. Rice)所说的那样——现今美国的国家安全模式是努力做到 24 小时之内"全球到达,全球控制"(global reach, global power)。① 美国之所以渐渐打拼出这样独霸世界的国家安全格局,可以说正是从以阿诺德为首的一批具有远见卓识的美国航空先驱从一战、二战就开始探索了的。通过两次战争,尤其二战中,美国进行了快速反应的理论与实践探索。

从这个意义上说,B-29 工程、与之配套的马特霍恩计划,以及密切相关的原子弹计划,就是当代美国航空、国防理念的重要肇端,这种发展趋势从马计划时期美国在国防思想、军队组织架构、航空科技、全球航空基站等方面的探索都可以看出。

马计划实施以来特有的组织架构是战后美国空军独立的基础,也是当今美国空军力量的先锋主力。二战时期,德国和英国都有独立的空军,美国只有陆军航空队和海军航空队,1947 年才成立的独立军种美国空军正是在陆军航空队的基础上成立的。其实像比利·米歇尔(Bill Mitchell)、阿诺德这样的美国航空先驱很早就筹划航空部队的独立与强大,之所以没有像英国皇家空军那样很早就独立,一方面是美国国内的各种阻力,另外就是鉴于英国皇家空军为了独立而搞得在物资供应、装备调度等方面非常吃力。②

陆军航空队逐渐从陆军部独立出来的这种发展趋势,首先在 B-29 二十航空队的垂直指挥体系中得以体现。正如第三章"B-29 航空队的垂直指挥体系"中所提到的,尽管包括丘吉尔、蒋介石、海军上将欧内斯·金、麦克阿瑟、尼米兹、史迪威、陈纳德等人在内的各战区人员,都认为强大的 B-29 应该在其战区行动或由其指挥,却都无法撼动 B-29 的垂直指挥体系。这一方面是由于 B-29 工程、马特霍恩计划的特殊优先性,另一方面是由于航空力量在三军种中扮演的愈来愈重要的角色:从前仅仅是以配合陆军、海军地面行动的方式参与战斗,完全没有发挥出航空兵巨大的潜力,随着战略轰炸思

---

① 美国空军网站 http://www.airforce.com/learn－about/history/part4/,2007 年 5 月 6 日。

② H. H. Arnold,*Global Mission*,Harper & Row Publishers, New York,1949,p. 161.

想的兴起和 B-29 远程轰炸机的出现,米切尔等航空先驱们期待已久的航空力量走到战争前沿的梦想得以实现。

阿诺德关于美军航空战略的构想得到罗斯福的认同和支持。就罗斯福图书馆档案馆中的档案资料中目前所能看到的资料来说,从 1942 年年初开始,阿诺德一直致信罗斯福讨论关于航空部队的各种设想,仅 1942 年阿诺德写给罗斯福的信件或备忘录就至少有 20 封,尤其是 1942 年 1 月和 5 月,分别写了 6 封和 5 封。[①] 这些来往信函主要的讨论内容涉及陆军航空队在中国战区的各种考虑,如美国航空志愿队的撤回、从印度到中国航线的设计、各战区航空力量的分配等等。

同时,由于航空力量得到重视,阿诺德作为陆军航空队司令,在很多美国国内的军事会议中,都同陆军总参谋长马歇尔、海军总司令(Chief of Naval Operations)斯塔克(H. R. Stark)、海军舰队司令欧内斯特·金同时出现,初显美军海、陆、空三军将领并列之态。[②] 对外交往时,美军也逐渐出现阿诺德同陆军、海军将领并驾齐驱的实际局面:从 1941 年 12 月 23 日的第一次美英参谋长联席会议,一直到开罗会议、德黑兰会议、雅尔塔会议、德黑兰会议等历次重要场合,陆军航空兵都俨然独立军种出现。这种半独立的状态正如阿诺德所说,航空队作为陆军的下属机构,但是却几乎与陆军地位平等,尤其在 B-29 远程轰炸机执行马计划期间。其前所未有的独立状态令美国军界众多人都深感不解。

美国航空力量是随着 B-17 重型轰炸机的出现,逐渐为美国公众所接受。1936 年 7 月,阿诺德在一个听证会上说:"空军司令部的成立是革命性的一步……因为重型轰炸机将会出现"。[③] 及至 B-29 这种航程、飞行高度都达到新纪录的空中武器的诞生,航空力量的重要性和独立性就更加突出

---

①　根据罗斯福总统图书馆博物馆 Box 1 中"Army Air Forces Index",Box2 中"China Index",Box3 中"Japan Index"等内容统计所得。就目前所掌握的情况看,阿诺德与罗斯福之间的信件、备忘录等档案资料主要集中于 1942 年,其他年份竟然几乎没有。按理说 1943－1944 年应该会有更多来往信函,但出现这种异常的资料状况很有可能是其他年份的来往信函尚未公开。

②　如 1942 年 1 月 14 日,马歇尔、阿诺德、斯塔克、金四人联名致罗斯福的备忘录,论及美英参谋长联席会议达成的一项协议:原则上同意将分别在华盛顿、伦敦建立两国合作机构,同时以华盛顿的组织为主管机构(appropriate body)以便统筹分配战略物资(见于罗斯福总统图书馆博物馆美英参谋长联席会议 1942 年 1 月 14 日给罗斯福总统的备忘录,American－British Joint Chiefs of Staff Index,January 14, 1942,*Memorandum for The President*,Franklin D. Roosevelt Library Digital Archives,Box1)。

③　H. H. Arnold,*Global Mission*,Harper & Row Publishers,New York,1949,p. 165.

了。马计划作为 B-29 工程的首个实战行动,在指挥系统上就采用了实际上比独立航空军还要独特的指挥系统。即 B-29 所有行动不受所在战区任何管理限制,其任何行动的决策均由华盛顿的参谋长联席会议讨论决定。陆军航空司令阿诺德作为联席会议的人员,当然成为 B-29 行动的实际直接领导。

二战结束后的 1946 年,陆军航空队被改编为"战略空军司令部",1947年航空队从陆军部队正式独立出来后,该组织转为"战略航空司令部"合并,并同"防空"、"战术"、"空运"等另外三个司令部形成美国空军独立以来的四大支柱组织,每个司令部指挥空军一支大的部队,受美国空军总司令部直接指挥。

到现在,美国空军组织已由独立初期的四个司令部相继发展出空军全球打击司令部(AFGSC,Air Force Global Strike Command)、空军航天司令部(AFSC,Air Force Space Command)、空中战斗司令部(ACC,Air Combat Command)、空军特种作战司令部(AFSOC,Air Force Special Operations Command)、太平洋空军(PAF,Pacific Air Forces)等更庞杂完备的强大组织。

其中有的司令部分分合合,但最主要的变化是将航天和全球航空分开,尤其突出全球打击防卫功能。如"战略空中司令部"2002 年同"航天司令部",旨在将空间、信息对抗和进攻打击能力有机结合在一起,执行空间和全球打击等任务。但到 2006 年,美国战略司令部又宣布联合职能部门司令部将按照航天和全球打击的职能一分为二,分为负责航天的联合职能司令部(JFCC SPACE)以及负责全球打击和整合的全球职能司令部(JFCC GSI)。① 对今天的美国空军来说其使命就是"全球到达、全球控制、全球参与"(Global Reach,Global Power and Global Engagement)。②

美国从二战马特霍恩计划时期的远程战略轰炸发展到今天的"全球到达、全球控制"国防态势,除了上面所说的组织结构、国防理论、航空技术的

---

① 关于美国空军组织结构可以参阅美国空军网站 http://www.airforce.com/.

② 美国空军网站 http://www.airforce.com/learn－about/history/part4/,2010 年 5 月;及 Berg,Paul D.,*Global Vigilance*,*Reach*,*and Power*,*Air & Space Power Journal*,2008,22(4)。要注意到,美国的主张是"全球控制"而非全球扩张,就像当初在中国的"利益均沾"一样,不一定同其他帝国一样直接同中国签订条约,但要直接享有和其他老牌帝国一样的所有待遇!这样一来,美国貌似很友善,没有让中国签订条约,但其在中国的控制力实际上远超其他国家。

发展演变之外,还有个重要的进程值得一提,这就是 B-29 行动期间美国全球航空基地的设计布局。

我们知道,现在美国的全球军事基地已经广泛分布各大洲,而且多数是通过战争获取。1898 年的美西战争让美国获得了菲律宾和古巴的军事基地,到 1938 年,美国海外军事基地还只有 14 个,二战爆发后,美国加快打造全球军事基地体系。1941 年,美国用 50 艘旧驱逐舰就换得英国在加勒比地区 6 处基地的长期租借权。同年,美国又获得荷兰在格陵兰和冰岛的基地。美国参战后以"战略需要"为借口,在欧洲许多国家建立军事基地。[①]

由于同英国的特殊关系和战争合作需要,美国从参战后不久的 1942 年就开始在南大西洋岛上的英属阿松森岛(Ascension Island)修建怀德威克空军基地(Wideawake Base),作为美洲至南非、亚洲之间重要的运输中继站及物资储备地。1943 年至少有 2000 架运输机、B-17、B-24、A-20、战斗机停驻此基地。怀德威克基地至今在美国的全球战略中仍然发挥重要作用,因为该基地是当今美国导弹、航天跟踪站和 GPS 系统地面卫星监控站。

二战时期的法国已经彻底沦陷,但他们还拥有着达喀尔(Dakar)以东到喀土穆(Khartoum)一线的机场。这些机场基地所连成的线路与阿诺德所设计的一条航线相当——从非洲凸起(African Bulge)南部的几内亚湾阿克拉(Accra,加纳首都)到喀土穆。阿诺德正是利用这条线路给澳大利亚的麦克阿瑟、印度的韦维尔、中国的蒋介石运送人员和补给的。[②]

美国军方甚至积极探索开辟在寒冷北极的航线。美国参战前的 1940 年 9 月,陆军航空队的第一批空中部队抵达阿拉斯加,并建立了第一个航空前哨战。因此,当美军开始布局海外基地、建立北大西洋的运输线时,不仅拥有一定寒冷气候条件下飞行的经验,而且因为建立了费尔班克斯(Fairbanks)气象站而获得重要的飞行气象情报。阿诺德甚至计划在寒冷艰险的格陵兰岛西海岸建造空军基地。巴芬岛(BaffinLand)、冰岛、拉布拉多(Labrador)各需要建一个,纽芬兰岛上也建一个。

罗斯福总统对开辟新航线、新基地的认同,似乎可以从他的儿子埃利奥特·罗斯福(Elliott Roosevelt)的大胆的首飞可见一斑。埃利奥特不仅打

---

① 《二战美国海外基地体系》,Robert E. Hdskswy,*Great Power Competition for Overseas Bases*:*The Geopolitics of Access Diplomacy* ,Pergamon Press,1982,pp. 54—55.

② H. H. Arnold,*Global Mission*,Harper & Row Publishers,New York,1949,p. 214.

破了罗斯福家族参加海军的传统,还成功完成在北极的首飞。埃利奥特的探索表明,北极的气候条件并不是完全不能飞行,许多地方都能安全降落。也就是说虽不至于在北极建立基地,但那儿却是紧急情况下比较安全的飞机起降点。所以后来 B-29 行动期间,陆军航空队在没有必要的极地探险装备和生存必备物品的情况下也能在那里呆了很多天甚至几周。机组人员用飞机上的装备应付了紧急出现的状况并坚持到空—地救援队的出现,有时候为了帮助冰雪上的飞机再起飞而动用雪橇。①

卡萨布兰卡会议前阿诺德的参会路线,和会后访华回到美国的飞行路线及其沿途机场,可以说正是美国二战期间奋力开辟全球军事基地的特殊写照。1943 年 1 月 9 号,罗斯福及阿诺德为参加卡萨布兰卡会议,准备将参谋长联席会议的成员和顾问们送到卡萨布兰卡,设计飞行的线路为:华盛顿—柏林昆(Borinquen)—波多黎各(Puerto Rigo)—巴西的贝伦(Belem)—巴西的纳塔尔(Natal)—Bathurst(巴瑟斯特)—西非—马拉喀什—法属摩洛哥—卡萨布兰卡。②

阿诺德 1943 年离开中国后返回美国的路线 （绘制:曾洁）

而卡萨布兰卡会议之后,阿诺德访华并返回美国的航线体现了美国当时对出入中国航线的基本设计思路:重庆—成都—昆明—印度卡拉奇—阿拉伯海岸边的塞拉莱(Salalah)—向西未探明区域—红海—苏丹喀土穆(盟军汽油等物资补给站)—尼日利亚的迈杜古里(Maiduguri)—加纳首都阿克拉—南大西洋的英国海外领地阿松森岛—(位于大西洋岸波滕日河右岸)巴西的纳塔尔—贝伦—波多黎各—柏林昆—华盛顿。③ 其情形如上图所示。

---

① H. H. Arnold,*Global Mission*,Harper & Row Publishers, New York, 1949,pp. 159-163.

② H. H. Arnold,*Global Mission*,Harper & Row Publishers, New York, 1949,p. 160.

③ H. H. Arnold,*Global Mission*,Harper & Row Publishers,New York,1949,p. 168.

　　经过第二次世界大战,美国除了大西洋成熟的航线之外,还在亚太地区获得了关岛、塞班岛、提尼安岛、冲绳等一系列基地,以及日本在东南亚地区的军事基地,将太平洋岛屿变为自己的托管地。战争中,美国还在中东、非洲、南亚、加勒比等地建立了众多基地。二战结束后,美国海外基地已由此前的 14 个扩展到遍布德国、意大利、日本、韩国等 100 多个国家和地区的 2000 多个。此后的冷战到现在,美军海外基地再没有达到这个规模。① 从军事基地的设置与分布的角度来看,B-29 远程战略轰炸行动的各项配套行动可以说是现代美国逐步走向"全球到达、全球控制"这一国防境界过程中最辉煌的历史步伐。

---

　　① 可参阅美国国防部《2014 财政年度海外军事基地报告》(*Department of Defense Base Structure Report FY 2014 Baseline*)及历年报告的对比。

结　　语

简明扼要地总结全书论述是结语部分的题中应有之义。全书核心观点如下：

1. 二战中美国代价高昂的马特霍恩计划是"B-29 工程"重要的组成部分；

2. "B-29 工程"是美国远程战略轰炸、全球战略思想得以实施的必要载体和工具，B-29 远程重型轰炸机为美国在全球范围内的军事活动提供了技术上的基本保障；

3. 耗资 30 亿美元的 B-29 工程同时也为原子弹计划提供投放武器，并因此获得在资金、人力、物力等方面的最高优先权，也由此拉开了现代美国全球军事战略的大幕。

本书既非将马特霍恩计划当成原子弹计划的直接构成部分，更不认为马计划就是一个没有任何实际功效的、仅仅是为了在政治上扶持、拉拢国民党中国的"怪异"军事计划。本书所论述的主要内容，是以马计划为核心的同时期历史事件之间纵横交错、密切相关的内在逻辑关系，即同盟国与轴心国之间、美国各项军事计划之间、美国各军种或战区之间，以及西方同盟国之间、中美之间、国共之间等群体的利益博弈和互动过程。

如前所述，无论直接的档案还是多角度的侧面资料、论著都表明，马计划在财力、人力、物力等方面拥有仅次于曼哈顿计划的顶级优先权，因而马计划在美国同时期各项政治、军事行动中也具有重要地位和优先性，马计划的这种优先性无论是从归纳还是演绎的角度都能看到。

正是马计划绝对的优先权决定了它在美国国内、更不要说在中缅印战场和中国战场上的优先执行权，这一显著的历史情节使得我们不得不将其纳入观察视野。重新审视 1944 年前后这个重要时期的各项历史事件——从史迪威事件、延安美军观察组、陈（纳德）史（迪威）之争、美军华北登陆计划、驼峰航运、"安纳吉姆"缅北反攻计划，到中美关系史上首位美国副总统华莱士使华、美国陆军航空司令阿诺德访华，乃至 1944 年前后的中美 10 亿美元贷款案、B-29 机场款谈判、布雷顿森林体系的形成等等，我们都可以观察到马计划在其中的影响或关联。

马计划对同期事件的影响程度究竟有多大，较为典型的事例应该算是学界对延安美军观察组、安纳吉姆计划和所谓美军华北登陆计划等相关历史事件的不同认识。美军观察组向来被一些在华前线美军军官或外交官，以及历史研究者看作是谢伟思、戴维斯等人长期奔走呼号的结果；安纳吉姆计划在不少的中外史家看来也是陆战决定论者史迪威将军和蒋介石共同决策的结果；美军华北登陆计划也被认为是美军曾经认真考虑"可行性极强"的军事行动。

然而，如果从华盛顿的角度来看，这些组织和计划的最终形成无不受到马计划的左右：谢伟思等人确实呼吁过向共产党地区派驻机构，史迪威也的确同蒋介石讨论过缅北的反攻计划，但他们同华盛顿的出发点和目的完全不同；"登陆计划"则仅仅是被美国前线军官认为极为可行，但却违背从太平洋发起对日最后决战这个既定方针，而注定夭折的"烦人"事件。

二战结束 70 年了，我们除了对其本身过程有了较为详细的了解外，还形成了关于中美关系的历史认识。其中最大的体会是，马特霍恩计划并非美国历史书中所描述的那样，是美国因为"帮助"中国而"受累"实施，相反，美国实施的马计划从头到尾都需要中国的协助与帮助。当然，这并非是想否认同盟国之间在反法西斯战争中的相互协作，只是恍然明白了一个长久以来的疑惑：二战以来的美国有让中国变"强大"的义务吗？[①] 这个疑问可能源于罗斯福关于中国的那个著名的"战略构想"——帮助中国成为"强大、统一、民主的大国"。[②]

包括国民党在内的诸多国人往往将美好的愿望和罗斯福的外交辞令当

---

① 其实这是刘小枫先生从邹傥《美国在中国的失败（1941—1950）》（Tsou Tang, *America's Failure in China*, 1941—1950, University of Chicago Press, 1963）中发出的疑问，见《百年共和之义》，华东师范大学出版社 2015 年版，第 31 页。

② 关于罗斯福扶持中国的另一种表述是让中国"强大、独立、友好"（strong, independent and friendly），其前提是"在国民党统治下"（under the Kuomintang），见于罗斯福图书馆档案馆 1944 年4 月 4 日、7 日，战略情报局局长多诺万（William Donovan）就中国情况给罗斯福的备忘录，*Memorandum Current News Items In China*, Franklin D. Roosevelt Presidential Library and Digital Archives, Safe Files, box4。多诺万提到这个问题是因为当时发生了苏联在新疆、外蒙制造武装动乱的紧急事件。多诺万认为，尽管苏联在支持共产党，但苏联对中国并不怀有让邻居强大、独立的动机，而只是从自己的利益出发，从而破坏中国的领土完整，滋生事端并让外蒙独立。

成现实,在马计划这一典型事件上只看到了美国对中国的帮助,几乎完全忽略了美国对中国的需求、依赖。在这样的历史逻辑下,中国对世界反法西斯战争的贡献自然变得无足轻重,也难怪每到世界反法西斯战争的重要纪念年度,无论史学界还是媒体舆论都忙于"辩解":论述中国对世界反法西斯战争的贡献;地方机构则忙于同构解释:本地对抗战作出了何种的贡献。这种现象的背后其实存在有一个潜在的逻辑前提,这就是前面所说的,只看到美国的援助,而忽略了美国对中国的需求以及中国自身的牺牲与奋斗,从而在事实上放弃了中国在这些历史问题上的话语权,以及对历史发展逻辑本身的深刻总结和反思。

世界反法西斯战争中,美国尽管强大,但世界反法西斯战争的胜利不是靠一个国家就能成就,就像中国需要美国的支持,美国同样需要中国的合作与支持。如本论前面的叙述所言,罗斯福为了实施马计划与中国进行势在必得的交涉,也就是说,就马计划本身而言,美国是显然需要中国的支持。两国之间的这种情势我们同样可以从另外一个视角清楚观察得到。1943年5月5日美国联合作战计划委员会推出的《全球形势报告(1943—1944)》全文按地区对同盟国与轴心国进行了战略分析,共有 30 条。其中第 17 和30 条两次提到:

> 无论中国被政治诱降还是军事崩溃,日本都将会腾出更多的盘踞在中国的兵力对付盟国,从而加重美国的压力。而且,从中国本土袭击日本的计划就会泡汤(JAPAN will be relieved of many of her military commitments in CHINA, will be free to employ the forces thus relieved in other areas, and the prospect of bombing attack from CHINA on her homeland will be eliminated)。[①]

可以看到,中国战场的稳定对美国来说不仅有长远的战略意义,同样具有实实在在的战术意义,而这个看似战术层面的目标其实也同样具有长远的战略意义,所以在报告中被两次明确论述。从马特霍恩计划在中国的实

---

① Franklin D. Roosevelt Presidential Library and Digital Archives,Safe Files,Box 2 ,Current Strategic Studies Book 1 Index.

施过程中我们更加明确地看到，中美合作是互利平等的关系，国人研究这段历史如果看不到这一点自会放弃历史话语权，拜倒在美国"让中国强大"的道义光环下。

二战期间美国没有"让中国强大"起来，战后还"失去了中国"，[①]战后 70年间的历史同样表明，美国没有也不可能担当让中国强大的国际义务，反而可能正是这个道义高地上的国家施予中国"强大、统一、民主"梦想最大的阻力。中国是联合国五个常任理事国中惟一没有统一的国家，而中国统一的阻力正源自美国。

近代美国之所以有保持中国领土和主权完整的动机，不是它的道德水平有多高，而是猎食方法的巧妙——只有中国这头"肥羊"能够在其可控范围中适当发展，美国才能和其他西方列强一样"利益均沾"，这就是著名的门罗主义的妙用——如果中国被列强瓜分，美国可能获得的利益就成了泡影。[②]

从国家利益的角度出发，美国的盘算无可厚非，但我们实不该将这种利益驱动做道义情感的解读。二战前后，美国为其全球利益的平衡，欲将中国扶持成为亚洲的机动制衡力量：战时对抗日本，战后对抗苏联。美国的这一诉求和抗战期间中国的国家生存追求一样强烈，所以 1943 年美国为实现其全球战略而进行的马特霍恩计划，对中国的需求实在有胜于中国对美国的需求：在马里亚纳群岛尚在日军手中的情况下，中国是较之于阿拉斯加、苏联、伊朗等地进攻日本本土的最佳路径；战争期间将原子弹用于实战，从1938 年曼哈顿计划开始就已经是箭在弦上不得不发之事，B-29 弹载机的实战化自然随之成为迫在眉睫的行动。所以就马计划这一事件来说，并不是像很多历史爱好者或当事人所感受的那样，以为是罗斯福等美国人民对中国人民无私的援助，而是现实主义、西方科学主义与国家利益使然。

说明这点体会并不是受新左派历史理论的影响，想用现代的中美关系情势来抹平马计划对当时中国的"精神鼓舞"等等客观益处，或新的历史虚无主义作祟，而是认为中美关系无论历史还是现实，万非用中国惯有的带有

---

① 　实际是没有让美国认可的国民党中国强大起来，反而是违其所愿地让共产党中国自力更生地强大起来了。谢伟思的《在中国失去的机会》主要就是探讨美国在中国的失败——失去控制中国的机会——但美国从来就没有真正拥有中国，谈何失去？

② 　刘小枫：《百年共和之义》，华东师范大学出版社 2015 年版，第 32 页。

情感的历史逻辑所能解释的。[①] 这也是今后理解中美关系史应当慎重考虑的认识前提。

如果不能清醒地理出些历史发展逻辑，难免会感到历史翻转的莫测神秘。二战胜利后，当我们为"盟友"的原子弹计划出力、为它巨大的破坏力喝彩时，何曾料想到，曾经用来对付日本法西斯的 B-29 轰炸机、原子弹反倒成了悬在中国人民头上的利剑？[②] 当麦克阿瑟叫嚷着向共产主义中国扔原子弹的时候，B-29 于 1952 年 9 月入侵中国上海的时候，我们又何曾回想起来，延安时期中共与美军"观察组"的种种"合作"，以及为美国原子弹的投放所作出特殊的"贡献"呢？[③]

对日战争改变了国共两党的力量对比。抗战全面爆发前，中共面临被"剿灭"的危险。但中日战争的爆发，使社会舆论的注意力转向了抗日，国民党的"剿共"行动被迫暂缓。随着抗日进程的发展，国民政府被日益拖垮，而中共却进一步壮大。这种情势发展到 1944 年，国共两党的力量对比发生了扭转性的变化。尤其是当日军发动打通中国南北交通的"一号作战"，中共在日军南下对付国民党的时候，乘势在华北、华南大范围之内的交战空隙建立起广大根据地，扩大武装力量。

1944 年，中共曾积极寻求与美军合作，华盛顿得以在国共之间从容调

---

① 这种历史"情感"大致有三种来源：一是近代知识分子因为中国的文弱而产生的对西方科技力量发自内心的敬畏，受这种情感驱动的认识可能在关于近现代中美关系史研究中有最大占比；二是受西方史学言路的影响而不自觉地形成了的西方中心史观，这种历史观自然附带上了西方国家的道义责任和情感，这种历史"情感"恰如近代以来中国文化领域中的一个"幽灵"无处不在；再就是因为个人经历而产生的对美国的一厢情愿的美好想象，在这种情感驱动下形成的历史认识并不在多，但却有相当的社会影响。

② 1950 年 11 月 30 日，美国总统杜鲁门在一次记者招待会上公开声称：美国一直在积极地考虑在战场上使用核武器……"采取一切可能的手段，防止共产主义在朝鲜的传播"（参见美国政治史网 http://uspoliticalhistory.com/Truman_1.html，2011 年 7 月 11 日）。关于美国考虑对中国使用核武器还可参见杜鲁门图书馆档案馆 Harry S. Truman Library &Museum ，Box 14，Pertinent Papers on Korean Situation：Volume VIII ，p1310 - 1314：Aug. 14, 1951, Memo regarding possible use of atomic weapons in Korea.

③ 中共与美军合作形成的气象观测站，不仅提供了马计划期间所需的和之后美军的太平洋对日空战所需气象情报，甚至在投放原子弹的时候也同样发挥重要作用。美国人知道，1945 年 8 月 5 日，即在广岛投放原子弹的头一天，"根据毛泽东的命令，中国北方的无线电台通报了未来 24 小时之内有关日本天气的关键性报告"（戈登·托马斯、马克斯·莫根－维茨：《银盘记》，新华出版社 1980 年版，第 278 页）。由于日本列岛的天气气候不仅受太平洋还要受亚洲大陆气团的季节性变化的影响，其气象预测往往需要中国西北部提供的亚洲内陆气象数据，所以中共提供的这一气象情报是非常必要而宝贵的。

度,一度使得延安满心希望、重庆如坐针毡。人们何曾料到,几十年后,纵使国共异位已久,华盛顿仍能在海峡两岸间从容调遣。而这次,如坐针毡的不再只是海峡对面的台湾。历史再次以貌似怪异、实则恒定的方式延续着。

人类历史在某种意义上说就是一部技术发展史,每一个时代都有其特定的文明程度和技术水平。马匹作为冷兵器时代的"移动武器",对各族群的生存态势有着重要的影响。中国几千年的发展历程中,中原民族之所以不时被400毫米等降水线以北的游牧民族侵扰,甚至占据,[①]除了降雨量等自然因素外,在一定程度上是由于长城外的游牧民拥有较诸中原圈养的马匹更适合奔袭这一"优势武器"。[②]

火药的出现,突破了战争空间的极限,中国的火药因此成为"四大发明"之一,长城内外也才有了相对平静的历史时段。火药武器威力的提高,加上车船等载体技术、速度的提升,促成了近代史上船坚炮利的西方相对于东方的绝对军事优势。

远程轰炸机及核武器的出现,则使战争的破坏范围几近全球,战争破坏力爆发式的增长,使得核武器的意义大大超出了技术范围,于人类社会的生存方式、思维模式产生了长远、深刻的影响。

原子弹这种改变世界格局的武器,已"有幸"进入不少史学家的视线,不过更多的时候只是进入了军事史家的视野,原子弹的运投武器似乎更只是一个纯粹的军事技术问题,几乎从来没有闯入"主流"史学的研究视野。更何况 B-29 作为第一颗带降落伞核航弹形式的原子弹运载工具,很快为后来的弹道核导弹、巡航核导弹、防空核导弹、反导弹核导弹、反潜核火箭、深水核炸弹、核航弹、核炮弹、核地雷等多种新型投射技术所替代,关于这种轰炸机的叙述仿佛只出现在一些史家心中的"术"史当中。

由于核导弹等新技术的出现,不仅历史学家对之不太感冒,就连一些军界和科技界人士也开始怀疑轰炸机存在的必要性。然而,历史的发展一再

---

①　在 400 毫米等降水线(大致从黑龙江瑷珲起,经大兴安岭、张家口、榆林、兰州、昌都到云南腾冲)的北边,降雨量少于 400 毫米,为半干旱地区,不适宜种植农作物,因此成为游牧地区;而在南边,由于降雨量多于 400 毫米,为半湿润和湿润地区,适宜农业,因此成为农耕社会。两地牧民与农夫的历史互动可参看王明柯的《华夏边缘:历史记忆与族群认同》(社会科学文献出版社 2006 年版,第 66-70 页)。

②　马作为一种武器在古代战争中的重要地位可参看丹尼斯·塞诺的《内亚史上的马与草场》(《丹尼斯．塞诺内亚研究文选》,中华书局 2006 年版,第 104-119 页)。

提醒我们,作为战略轰炸武器,远程轰炸机在很长一段时期内仍有其特定重要的作用。

1999 年,美国对中国驻南联盟使馆的精确打击仍旧是借助轰炸机。B-2 轰炸机从密苏里州惠特曼空军基地出发,飞行数千千米越洋空—地投放 GPS 制导、全天候、2000 磅重的联合直接攻击弹药(JDAM),5 枚 JDAM 多角度全部命中,这样的精准度是目前洲际导弹难以达到的。现在以及未来一段时期内,轰炸机在美国的战略中仍具有不可替代的作用。

恰如冷兵器时代战马之于刀剑、火器时代车船之于大炮,弹载机的重要意义并不亚于原子弹本身。作为最初的原子弹运载武器,B-29 远程轰炸机和原子弹本身一样值得关注。二战时期美国投入到原子弹弹载机 B-29 远程轰炸机上的经费(约 30 亿美元),超出研制原子弹本身经费(约 20 亿美元)的至少三分之一,这一事实清楚地告诫世人:载体和承载对象同样重要!记录这些改变社会的技术发展历程,并为把握未来趋势提供历史的洞见便是史家的本分。

缩写字母含义

AAF(Army Air Forces)陆军航空部队

ASC(Air Service Command)航空服务司令部

ATC(Air Transport Command)空运司令部,隶属 AAF

CBI(China-Burma-India theater)中国缅甸印度战区(中缅印战区)

CCS(Combined Chiefs of Staff)美英参谋长联席会议

COI(Office of the Coordinator of Information)情报协调处,美国战略情报局 OSS(Office of Strateqic Servies)的前身

G-1(Personnel Division,War Department General Staff)陆军总参谋部人事局

G-2,MID(Military Intelligence Division,War Department General Staff)陆军总参谋部情报局

G-3(Organization and Training Division,War Department General Staff)陆军总参谋部组织与训练局

G-4(Supply Division,War Department General Staff)陆军总参谋部物资供应局

JCS(Joint Chiefs of Staff)参谋长联席会议

JIC(Joint Intelligence Committee)联合情报委员会

JSP(Joint Staff Planners)联合计划参谋部

JSSC(Joint Strategic Survey Committee)联合战略调查委员会

JWPC(Joint War Plans Committee)联合作战计划委员会

OSS(Office of Strategic Services)战略情报局,美国中央情报局 CIA 前身

ONI(Office of Naval Intelligence)海军情报局

OWI(Office of War Information)陆军情报局

RG(Record Group)档案组(美国档案馆档案划分单位)

RTC(general electric fully remote-controlled turret)通用电子全遥控炮塔

参 考 文 献

一、档案资料

（一）美国国家档案馆（National Archives of the United States）

RG18,Box 1

RG18,Box 11 *Air Force*（*Twentieth*）

RG18,Box 16 *Strategy Tactical Employment of Aircraft of XX Bomber Command Exit Air Force Decimal File 360. 4 to 373*

Box 14 *Exit Air Force Decimal File 337 to 350. 09* Conference with General Norstad 10 Jun 1944

337 * Conferences Military，Naval &. Other

Box 16 *Exit Air Force Decimal File 360. 4 to 373*

372. 2Report of Operations XXI Bomber Command

372. 2Damage Assessments

373. 2 Report of Operations

373. 2 Study &. Analysis of Exit Air Force Combat Operations

Box 19 *Exit Air Force Decimal File 380. 01 to 385* Agreements &. Strategy of Command &. Control ,Mar 1944

384 * Statement &. Analysis of Problem

RG18,Box 701

（二）罗斯福总统图书馆博物馆（Franklin D. Roosevelt Presidential Library and Museum）

Box 1

America，Britain，China，and Dutch East Indies（*ABCD Powers*）*I Index*

America，Britain，China，and Dutch East Indies（*ABCD Powers*）*II Index*

Army Air Forces Index

Box 2

Chiang Kai shek Index

China index

Far East Index

Box4

Office of Strategic Services,March,1944 Index

Office of Strategic Services,April,1944－1945 Index

Box 6

War Department Index

（三）四川省档案馆

民国 116 全宗,四川省特种工程征工处

民国　45 全宗,四川省统计处

民国　41 全宗,四川省政府秘书处

民国　54 全宗,四川省民政厅

民国 115 全宗,四川省建设厅

（四）四川省新津县档案馆

民国建设科（1938－1942 年）

民国军事科（1938－1942 年）

（五）重庆市档案馆

碚加全宗

二、历史当事人著述

H. H. Arnold, *Global Mission*, Harper & Row Publishers, New York, 1949

Leslie R. Groves, *Now It Can Be Told*, Harper & Brother Publishers, New York, 1962

David D. Barren, *Dixie Mission：The United States Army Observer Group in Yenan*, 1944, Berkeley, 1970

Curtis E. LeMay and Bill Yenne, *Superfortress：The Story of the B-29 and American Air Power*, McGraw-Hill Companies, 1988

Arthur Young, *China and Helping Hands 1937－1945*, Harvard University Press,1965

Joseph W. Esherick, *Lost Chance In China* , Foreign Languages Press,2004

Winston S. Churchill,*The Second World War*,*The Grand Alliance*, Boston，Houghton Mifflin Company，1950

Louis Jones,*The Dixie Mission To The Communist Chinese*,40th Bomb Group Association Memories,March,1987

〔美〕华莱士等著,陈翰伯编译:《华莱士》,重庆双江书屋1944年版

〔美〕华莱士著,美国新闻处编译:《美国作战三年》,1944年版

〔美〕华莱士:《美国在太平洋的任务》,太平洋学会1944年版

〔美〕魏德迈:《魏德迈报告》,(高雄)光复书局1959年版

〔美〕赫尔:《赫尔回忆录》,中报编辑室1948年版

〔美〕赫尔:《赫尔回忆录》,南京中央日报社1948年版

〔美〕拉铁摩尔著,吕一民译:《美国与亚洲》,1943年版

〔美〕拉铁摩尔:《蒋介石的美国顾问——欧文·拉铁摩尔回忆录》,复旦大学出版社1996年版

〔美〕爱因斯坦:《爱因斯坦文集》,商务印书馆1975年版

〔苏〕伏拉狄米落夫著,奚明远等译:《延安日记》(Yenan,China:1942—1945,By Peter Vladimirov〔Sun Ping〕),(台北)黎明文化事业公司1976年版

〔苏〕彼得·弗拉基米洛夫著,吕文镜等译:《延安日记》,现代史料编刊社1980年版

〔美〕约翰·佩顿·戴维斯:《抓住龙尾——戴维斯在华回忆录》,商务印书馆1996年版

〔美〕包瑞德:《美军观察组在延安》,解放军出版社1984年版

〔美〕约瑟夫·W·埃谢里克编著:《在中国失去的机会——美国前驻华外交官约翰·谢伟思第二次世界大战时期的报告》,国际文化出版公司1989年版

〔美〕约翰·谢伟思:《美国对华政策(1944—1945):〈美亚文件〉和美中关系史上的若干问题》,中国社会科学出版社1989年版

〔美〕约翰·高林:《延安精神——战时中美友好篇章》,华艺出版社1992年版

［美］约瑟夫·W·史迪威:《史迪威日记》,世界知识出版社 1992 年版

［美］陈纳德:《论美国对华政策》,申报馆 1948 年版

［美］陈纳德:《飞虎将军陈纳德回忆录》,浙江文艺出版社 1998 年版

［美］梅乐斯:《另一种战争》(*A Different Kind Of War*,上、中、下册),台湾新生报编辑部 1969 年版

胡次威:《建筑华西空军基地》,《上海文史资料选辑》第 57 辑

谭　光:《我所知道的孔祥熙》,《文史资料选辑》(合订本)第 25 辑,中国文史出版社 1986 年版

朱　契:《我所看到的通货膨胀内幕情形》,《文史资料选辑》(合订本)第 49 辑,中国文史出版社 1986 年版

陈赓雅:《孔祥熙鲸吞美金公债的内幕真相》,《文史资料选辑》(合订本)第 50 辑,中国文史出版社 1986 年版

黄元彬:《金圆券的发行和它的崩溃》,《文史资料选辑》(合订本)第 8 辑,中国文史出版社 1986 年版

孔祥熙:《抗战以来的财政》,胜利出版社 1942 年版

黄　华:《亲历与亲见——黄华回忆录》,世界知识出版社 2007 年版

杨　迪:《抗日战争在总参谋部——一位作战参谋的历史回眸》,解放军出版社 2003 年版

黄仁霖:《我做蒋介石"特勤总管"四十年:黄仁霖回忆录》,团结出版社 2006 年版

胡乔木:《胡乔木回忆毛泽东》,人民出版社 1994 年版

金　城:《延安交际处回忆录》,中国青年出版社 1986 年版

杨尚昆:《杨尚昆日记》,中央文献出版社 2001 年版

叶剑英:《叶剑英选集》,人民出版社 1996 年版

凌　青:《从延安到联合国》,福建人民出版社 2008 年版

陈　诚:《抗战期间中外大事日志》(上、下),(台北)正中书局 1946 年版

［英］林迈可著,杨重光译:《八路军抗日根据地见闻录——一个英国人不平凡经历的记述》,国际文化出版社 1987 年版

［美］J·M·韦勒:《中美地质学家西北找油纪实(1937－1938)》,石油工业出版社 1992 年版

［美］哈里·杜鲁门:《杜鲁门回忆录》第一卷《决定性的一年(1945)》,世

界知识出版社，1964 年版

　　［美］威廉·李海：《我在现场——罗斯福、杜鲁门顾问回忆录》，华夏出版社 1988 年版

　　［日］藤原彰：《中国战线从军记》，四川人民出版社 2005 年版

　　丁甘如：《美国军事观察组在我延安总部》，《总参谋部回忆史料（1927—1987）》，解放军出版社 1995 年版

　　孙越崎：《记甘肃玉门油矿的创建和解放》，《孙越崎文选》，团结出版社 1992 年版

　　三、资料集

Paul Kesaris, *A Guide to Records of the Joint Chiefs of Staff*, part 1: *1942—45*, *Strategic Issues*, University Publications of America, 1983

Leland M. Goodrich, *Documents on American Relations*, Vol. VI, *July 1943—1944*, World Peace Foundation, Boston, 1945

Foreign Relations of the United States

1931-1941, 2 Voles, Japan, 1943

1937, Vol. Ⅲ, Ⅳ, The Far East, 1954

1938, Vol. Ⅲ, Ⅳ, The Far East, 1954—1955

1939, Vol. Ⅲ, Ⅳ, The Far East, 1955

1940, Vol. Ⅳ, The Far East, 1955

1941, Vol. Ⅳ, Ⅴ The Far East, 1956

1942, China, 1956

1943, China, 1957

1943, The Conferences at Cairo and Tehran, 1961

1944, Vol. Ⅵ, China, 1967

All Published by GPO (Government Printing office), Washington, D. C.

Kit C. Carter& Robert Mueller, *Combat Chronology* 1941—1945, Center for Air Force History, Washington, D. C. 1991

　　［日］文林堂株式会社：*Boeing B-29 Superfortress*, Bunrin DoCo. Ltd, 1995

秦孝仪主编:《中华民国重要史料初编》第三编、第五编,(台北)中央文物供应社1981年版

郭廷以编著:《中华民国史事日志》,(台北)永裕印刷1979年版

瞿韶华主编:《中华民国史事纪要(初稿)》,(台北)中央文物供应社1993年版

严中平等编:《中国近代经济史统计资料选辑》,科学出版社1955年版

周元正:《台湾出版抗日战争史著作论文索引》,四川大学出版社1988年版

中国第二历史档案馆:《中华民国史档案资料汇编》,江苏古籍出版社1997年版

季啸风、沈友益主编:《中华民国史料外编——前日本末次研究所情报资料》,广西师范大学出版社1996年版

中国科学院研究所第三所南京史料整理处:《现代政治史资料》,1961年版

郭荣赵编译:《蒋委员长与罗斯福总统战时通讯》,(台北)中国研究中心1978年版

世界知识出版社编译:《中美关系资料汇编》,世界知识出版社1957年版

李肖伟:《超堡队:B-29 In China》(1、2、3),天马图书有限公司2005年版

四、研究著作

Wilbur H. Morrison, *Birds From Hell: History of the B-29*, Hellgate Press, 2001

Edited By W. F. Craven and James Lea Cater, *The Army Air Forces in World War II*, University of Chicago Press, 1951

Volume 1 —*Plans and Early Operations*

Volume 2 —*Europe: Torch to Pointblank*

Volume 3 —*Europe: Argument to V—E Day*

Volume 4 —*The Pacific: Guadalcanal to Saipan*

Volume 5 —*The Pacific: Matterhorn to Nagasaki*

Volume 6 —*Men and Planes*

Volume 7 —*Services Around the World*

Office of Air Force History United States Air Force Washington, D. C. ,1983,Jacob Neufeld,George M. Watson

Edited by R. Cargill Hall,*Case Studies in Strategic Bombardment*, Air Force History and Museums Program,1998

Tomas A. Siefring,*U. S. Air Force in World War Ⅱ* ,Hamlyn,1978

Matloff and Snell,*Strategic Planning for Coalition Warfare*(1941—1942),Office of the chief of military history department of army,Washington,D. C. ,1953

Maurice Matloff,*Strategic Planning for Coalition Warfare* (1943—1944),Office of the chief of military history department of army,Washington,D. C. ,1959

Robert Dallek,*Franklin D. Roosevelt and American Foreign Policy*,Oxford University Press,1979

Romanus and Sunderland ,*Stilwell's Command Problems* , Office of the chief of military history department of army,1956

James Reardon-Anderson,*Yean and the Great Powers-The Origins of Chinese Communist Foreign Policy*,Columbia University Press,1980

David Chenoweth (Editor),*Technology and the Air Force*:*A Retrospective Assessment*, Air Force History and Museums Program,United States Air Force,Washington,D. C. 1997

Daniel L. Haulman,*Hitting Home The Air Offensive Against Japan* , Air Force History And Museums Program, 1999

Martin Walker,*The Cold War* , Wlsker &. Watson Ltd. 1993

Andre Fontaine,*History Of The Cold War——From October Revolution To The Korean War*,Random House Inc,1970

Carl Berger,*B-29*: *the Superfortress*,New York:Ballantine Books,1970

Keith Wheeler,*Bombers over Japan*,Time-Life Books,1982

Don Moser,*China-Burma-India* ,Time-Life Books,1978

Major T. J. Cronley, *Curtis E. LeMay*, *The Enduring "Big Bomber Man"*, United States Marine Corps Command and Staff College Education Center, 1986

Carter J. Carolle, *Mission to Yenan : American Liaison with the Chinese Communists*, 1944—1947, The University Press of Kentucky, 1997

Gunther Bischof and Robert L. Dupont, *The Pacific War Revisited*, Louisiana State University Press, 1997

Edgar Snow, *Random Notes On Red China (1936 — 1945)*, Harvard University Press, 1957

HermanS. Wolk, *Planning and Organizing the Postwar Air Force 1943 — 1947*, Office Of Air Force History United States Air Force Washington, D. C. , 1984

Harry R. Fletcher, *Air Bases Outside the United States of America*, A Center For Air Force History United Statets Tir Force Washington, D. C. 1993

Maurer, Air *Force Combat Units Of World War II* , Office of Air Force History Washington, D. C. 1983

Alan L. Gropman, *The Air Force Integrates 1945 — 1964*, Office of Air Force History United States Air Force Washington, D. C. , 1985

DeWitt S. Copp, *Frank M. Andrews*, *Marshall's Airman*, Air Force History and Museums Program Washington, D. C. 2003

Mae Mills Link and Hzlbert A. Coleman, *Medical Support of The Army Air Forces In World War II*, Office of the Surgeon General, USAF, Washington, D. C. , 1955

Herman S. Wolk, *Planning and Organizing the Postwar Air Force 1943 — 1947*, Office Of Air Force History United States Air Force, Washington, D. C. , 1984

Richard H. Kohn and Joseph P. Harahan, *Strategic Air Warfare* , *An Interview with Generals Curtis E. LeMay*, *Leon W. Johnson*, *David A. Burchinal*, *and Jack J. Catton*, Office of Air Force History United States Air Force Washington, D. C. , 1988

Robert F. Futrell, *The United States Air Force In Korea 1950 —1953*, Revised Edition Office of Air Force History United States Air Force Washington，D. C. ，1983，

R. Cargill Hall and Jacob Neufeld, *The U. S. Air Force in Space 1945 to the Twenty-first Century*, USAF History and Museums Program United States Air Force Washington，D. C. 1998

Tsou Tang,*America's Failure in China*,*1941 — 1950*，University of Chicago Press，1963

〔英〕John Costello:《太平洋战争》(上、下)，东方出版社 1985 年版

陆军大学校译:《美国参谋业务》，军令部第三厅 1939 年版

〔日〕大本营海军报道部:《大东亚民族解放战之胜利》，申报社 1943 年版

李明瀚:《华莱士访华》，沙坪坝书店 1944 年版

梁纯夫编著:《华莱士的呼声》，峨嵋出版社 1947 年版

本书编写组:《叶剑英传》，当代中国出版社 2007 年版

〔美〕梅·戈尔斯坦:《喇嘛王国的覆灭》，中国藏学出版社 2005 年版

〔美〕费正清:《中国之行》，中华书局 1983 年版

〔英〕阿诺德·汤因比:《第二次世界大战史大全》，上海译文出版社 1995 年版

〔美〕肯特·格林菲尔德:《第二次世界大战中的美国战略》，解放军出版社 1985 年版

〔美〕约翰·霍普金斯大学华盛顿外交政策研究所:《军事技术的发展及其对美国战略和外交政策的影响》，世界知识出版社 1960 年版

〔美〕布雷德利·F·史密斯:《美国战略情报局始末》，国际文化出版社 1988 年版

〔美〕赫伯特·菲斯:《中国的纠葛》，北京大学出版社 1989 年版

〔美〕赫伯特·菲斯:《通向珍珠港之路:美日战争的来临》，商务印书馆 1983 年版

〔美〕迈克尔·沙勒:《美国十字军在中国》，商务印书馆 1982 年版

〔美〕巴巴拉·塔奇曼:《史迪威与美国在华经验》，商务印书馆 1984 年版

［美］巴巴拉·塔奇曼:《逆风沙——史迪威与美国在华经验》,重庆出版社 1994 年版

［美］迈克尔·沙勒:《二十世纪的美国和中国》,光明日报出版社 1985 年版

［美］邹　谠:《美国在中国的失败 1941－1950》,上海人民出版社 1997 年版

［美］伊·卡恩:《中国通——美国一代外交官的悲剧》,新华出版社 1980 年版

［美］伊利·雅克·卡恩:《美国对华外交秘录——毛泽东的胜利与美国外交官的悲剧》,群众出版社 1990 年版

［美］魏斐德:《间谍王:戴笠与中国特工》,团结出版社 2004 年版

［法］贝特朗·戈尔德施密特:《原子竞争(1939－1966)》,原子能出版社 1984 年版

［英］劳伦斯·弗里德曼:《核战略的演变》,中国社会科学出版社 1990 年版

［美］肯尼士·加尔布雷思:《核击日本》,京华出版社 2004 年版

［美］卡萝尔·卡特:《延安使命》,世界知识出版社 2004 年版

［美］杰夫瑞·B·格林编著:《飞虎的咆哮》,云南教育出版社 2005 年版

［美］戈登·托马斯、马克斯·莫根—维茨:《银盘记》,新华出版社 1981 年版

［美］麦克米伦出版公司:《蒋介石的外国高级参谋长——史迪威》,黑龙江人民出版社 1988 年版

梁敬錞:《开罗会议》,(台北)商务印书馆 1974 年版

梁敬錞:《史迪威事件》,商务印书馆 1973 年版

王明柯:《华夏边缘:历史记忆与族群认同》,社会科学文献出版社 2006 年版

［美］丹尼斯·塞诺:《丹尼斯·塞诺内亚研究文选》,中华书局 2006 年版

吴相湘:《第二次中日战争史》(上、下),(台北)综合月刊社 1973 年版

黄仁宇:《从大历史的角度读蒋介石日记》,(台北)时报文化出版企业股

份有限公司 1999 年版

　　韩永利:《战时美国大战略与中国抗日战场(1941—1945)》,武汉大学出版社 2003 年版

　　徐康明:《飞越"驼峰":第二次世界大战中最著名的战略空运》,解放军出版社 2005 年版

　　徐康明:《中国远征军战史》,军事科学出版社 1995 年版

　　黄玉章等:《第二次世界大战》,世界知识出版社 1984 年版

　　陶文钊:《中美关系史(1911—1950)》,重庆出版社 1993 年版

　　华人杰等编:《空军学术思想史》,解放军出版社 1992 年版

　　李勉民主编:《第二次世界大战实录》,(香港)读者文摘远东有限公司 1992 年版

　　余　坚:《中美外交关系之研究》,(台北)中正书局 1975 年版

　　侯大乾等编:《中国近代农业经济史》,中国人民大学出版社 1980 年版

　　中国抗日战争史学会编:《抗日战争时期重要资料统计集》,北京出版社 1997 年版

　　毛泽东:《毛泽东选集》第一、二、四卷,人民出版社 1967 年版

　　王　辅:《日军侵华战争》,辽宁人民出版社 1991 年版

　　陆满平、贾秀岩:《民国价格史》,中国物价出版社 1992 年版

　　[美]费正清主编:《剑桥中华民国史》(上、下),中国科学出版社 1993 年版

　　周开庆:《四川与对日抗战》,(台北)商务印书馆 1971 年版

　　[美]易劳逸:《蒋介石与蒋经国》,中国青年出版社 1991 年版

　　蒋永敬:《中国抗日战争史》,(台北)中正书局 1992 年版

　　章伯锋、庄建平主编:《抗日战争》,四川大学出版社 1997 年版

　　刘毅夫:《空军史话》,(台北)黎明文化事业公司 1980 年版

　　[日]古屋奎二:《蒋总统秘录》,(台北)中央日报 1986 年版

　　[日]前田哲男:《从重庆通往伦敦、东京、广岛的道路》,中华书局 2007 年版

　　中共中央党史研究室第一研究部:《抗日战争史研究述评》,中央党史出版社 1995 年版

　　张注洪、王晓秋编:《国外中国现代史研究述评》,中国文史出版社 1999

年版

马振犊:《惨胜——抗战正面战场大写意》,广西师范大学出版社 1993
年版

鱼佩舟编:《美国飞虎队 AVG 援华抗战纪实》,西南师范大学出版社
1993 年版

薛暮桥、冯和法编:《〈中国农村〉论文选》,人民出版社 1982 年版

五、研究论文

Michael Schaller,*American Air Strategy in China*,1939－1941:*The
Origins of Clandestine Air Warfare*,*American Quarterly*,Vol. 28,No.
1,1976,James

James Lea Cater,*Global Command:The Double Cross Bee Cee*,*The
Journal of Modern History*,Vol. 23,No. 4(Dec.,1951)

John T. Correll,*The Smithsonian and The Enola Gay*,The Air
Force Association,*Air Force Magazine*,April 1994.

Herman S. Wolk,The Twentieth against Japan,*Air Force Maga-
zine*,April,2004,

Boyle. James M,The XXI Bomber Command,*Airpower Historian*,
2 April,1964.

Paul D. Adams,*An Army Air Corps Test Of Strategic Air Power*,
http://www. blackvault. com/documents/ADA378204. pdf

Michael P. Fennessy,*Project Matterhorn:A Lesson in Strategy and
Politics*,http://www. stormingmedia. us/43/4323/A432382. html

Guangqiu Xu,*The United States and the Tibet Issue*,*Asian Survey*,
Vol. 37,No. 11(Nov.,1997)

Tom Grunfeld,*Tibet and the United States*,XVIII IPSA(Interna-
tional Political Science Association)World Congress,Quebec City,August
1-5,2000

Yukiko Koshiro,*Eurasian Eclipse:Japan's End Game in World
War II*,*American Historical Review*,April,2004

任东来:《被遗忘的危机:1944 年中美两国在谈判贷款和在华美军开支

问题上的争吵》,《抗日战争研究》1995 年第 1 期

　　任东来:《1941－1949 年美国在中国的军事机构及其沿革》,《民国档案》2003 年第 1 期

　　俞　国:《1944 年华莱士访华述评》,《扬州教育学院学报》2006 年第 6 期

　　唐洪森:《抗战胜利初中共让出南方解放区战略研究》,《中共党史研究》2006 年第 2 期

　　刘庭华:《评美国向日本投掷原子弹》,《军事历史》1995 年第 4 期

　　瞿明宙:《中国农田押租的进展》,《中国农村》1935 年第 1 卷第 4 期

　　蒋永敬:《孔祥熙与战时财政》,《孙中山先生与近代中国学术讨论集》第 4 册,(台北)中央文物供应社 1985 年版

　　朱剑农:《四川地价问题》,《四川经济季刊》1943 年创刊特大号

　　潘光晟:《抗战时期四川特种工程纪实》,(台北)《四川文献》81 卷

　　黎东方:《中国抗战时期之财政》,《孙中山先生与近代中国学术讨论集》第 4 册,(台北)中央文物供应社 1985 年版

　　左用中、叶懋:《三十三年度四川之农业》,《四川经济季刊》1945 年第 2 卷第 1 期

　　[美]易劳逸:《农民、农税与国民政府(1937－1945)》,《中华民国建国史讨论集——抗战建国史》第四册,(台北)中正书局 1981 年版

　　卓遵宏:《孔祥熙的财政观》,《近代中国历史人物论文集》,(台北)中研院近代史研究所 1993 年版

　　于化民:《美国向延安派遣军事观察组的酝酿与决策》,《中共党史研究》2006 年第 3 期

　　武　娟:《延安——中国气象事业的发祥地》,《圣地季刊》2000 年第 3 期

　　程早霞:《美国插手西藏问题历史探源》,《安徽史学》2006 年第 2 期

　　胡　岩:《美国对中国西藏政策的历史演变》,《中共中央党校学报》2002 年第 6 卷第 1 期

　　胡　岩:《抗日战争时期中美关系中的西藏问题》,《中共中央党校学报》2005 年第 9 卷第 3 期

　　张植荣:《抗战前后中美英西藏问题的交涉》,《抗日战争研究》2007 年

第 1 期

六、博士论文

马建国:《抗日战争时期的中美军事合作(1937—1945)》,华中师范大学2004 年中国近现代史方向博士论文

宫旭平:《美国空军与美国全球战略研究(1947—1949)》,东北师范大学2005 年

七、期刊、报纸

The National Geographic Magazine,Aug,1946

The National Geographic Magazine,Jan,1947

Royal Air Force Flying Review,June 1957

Air International,August,1989

Air & Space,March,1995

Air Power History,Vol. 55,No. 4,2008

《正报》(浙江)1942 年 10 月 31 日

《党军日报》(成都)1944 年 4 月 25 日

《大公报》(香港)1944 年 6 月 16 日至 12 月 23 日

《新华日报》(太行版)1944 年

《湖北气象》2002 年第 2 期

《旅台高雄同乡会年刊》合订本(一),1986 年版

《四川经济月刊》1944 年第 1 卷第 2 期

《四川经济季刊·三十三年四川经济特辑》1945 年第 2 卷第 2 期

国民政府主计处:《统计月报·物价指数专号》1945 年第 105、106 期合刊

国民政府主计处:《统计月报·粮政专号》1944 年第 3 期

四川省政府秘书处编译室主编:《四川动员》半月刊 1942 年第 2 卷第 4 期

隋　鑫:《美军目标选择程序和方法的研究》,《科技创新导报》2009 年第 18 期

八、网站

二战美国陆军航空网　http：//www. armyairforces. com

加拿大西安大略湖大学　http//：www. csd. uwo. ca/～pettypi/elevon/baugher_us/

美国密歇根州立大学　http：//www. h-net. msu. edu/reviews/

美国物理学会　http：//www. aip. org/http：//www. ibiblio. org

美国科学家联合会　http：//fas. org/sgp/othergov/doe/lanl/docs1/

美国空军网　http：//www. afa. org/magazine/archives. asp

美国政治史网站　http://uspoliticalhistory. com

美国空军历史网　https：//www. airforcehistory. hq. af. mil/Publications/titleindex. htm

B-29 纪念网　http：//www. B29memorial. net/History/Memorial％20Plaques. pdf

九、地方史志

《四川文史资料选辑》第 10 辑,1963 年版

《成都文史资料选辑》第 11 辑,1985 年版

《成都文史资料选辑》第 17 辑,1987 年版

《双流文史资料选辑》第 4 辑,1985 年版

四川省地方志编纂委员会:《四川省志·军事志长编》第二编,四川人民出版社 1999 年版

四川省新津、邛崃、彭山、广汉、松潘、温江、德阳、甘洛等县县志

附录 1 1943 年 5 月 5 日联合作战
计划委员会的《全球形势
报告(1943—1944)》[①]

GLOBAL ESTIMATE OF THE SITUATION,
1943−44, REPORT BY THE JOINT
STAFF PLANNERS

1. A Global Estimate of the Situation, 1943-44, is contained in Enclosure "A."

2. The Most probably courses of action of the AXIS powers are as follows:

1943.

a. EUROPEAN AXIS

Intensify the war of attrition against UNITED NATIONS shipping and resume the offensive in RUSSIA at the earliest practicable moment, while assuming the defensive on all fronts and retaining as long as possible the Tunisian bridgehead.

b. JAPAN

(1)Defeat of RUSSIA clearly imminent JAPAN will attack SIBERIA.

(2)Defeat of RUSSIA not clearly imminent JAPAN will remain on the strategic defensive, exploit and consolidate her gains, intensify the war of attrition against shipping, and undertake limited offensive operations in the AUSTRALIAN-NEW GUINEA SOLOMONS area, CHINA,

---

① Franklin D. Roosevelt Presidential Library and Digital Archives, Safe Files, Box 2, Current Strategic Studies Book 1 Index.

and BURMA, and vigorously counter UNITED STATES offensive action in the WESTERN ALEUTIANS.

1944

a. EUROPEAN AXIS

(1)If RUSSIA is defeated in EUROPE.

Conduct offensive action toward gaining control of the MEDITERRANEAN and the PERSIAN GULF, while conducting and air and submarine campaign against the UNITED NATIONS, particularly the UNITED KINGDOM.

(2)If RUSSIA is not defeated in EUROPE. Exploit the areas it controls, consolidate the fortress of EUROPE, and continue the U-boat campaign.

b. Japan

(1)Defeat of Russia is clearly imminent, and CHINA continues in the war. If the defeat of RUSSIA in EUROPE becomes apparent in 1943,JAPAN will attack SIBERIA and the major part of her offensive effort will be directed toward RUSSIA in 1944.

(2)Defeat of RUSSIA not clearly imminent. JAPAN will not attack SIBERIA. JAPAN will direct her major efforts toward securing and exploiting the territory she controls, and eliminating CHINA from the war.

3. Recommended UNITED NATIONS courses of action, 1943-1944 are as follows:

a. That the UNITED NATIONS main effort continues against the EUROPEAN AXIS, with emphasis on the following in 1943:

(1)Defeating the U-boat menace.

(2)Accomplishing HUSKY.

(3)Conducting a bomber offensive from the UNITED KINGDOM with a view to reducing GERMANY'S war potential,and concentrating appropriate forces so that a cross-channel operation and exploitation from lodgments on the Continent will be feasible in 1944.

(4)Conducting limited operations in the MEDITERRANEAN area within the capabilities of the forces finally allocated after providing for the concentration of forces in the UNITED KINGDOM for cross-channel operations and the exploitation of lodgments on the Continent.

(5) Continuing air attacks against ITALY, without detracting from the air offensive from the UNITED KINGDOM, with the object of eliminating ITALY from the war.

(6) Furnishing supplies and equipment to RUSSIA.

b. that forces be built up in the UNITED KINGDOM during 1943 and 1944 for:

(1) Conducting a vigorous bomber offensive integrated with current and prospective operations, invasion of the Continent.

(2) A return to the Continent in the event of German disintegration at any time from now onwards with whatever forces may be available at the time.

(3) A full-scale assault against the Continent as early as possible in 1944.

c. That in the PACIFIC and FAR EAST

(1) The UNITED NATIONS conduct limited offensive operations in order to maintain pressure on JAPAN, retain the initiative, and attain or retain positions of readiness for a full-scale offensive against JAPAN, and in order to keep CHINA in the war.

(2) For these purposes, naval forces be increased to a maximum consistent with the minimum requirements in the ATLANTIC and MEDITERRANEAN and that, with due regard to the requirements of the main effort against the EUROPEAN AXIS, air and ground forces be provided so as to facilitate joint action and make optimum use of the increasing strength of U. S. Naval Forces.

d. That if RUSSIA is defeated in the EUROPEAN-AFRICAN area, the basic strategic concept should be reviewed and modified to conform to our then existing capabilities. Based on these capabilities, the UNITED NATIONS should then either:

(1)Reverse their strategic concept and launch all-out operations without delay against JAPAN, while making UNITED NATIONS positions in the EUROPEAN-AFRICAN area secure, or

(2)If GERMANY has been sufficiently weakened, continue operations with a view to her ultimate defeat on the Continent of EUROPE. In either case the UNITED NATIONS air offensive from the UNITED KINGDOM should be continued.

e. That participation of CHINA in the war be assured by continuing to furnish her supplies and air support to the greatest extent practicable.

ENCLOSURE "A"

GLOBAL ESTIMATE OF THE SITUATION, 1943—1944, EUROPEAN AXIS SITUATION

4. The AXIS campaign against RUSSIA in 1942 failed to attain the territorial objectives set, and resulted in serious losses. AXIS forces are being driven out of AFRICA. There is every indication that future AXIS operations will be directed towards Military (the defeat of Russian armed forces in 1943) rather than territorial objectives. The AXIS submarine campaign against, UNITED NATIONS shipping will be intensified.

a. Military. GERMANY is increasing the total number of her divisions to about 330. ITALY may provide 70 divisions and the satellite countries approximately 55 more, making a grand total of 455. At the end of 1942 the AXIS had a total of some 470 submarines. By the end of 1943, the total may increase to about 600. The strategic position of the Italian Navy has been weakened by increased threat of air attack; it has shown great unwillingness to risk its major units in action, is short of cruisers, and has no aircraft carriers. It is able, however, to contain a substantial UNITED NATIONS naval force in the MEDITERANEAN in an area in which this force may be subjected to air attack. The German Navy, though its surface forces are of limited size, contains a large British naval force in the NORTH ATLANTIC.

The German Air Force has an estimated strength of 9200 combat airplanes of which 6000 are assigned to operating squadrons in the combat zones. The rate of production is estimated at 1300 per month. However, by shifting from bombers to fighters, the number of airplanes produced may ultimately be increased. There are some indications that the German Air Force is increasing its fighter strength at the 4 expense of bombers in order to meet increased requirements for defense against the UNITED NATIONS bomber offensive. The EUROPEAN AXIS is faced with an air war on three fronts. The combined UNITED NATIONS bomber offensive may reasonably be expected to create favorable conditions for it is significant that AXIS air power has not increased in proportion to her ground and sea forces. This may be attributed to:

(1)Production limitations.

(2)Increasing the number of ground force units. This is being done because.

(a)The AXIS cannot expect to move ground forces freely to and from the Eastern Front because of the strategically situation.

(b)Preparations are being made to bolster Italian and satellite resistance.

b. Economic. GERMANY'S military effort was somewhat impaired by air attack in 1942. In 1943 the increasing bombing offensive expected and the greater precision of air attack will bring about further substantial decline in AXIS armament reduction. For aircraft, destruction of output will be felt almost immediately in first line operations. For other munitions, destruction of facilities will produce a more gradual effect on Military operations. However, except for aircraft, it is probable that the AXIS can increase somewhat in 1943 the scale of Military effort but only at the expense of an accelerated decline in economic potential.

ITALY and her satellites are dependent on GERMANY for munitions and raw materials. GERMANY depends on the satellites for some strategic raw materials of a high priority.

c. Manpower. If casualties are as high in 1943 as in 1942, GERMANY faces a reduction in the size or impairment in the quality of her armed forces in 1944.

d. Armaments. The estimated low production of combat planes will probably restrict the German air effort in 1943 to essentially strategic defensive operations. This will not preclude an offensive concentrated against RUSSIA within a limited area, which might give local air superiority for a limited time. The number of operating submarines will increase. German Military operations are not likely to be restricted by shortages of any other form of armaments. Destruction achieved by the proposed bomber offensive may seriously reduce GER-MANY' S production of armaments.

e. Morale. Italian resistance will probably decline at least until the homeland is invaded, when a stronger fighting spirit may be aroused temporarily. The resistance of satellite nations is on the decline. ITALY or one of the satellites may make peace overtures in 1943. German morale probably will not crack in 1943 but will decline considerably as the result of the failure to defeat RUSSIA by the end of 1943, and because of the chaos and destruction inflicted by the UNITED NATIONS air offensive.

EUROPEAN AXIS CAPABILITIES FOR 1943

5. Major courses of action open to the EUROPEAN AXIS in 1943.

a. Intensify the war of attrition against shipping.

b. Resume the offensive in RUSSIA.

c. Withdraw to and defend the MEDITERRANEAN island line.

d. Occupy the IBERIAN PENINSULA with a view to closing the STRAIT OF GIBRALTAR and possibly attacking NORTH AFRICA.

e. Assume an active defense on all fronts.

f. Attack the MIDDLE EAST through ANATOLIA.

6. Most likely course of action. Intensify the war of attrition against UNITED NATIONS shipping and resume the offensive in RUSSIA at the earliest practicable moment, while assuming the defensive on all other fronts and retaining as long as possible the Tunisian bridgehead.

JAPANESE SITUATION

7. JAPAN has established control of the WESTERN PACIFIC, the east coast of the Asiatic continent, and SOUTHEASTERN ASIA. She is exploiting the resources and providing for the security of these areas by establishing defensive positions and opposing UNITED NATIONS efforts to penetrate her defensive barrier. She is protecting her northern flank by maintaining neutral relations with RUSSIA.

JAPAN has suffered substantial air and, naval losses. The losses to her ground forces have been insignificant.

a. Military. The strength of her army is currently estimated at 72 Japanese divisions, plus about 600,000 Chinese and Manchurian troops. She is making use of such puppet troops to an increasing extent.

Her operational air strength is estimated at 3700 combat aircraft with a production of about 600 combat planes per month, which is presumed to be increasing. The limited size of this force precludes adequate air support for simultaneous extensive operations on two fronts.

The Japanese Navy remains powerful. JAPAN'S limited capacity for naval construction places her at a disadvantage, in a war of attrition.

b. Economic. Japanese exploitation of captured resources is limited by shortages in shipping, skilled manpower, and fabricating equipment. It is estimated that her industrial expansion under favorable conditions will be at the rate of. 10% to 15% per year. Those essential industrial facilities located in JAPAN proper are concentrated in a few relatively small areas.

c. Shipping. Losses of Japanese shipping during 1942 and 1943 have exceeded construction. Losses in dry cargo vessels are being partially compensated for by improving railroad transportation in SOUTHEAST-ERN ASIA, and by a program of wooden shipbuilding. Tanker losses, despite more effective operation made possible by the rehabilitation of oil fields and refineries near the combat zones, if continued at the present rate will seriously interfere with Military operations, in the future. Movement of Japanese troops will not be cur tailed until the shipping situation becomes more critical.

d. Morale. Japanese morale is of a very high order.

JAPAN'S CAPABILITIES FOR 1943

8. Major courses of action open to JAPAN in 1943

a. Remain on the strategic defensive and consolidate her gains, undertaking limited offensive operations in the AUSTRALIA-NEW GUINEA SOLOMONS area, CHINA, BURMA, the ALEUTIANS, and along the lines of communication between the HAWAIIAN ISLANDS and AUSTRALIA.

　b. Renew the general attack on CHINA.

　c. Attack INDIA.

　d. Attack SIBERIA.

　e. Renew an offensive in the AUSTRALIA-NEW GUINEA-SO-LOMONS area.

　f. Intensify the war of attrition against shipping.

　9. Most likely course of action.

Japan's most likely course of action will be influenced by the outcome on the Russian Front.

　a. Russian defeat clearly imminent. In all likelihood JAPAN will attack SIBERIA.

　b. Russian defeat not imminent. JAPAN will probably remain on the strategic defensive, exploit and consolidate her gains, intensify the war of attrition against shipping, and undertake limited offensive operations in the AUSTRALIA-NEW ' GUINEA-SOLOMONS area, CHINA, and BURMA and vigorously counter UNITED STATES offensive action in the WESTERN ALEUTIANS.

JOINT ACTION BYGERMANY AND JAPAN

　10. GERMANY and JAPAN are partners in the war only because of self-interest. Joint action by them is founded primarily on coincidence of policy. Each is undoubtedly anxious to see that the UNITED NATIONS power will be deployed increasingly against the other partner. The major opportunity for coordinated German-Japanese action lies in the Japanese capability to attack SIBERIA. The Germans are keenly in favor of such an attack. Joint German-Japanese action with a view to affecting a junction through the MIDDLE EAST is not considered an AXIS capability.

FORECAST FOR 1944, EUROPEAN-AFRICAN AREA

11. General. The determining factor in estimating the Military situation which may exist in 1944 is the status of RUSSIA, i. e. whether or not she is defeated in 1943. AXIS forces will, in either case, be expelled from AFRICA, and UNITED NATIONS lines of communication through the MEDDITERRANEAN will be greatly improved by the latter part of 1943.

12. If RUSSIA is defeated in EUROPE.

a. German ground and service forces will probably be reduced in order to release men for industry and agriculture, and thus relieve the strain on German economy. The extent of the German Military effort, however, may be seriously decreased as a result of the UNITED NATIONS air offensive and of losses sustained in the operations involving the defeat of RUSSIA.

b. SPAIN will remain at least a passive partner of the AXIS.

TURKEY will remain neutral, but UNITED NATIONS prestige and influence in TURKEY will be materially decreased.

c. A successful invasion of the UNITED KINGDOM in 1944 is not considered an AXIS capability.

d. The UNITED NATIONS air offensive will become the only effective means for conducting operations against the AXIS in EUROPE.

e. The UNITED NATIONS will continue to blockade the EUROPEAN AXIS.

f. The most probable AXIS course of action after the defeat of RUSSIA will be to conduct offensive action toward gaining control of the MEDITERRANEAN and the PERSIAN GULF, while conducting an air and submarine campaign against the UNITED NATIONS, particularly the UNITED KINGDOM.

13. If RUSSIA is not defeated in EUROPE.

a. The scale of German Military effort in 1944 will be below that of 1943.

b. The major part of the AXIS Military forces will be absorbed on the Russian Front.

c. Italian resistance will deteriorate still further.

d. UNITED NATIONS success in the MEDITERRANEAN will force the Germans either to reinforce ITALY or to withdraw from ITALY and take over Italian commitments in FRANCE and the BALKANS when Italian troops are recalled from those areas to defend the homeland.

e. Turkish resistance to German influence will be strengthened and Spanish neutrality will continue.

f. Defection will increase in the satellite and occupied countries.

g. GERMANY'S goal will probably be to achieve a Military stalemate.

h. A serious, though perhaps not immediately critical, decline in German morale will follow.

i. The UNITED NATIONS air offensive will become an increasingly important factor.

j. Under this assumption (RUSSIA not defeated), GERMANY'S most likely course of action in 1944 will be to exploit the areas she controls, to consolidate the fortress of Europe and to continue the U-boat campaign.

FORECAST FOR 1944-PACIFIC, AND FAR EAST

14. General.

Since the United Nations main effort in 1943 will be made in the EUROPEAN—AFRICAN Area, operations in the PACIFIC and FAR EAST will continue with the object of maintaining pressure on JAPAN, accomplishing the attrition of enemy forces, retaining the initiative, and attaining a position of readiness for a full scale offensive against JAPAN as soon as GERMAN is defeated. Though the UNITED NATIONS should have a potential air advantage, the dispositions of air forces will not be such as to permit their decisive application.

The UNITED NATIONS naval forces will be superior to those of JAPAN. The situation with regard to JAPAN will be strongly influenced by the status of RUSSIA in EUROPE, and of CHINA.

15. If the defeat of RUSSIA is clearly imminent, and CHINA continues in the war. If the defeat of RUSSIA in EUROPE becomes apparent in 1943 the Japanese will most likely attack SIBERIA. In such a case:

a. The major part of the Japanese offensive effort will be directed toward RUSSIA in 1944.

b. Limited offensives by the UNITED NATIONS against JAPAN in the PACIFIC areas and SOUTHEASTERN ASIA will be facilitated.

c. Lend-Lease deliveries to RUSSIA will be reduced.

d. There will be no substantial change in the situation in CHINA.

16. If the defeat of RUSSIA is not clearly imminent. If the imminence of defeat of RUSSIA is not clear to JAPAN in 1943, an attack against SIBERIA is unlikely. In this case full-scale Lend-Lease aid to RUSSIA will continue and JAPAN'S major efforts will be directed toward securing and exploiting the territory she controls, and eliminating CHINA from the war.

17. If CHINA is eliminated from the war.

JAPAN may succeed in eliminating CHINA as an active UNITED NATIONS ally, either through Military action or political intrigue. If accomplished, JAPAN will be relieved of many of her Military commitments in CHINA, will be free to employ the forces thus relieved in other areas, and the prospect of bombing attack from CHINA on her homeland will be eliminated.

UNITED NATIONS SITUATION

18. In the EUROPEAN-AFRICAN area, the bulk of the ground forces are engaged on the RUSSIAN Front. The UNITED NATIONS occupy advantageous positions for an air offensive against the EUROPEAN AXIS and for invasion of the continent from their bases in the UNITED

KINGDOM and to a lesser degree in AFRICA. At present the principal American and British ground forces in the EUROPEAN-AFRICAN theater are concentrated in NORTH AFRICA. An air offensive is proceeding and will continue at a gradually increasing rate. The initiation of an invasion awaits the build up of essential forces and the logistic requirements for their support. The time that it may be undertaken, the location of the staging area, and the scale of effort required is dependent upon the reduction of GERMANY'S war potential and morale through the UNITED NATIONS air offensive and other means.

19. In the PACIFIC and FAR EAST, the UNITED NATIONS are in contact with the enemy in the ALEUTIANS, the SOLOMONS-NEW GUINEA area, BURMA, and CHINA. Limited offensives in these areas are designed to apply pressure on the enemy, to accomplish attrition of enemy forces including shipping, to retain the initiative, to gain positions for a full—scale offensive, and to sustain CHINA as an active ally.

20. Air Power.

The outstanding feature of the UNITED NATIONS war effort has been the rapidity with which air power has been developed and applied. Air advantage has been gained in practically all areas, and the advantage will increase rapidly in the immediate future. The proposed UNITED NATIONS bomber offensive should gravely affect the AXIS war effort.

21. UNITED STATES.

a. Manpower. Mobilized and trained manpower will reach its optimum in 1944.

b. Military. Current estimates indicate that by the end of 1943 the Army Air Force will have 114 bomber groups (6200 airplanes) and 59 fighter groups (5900 airplanes). Of those, 26 bomber groups and 12 fighter groups will not be deployable outside of the UNITED STATES due either to the status of equipment or training.

The ground forces should consist of 100 combat divisions. Sixty-nine divisions will be in the UNITED STATES but only 32 of these will have completed training. Disregarding prospective losses, naval forces available for deployment to the PACIFIC by the end of 1943, will be superior to the Japanese Fleet. Extended naval action against Japanese lines of communication and positions will be possible.

c. Production. Most major items should be in full-scale production by early 1944.

d. Shipping. Considering the scheduled production of shipping and the measures being instituted to combat the submarine, it is expected that adequate shipping will be available to meet transportation requirements.

22. GREAT BRITAIN.

a. Manpower. Mobilized to capacity; the bulk of the forces in the U-NITED KINGDOM should soon be fully trained and equipped for offensive action.

b. Military. It is estimated that by the end of 1943, the Royal Air Force will have 225 bomber squadrons (3825 airplanes) and 342 fighter squadrons (4100 airplanes).

The British Imperial Army will consist of 84 combat divisions, including 65 divisions of British and Dominion troops, 15 divisions of African and Indian troops, and 4 divisions made up of Allied personnel.

c. British naval strength at the end of 1943 will be adequate for neutralizing enemy surface naval forces in the ATLANTIC and MEDITERRANEAN. British naval forces in the INDIAN OCEAN are adequate only if major Japanese naval forces are contained in the PACIFIC.

e. Economic. The productive capacity of GREAT BRITAIN may be expected to increase only slightly.

23. CHINA.

a. As long as Chiang Kai Shek remains in power, Chinese collapse is unlikely. A change in the political regime would reduce the effectiveness of and might eliminate CHINA as an ally. Enemy operations resulting in the isolation of CHINA would curtail and eventually prevent the Military cooperation of CHINA regardless of her political leadership.

b. Manpower. Manpower is not a limitation upon the size of the Chinese Army. The Chinese forces are best adapted to holding operations end guerilla activities.

c. Military. The army now contains fewer Japanese forces than it did in December 1941. Important battles with Japanese ground forces may be fought on Chinese soil and will require the participation of large Chinese forces.

d. Economic. Practically all munitions for the Chinese must be supplied by the UNITED NATIONS.

e. Morale. Chinese morale reflected in combat power，may be expected in 1943 or 1944 when the Chinese Government is convinced that the United Nations are undertaking decisive operations in the FAR EAST.

24. French Forces in AFRICA.

a. Manpower. It appears that a maximum of 3 armored and 8 infantry divisions with the supporting forces and an air force of some 450 airplanes can eventually be armed by the UNITED NATIONS. Additional manpower is available but could probably not produce combat units suitable for service in EUROPE.

b. Economic. The UNITED NATIONS have agreed to equip and maintain such forces.

25. RUSSIA.

a. RUSSIA is containing the bulk of the German forces. The ability of the UNITED NATIONS to obtain the unconditional surrender of the EUROPEAN AXIS will be influenced to a high degree by the length of time RUSSIA remains effectively in the war and the attrition she will have inflicted on GERMANY'S Military resources.

b. Manpower. The Russian forces can probably be sustained at the current levels if UNITED NATIONS assistance is continued at the current rate.

c. Economic. The Russian economy has probably passed its peak effort and may suffer critical decline during 1944.

26. AXIS occupied countries.

a. Military. The Military benefits which may be expected from the subjugated populations are sabotage, intelligence, and subversive activities, all of which force the AXIS to divert ground forces for police purposes.

b. Economic. The liberation of any AXIS controlled territories will impose commitments of supplies and equipment for economic rehabilitation required to further UNITED NATIONS operations.

UNITED NATIONS CAPABILITIES

27. Air power.

Current estimates indicate that by July, 1943, the UNITED NATIONS will have assembled in the EUROPEAN-AFRICAN area some 5400 bombers and 5600 fighters, the equivalent of about 110 American bomber groups and about 56 fighter groups. This air power will constantly increase and will be made most effective by properly integrating its employment with current and projected operations.

28. In the EUROPEAN-AFRICAN area, the UNITED NATIONS can in 1943-1944:

a. Intensify the anti-submarine campaign.

b. intensify the bomber offensive against the AXIS war effort with a view to reducing the AXIS war potential to the extent that cross-channel operations may be initiated as early as possible in 1944.

c. Continue the bombing of ITALY with s view to eliminating ITALY from the war.

d. Furnish munitions to RUSSIA and the combatant French.

e. in 1943, compel dispersion of AXIS ground and air forces and possibly cause diversions from the Russian Front by continued limited offensives in the MEDITERRANEAN.

f. Build up forces in the UNITED KINGDOM to initiate cross-channel operations in 1944.

g. Invade the Continent by:

(1)Cross-channel operations, or

(2)Operations from the MEDITERRANEAN.

The latter course of action is the less acceptable because of the unfavorable terrain, logistical difficulties, limitations to furnishing adequate air support, and diversion of air forces from the bomber offensive from the UNITED KINGDOM.

29. In the PACIFIC and FAR EAST, the UNITED NATIONS can in 1943-1944.

a. Maintain pressure against JAPAN, retaining the initiator, attaining positions of readiness for a full-scale offensive against JAPAN, and keeping CHINA in the war, with such forces as are allocated for the purpose.

b. Furnish supplies and limited air support to CHINA.

c. Increase attrition of Japanese shipping, air, and naval resources.

d. Undertake naval operations in the PACIFIC against Japanese shipping and positions at an increasing rate and intensity.

e. Maintain Allied lines of communication.

30. If CHINA is eliminated from the war.

If CHINA is eliminated as an active ally, the UNITED NATIONS will be deprived of the most promising sites from which to conduct an air offensive against JAPAN, the obligation to free CHINA from Japanese control will become an added burden, and the defeat of JAPAN may be delayed for years.

附录 2　1944 年 1 月 26 日陈纳德写给罗斯福的信[①]

HEADQUARTERS, 14TH U. S. AIR FORCE

Office of the Commanding General

26 January, 1944.

The President,

The White House,

WASHINGTON, D. C.

Dear Mr. President:

Hitherto, in my occasional reports to you, I have avoided raising basic issues of military policy. , After most serious thought, however, I have concluded it is now my duty to do so . I can see no other course open; since I am convinced the war will be needlessly prolonged by neglect of our opportunity to attack Japan in the flank from China; and since I am certain the opportunity will, in fact, be neglected unless you intervene.

The matter is pressing. It is now urgent to prepare for the day when Germany will be beaten, and you can turn the whole strength of the United Nations against Japan. As matters stand , your strength will then be far greater than the enemy's, but you will be unable to bring more than a little of your strength to bear. Limitations of naval bases, air bases, ports and supply Facilities will prevent you from deploying your full forces, at least until the Japanese have been driven from their positions in South-east Asia and the South-west Pacific. These positions are now strongly forti-

---

① Chennault——＞FDR－1/26/44 , Franklin D. Roosevelt Presidential Library and Digital Archives, Safe Files, Box 1, Army Air Forces Index.

fied and stubbornly held. They can be rapidly weakened, however, by an intelligently conceived attack on the Japanese flank from the China base. By expediting the fall of Japan's outer defenses, such an attack will directly advance the time when the United Nations' full forces may be deployed for the final assault. But preparation for such an attack must begin almost immediately; if it is to bear fruit when it should, in the next twelve months.

What ought to be done is not difficult.

1. Our air forces should be augmented to establish air supremacy throughout East China.

2. From the base thus secured, Japanese. Shipping on the Chinese inland waterways, in the Chinese and Formosan ports and in the sea lane along the China coast, should be intensively attacked by medium bombers. At the same time, the attack on shipping should be carried out over the China Sea to the coast of the Philippines, by heavy bombers with Radar and other special equipment for sea search. The sea search should cover both the vital sea routes, between Japan and Shanghai, between Japan and her new Empire in the South.

3. Meanwhile, in close coordination with the attacks on Japanese air power and shipping, heavy bombers of the B-29 type should drive the attack home to the Japanese Islands, and to Japan's industrial installations in Manchuria, North China and Korea.

4. Nor should closer ground targets be neglected. Use of the great Japanese staging areas on Formosa and Hainan Island may be virtually denied by a strong, well-balanced air force in China. In China proper, when the weather opens next summer, the attacks on shipping will cut the Yangtze River supply lines, on which the Japanese positions from Hankow up to Ichang are entirely dependent. If these positions are also pulverized by heavy bombardment, and if the Chinese Armies are given strong air support in attacking them, the Japanese hold should be broken by relatively slight Chinese pressure. Both the Generalissimo and the able General

ChenCheng, who actually led two sieges of Ichang, have always maintained that the upper Yangtze positions could be retaken with 500 allied aircraft in China. I am confident they are right.

The four kinds of operations are listed in what I regard as their true order of military priority. It may seem surprising that I put the most spectacular-long range bombing of Japan-in third place. Yet the reason is simple.

Long range bombing of industrial installations, as European experience has shown, takes a long time to produce decisive results. I believe that immediately decisive results can be produced by the attack on Japanese shipping and air power. Since in China we can count on knocking down approximately nine Japanese aircraft for each one of our own lost, the fight for air supremacy here should subject Japanese air power to an extremely heavy strain. More important still, I will risk my reputation that when the air units and supplies are available for the job, we can sink a minimum of 150,000 tons of Japanese shipping each month. I consider that the strain on Japan's air power, added to existing strains in other areas, ought to prove crippling. Japan's shipping resources are plainly unable to withstand additional losses at the rate ef 150,000 tons a month. To one with your war experience and special mastery of naval strategy, I need hardly point out that the Japanese positions in South-east Asia and the South—west Pacific must soon fall, if Japan has not the shipping and air power to support them. Finally, destruction of the Formosan and Hainanese staging areas will further increase the effect of the attacks on shipping and air power, throwing out of kilter the whole Japanese system of military movement. For these reasons, while both types of operation are exceedingly important, I think the attack on shipping and airpower should have present priority, while long range bombing of Japan must be looked to for the eventual knock-out blow.

The attack on the Japanese flank which I have outlined is quite feasible. If energetic preparations are made during the next months, all necessary units should be in place, and all supply and other facilities should be ready, by the end of June. The weather in China opens, and the best fighting season starts during July. By scheduling the most intensive operations to begin in July, they should coincide exactly with the major frontal assaults in the South-west Pacific and South-east Asia which I assume we shall make next summer. I may add that the proposed operations from China are a way of doing much with little. They will require no premature diversion of essential forces from the western front.

Unfortunately, since the abandonment of the plan for a major campaign in Burma, the China program appears to consist exclusively of the Matterhorn Project, for long range bombing of Japan. No additions to the program seem likely. The Chinese leaders, while I am sure they will approve and cooperate in the operations which I suggest, are too preoccupied with domestic and financial problems to take the initiative. I am glad to say that I was recently able to explain the potentialities of an attack on Japanese shipping and air power to Lord Louis Mountbatten and General Wedemeyer. They immediately grasped its importance, and have promised to support the plan in the appropriate quarters. But they are in no position to do over-all planning for China, and an over-all plan is required.

I am not only convinced long range bombing of Japan is less immediately important than the attack on shipping and air power; I also believe that as now planned, the Matterhorn Project is tactically dangerous, and that the proposed division of command of the Matterhorn Project and the Fourteenth Air Force is militarily unsound. The whole weight of my experience in China is on the side of these conclusions. As you know, I have always maintained that properly conducted air defense by an adequate force could enable the Chinese Armies to beat back any Japanese counter-offensive. But if the present plan for the Matterhorn Project, and it's command is adhered to, I cannot feel the same confidence on this point. I append a copy of a letter to General Arnold, listing the defects in the Matterhorn Project, and a Plan of Air Operations for the attack on shipping and air power.

Summarizing, the conditions of an effective flank attack on Japan from China are:

a. Recognition of such an attack as part of the broad strategy of the war;

b. Augmentation of the Fourteenth Air Force;

c. Integration of the Matterhorn Project into the Fourteenth Air Force;

d. An energetic effort to improve supply facilities, and especially transport facilities, within China;

e. Agreement with the Generalissimo respecting the proposed ground-air assault on the upper Yangtsze positions. All but e. are essential. Clearing the upper Yangtsze will be effective and relatively cheap, but is not a vital operation. To complete the whole program, so that most intensive operations can begin in July, will take some months. Prompt action is therefore, necessary if the proposed flank attack is to be made on Japan at the right time and with full effect.

On the other hand, I am not so self-assured as to suppose that you will even consider acting on my recommendations alone, since a radical change in strategic planning in this area is necessary. I most earnestly suggest, therefore, that you choose as your representatives some such able, impartial men as Gen. Wedemeyer, and that you send them to China to re-survey the situation in the light of the failure of the Burma campaign.

While the Burma campaign was the first item on the agenda, it seemed useless to trouble you with my opinions. I write you now with a full sense of the gravity of the step I am taking, and with the hope you will understand the motives which impel me to do so. So long as I believe the actual length of the war to be at issue, I do not feel justified in withholding from you the facts as I see them. If you accept my recommendations, but feel my job may be better done by another man, I shall come

home with some relief and with great gratitude to you for your faith in my
judgment.

With kindest personal regards, I am,

Most respectfully yours,

C. L.　HENNAULT

Major General, U. S. A.

Commanding.

附录 3　1944 年 3 月 15 日罗斯福给陈纳德的回复 [1]

March 15, 1944.

My dear Chennault:

I wish to goodness that communications were a little bit quicker. I did not get yours of January twenty sixth until March fourth, and many things have happened since then.

As you know, I had a hard time in pushing the British to improve the transportation of oil, etc., from Calcutta up to the Assam bases, and I hope that their new promises will materialize. Meanwhile, I understand that the total tonnage over the hump is going fairly well.

In regard to the B 29's, people here are very certain that this outfit should be under Washington command and not solely in China. By command I mean overall location determination but not operational work. When they are assigned to the Chinese area operational command would be yours. The reason for this is that they want the right to move them to any part of the Pacific theatre if and when the situation changes. I am inclined to think that once in China they will stay and be kept up to strength because the production of B-29's' is coming on well. Good luck to you and them!

I take it you are kept informed of plans for the whole Southwest Pacific area.

I agree with you about the importance, of the plan against shipping as

---

① FDR——＞Chennault－3/15/44，Franklin D. Roosevelt Presidential Library and Digital Archives，Safe Files，Box 1，Army Air Forces Index.

a part of an effective flank attack on Japan from China. Your figures of successful operations against Japanese shipping are excellent.

You are the Doctor and I approve your treatment. Nevertheless, as a matter perhaps of sentimentality, I have had a hope that we could get at least one bombing expedition against Tokio before 'the second anniversary of Doolittle's flight. I really believe that the morale effect would help!

With my warm regards,[①]

As ever yours,

Major General C. L. Chennault,

HEADQUARTERS, 14th U. S. AIR FORCE.

---

① 罗斯福总统图书馆博物馆内的这封邮件没有罗斯福的落款和签名,左下角为收件人陈纳德信息。据工作人员介绍,此为原件的摘抄件,馆内无原件。

附录 4　1944 年 3 月 30 日美国陆军航空队参谋长汉塞尔将军签署"同意"意见的 B-29 航空队指挥系统方框图[①]

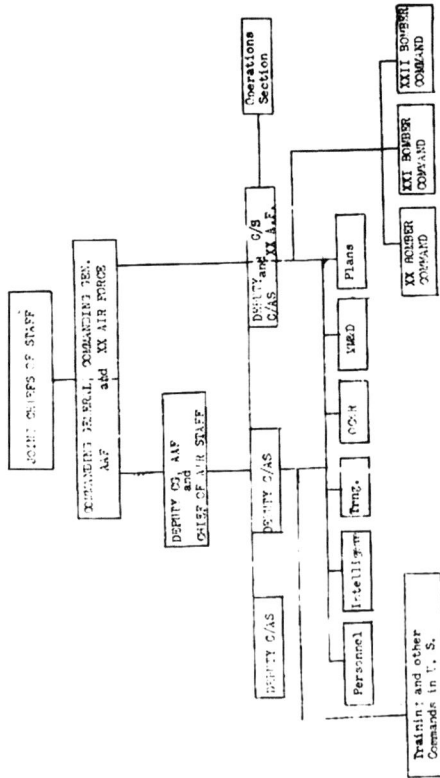

---

① The National Archives and Records Administration，Folder 322，Air Force（Twentieth），RG 18，Box 1.

附录 5　1939 年 8 月爱因斯坦关于原子弹制造和投放问题致罗斯福函[①]

Albert Einstein
Old Grove Rd.
Nassau Point
Peconic, Long Island

August 2nd, 1939

F.D. Roosevelt,
President of the United States,
White House
Washington, D.C.

Sir:

　　Some recent work by E.Fermi and L. Szilard, which has been communicated to me in manuscript, leads me to expect that the element uranium may be turned into a new and important source of energy in the immediate future. Certain aspects of the situation which has arisen seem to call for watchfulness and, if necessary, quick action on the part of the Administration. I believe therefore that it is my duty to bring to your attention the following facts and recommendations:

　　In the course of the last four months it has been made probable - through the work of Joliot in France as well as Fermi and Szilard in America - that it may become possible to set up a nuclear chain reaction in a large mass of uranium, by which vast amounts of power and large quantities of new radium-like elements would be generated. Now it appears almost certain that this could be achieved in the immediate future.

　　This new phenomenon would also lead to the construction of bombs, and it is conceivable - though much less certain - that extremely powerful bombs of a new type may thus be constructed. A single bomb of this type, carried by boat and exploded in a port, might very well destroy the whole port together with some of the surrounding territory. However, such bombs might very well prove to be too heavy for transportation by air.

a64a01

---

① 　Albert Einstein——＞FDR－8/2/39，Franklin D. Roosevelt Presidential Library and Digital Archives，Sachs，Alexander Index，Safe Files Box 5.

The United States has only very poor ores of uranium in moderate quantities. There is some good ore in Canada and the former Czechoslovakia, while the most important source of uranium is Belgian Congo.

In view of this situation you may think it desirable to have some permanent contact maintained between the Administration and the group of physicists working on chain reactions in America. One possible way of achieving this might be for you to entrust with this task a person who has your confidence and who could perhaps serve in an inofficial capacity. His task might comprise the following:

a) to approach Government Departments, keep them informed of the further development, and put forward recommendations for Government action, giving particular attention to the problem of securing a supply of uranium ore for the United States;

b) to speed up the experimental work, which is at present being carried on within the limits of the budgets of University laboratories, by providing funds, if such funds be required, through his contacts with private persons who are willing to make contributions for this cause, and perhaps also by obtaining the co-operation of industrial laboratories which have the necessary equipment.

I understand that Germany has actually stopped the sale of uranium from the Czechoslovakian mines which she has taken over. That she should have taken such early action might perhaps be understood on the ground that the son of the German Under-Secretary of State, von Weizsäcker, is attached to the Kaiser-Wilhelm-Institut in Berlin where some of the American work on uranium is now being repeated.

Yours very truly,

A. Einstein

(Albert Einstein)

a64a02

后　记

　　2003年硕士毕业,当我准备继续在我的硕士导师陈廷湘先生门下攻读博士学位的时候,看起来一向随和的导师一脸严肃地告诫我:要想在他手下攻博,如若还像硕士时候那样仅做权宜之计,是不可能有什么收获的。此言令我进退维谷,不知如何。

　　所幸硕士毕业后新到单位成都社科院没有看到我的犹豫,全力支持这件"好事",我只好决定硬着头皮继续深造。廷湘师因此第二次正色告诫,要想在博士阶段修得"正果"须得下狠心发宏愿。学生只好从此一心向善,认真苦读。但要想进入治学佳境谈何容易! 我越认真学习,就越感困惑:要想在中国最发达学科之一的史学中有所领悟,且以此谋生,今生不知要修炼到何年何月! 此去的前景仿佛被一道无边的厚壁挡住,令人几生退念。

　　此时,廷湘师似预计在先,在师生会谈的时候,还没等到学生开口便已知学生颓唐之由,复以其一贯的随和指点迷津。大意是,治学一定要找到一个恰当的"点",然后坚持不懈地深入下去,到一定的程度一定会突现光明……几年来,正是在这种思想的引导下,我不断地在"Matterhorn"这个点上深入、发散。至今虽未陡见光明,却也尝得几分治学的艰辛和趣味,似处孔子所谓"知之者不如好之者,好之者不如乐之者"的境界。

　　能广泛、充分地吸取"川大史学"的养分让我倍感幸运。这些年的求学经历让我在领略川大史学魅力的同时,也感受到了川大史学工作者百年来一贯的严谨学风。系上老师风格迥异的治学方法每每给我有益的启迪,他们的为师之道让人如沐春风。时常想起系上杨天宏老师、刘复生老师、罗志田老师、何一民老师等各位良师,在各种场合是如何以不同的方式,不经意间给了我种种有益的启发和支持,但其实要说出来真的如此琐碎,相信他们可能根本不会记得或不知觉,我因此就一直这样"私淑"着。

　　家人的支持自是我长期以来的精神支撑。因为学业,占去很多与家人、小孩在一起的时间和精力,这让我深感遗憾。可有时又感觉是家庭分散了很多学习的时间。我就这样在学业、事业、家庭之间试着找到平衡点,在此过程中各方面缓慢但稳定地"成长"。

同样由于廷湘师的鼓励、所在单位成都市社科院的支持,以及中华书局张莘、欧阳红各位老师的鼎力相助,本书有幸获准立项 2015 年度首批国家社科基金后期资助项目,且顺利结项出版,这应该是对这项开展十多年来的研究最好的总结和认可,也希望由此顺利展开后续更深入的研究。

能最终完成学业,并将所学所想付梓于世,本该对我的导师、川大历史系诸多良师、出版社编辑、单位领导、同事、家人,以及那些热情、无私帮助我的同学、朋友——奉上诚挚的感谢之辞,可几句话何以承载自硕士阶段以来在廷湘师影响下得到的种种苦乐,和这段治学经历对我的巨大改变呢!

至亲不言谢,我无法轻言感谢之辞!我所能做的事情就是加倍努力,希冀着自己能做出一些像样的成绩回报恩师和所有让我不断进步的人们!这些想法听起来似乎不够宏大豪迈,但我心里确有此意。

2016 年夏